教育部人文社科基金项目（批准号：19YJC790035）

浙江省高校重大人文社科攻关计划项目（批准号：2021QN063）

浙江农林大学暨阳学院人才启动项目（批准号：RQ2020D07）

基于新人力资本视角的
中国家庭创业
影响因素实证研究

何红光 ◎ 著

中国财经出版传媒集团

经济科学出版社
Economic Science Press

图书在版编目（CIP）数据

基于新人力资本视角的中国家庭创业影响因素实证研究/
何红光著 . —北京：经济科学出版社，2021.5
ISBN 978 - 7 - 5218 - 2483 - 4

Ⅰ.①基…　Ⅱ.①何…　Ⅲ.①家庭 - 创业 - 影响因素 -
研究 - 中国　Ⅳ.①F249.214

中国版本图书馆 CIP 数据核字（2021）第 067813 号

责任编辑：程辛宁
责任校对：刘　昕
责任印制：王世伟

基于新人力资本视角的中国家庭创业影响因素实证研究
何红光　著
经济科学出版社出版、发行　新华书店经销
社址：北京市海淀区阜成路甲 28 号　邮编：100142
总编部电话：010 - 88191217　发行部电话：010 - 88191522
网址：www. esp. com. cn
电子邮箱：esp@ esp. com. cn
天猫网店：经济科学出版社旗舰店
网址：http：//jjkxcbs. tmall. com
北京季蜂印刷有限公司印装
710 × 1000　16 开　16.25 印张　2 插页　280000 字
2021 年 5 月第 1 版　2021 年 5 月第 1 次印刷
ISBN 978 - 7 - 5218 - 2483 - 4　定价：86.00 元
（图书出现印装问题，本社负责调换。电话：010 - 88191510）
（版权所有　侵权必究　打击盗版　举报热线：010 - 88191661
QQ：2242791300　营销中心电话：010 - 88191537
电子邮箱：dbts@ esp. com. cn）

前　言

　　在"大众创业、万众创新"时代背景下，随着中国创业政策利好的释放和企业营商环境的优化，越来越多家庭正在加入创业的浪潮，家庭创业在市场新型经营主体中扮演着极为重要的角色。近年来，家庭创业受到越来越多学者的关注，但多集中在家庭的经济资本、社会资本等资源禀赋对家庭创业的影响研究方面；然而，在要素驱动向创新驱动转型的背景下，人力资本作为一种内生性资本，理应成为家庭创业的首要资本，但却鲜有文献讨论家庭人力资本对家庭创业的影响。同时，城乡二元结构与地区经济的不平衡所导致的制度、文化和家庭人力资本差异也十分明显。那么，家庭人力资本对我国家庭创业是否有显著影响以及存在怎么样的影响；城乡家庭和不同地区家庭在创业过程中，异质性的家庭人力资本对家庭创业影响是否存在显著性差异以及存在怎么样的差异，这些亟须在理论和实证上给出回应。

　　基于此，本书基于新人力资本视角，从能力人力资本、技能人力资本和健康人力资本三个维度构建了家庭人力资本对家庭创业影响的分析框架，运用 Probit（Tobit）模型实证检验了家庭人力资本对家庭创业选择（收入）的影响机制，并进一步考察了这种影响机制的城乡差异和地区差异，同时，提出了促进家庭人力资本积累的具体政策建议。最后，在稳健性和内生性检验的基础上，得到了以下研究结论：

第一，能力人力资本中的认知能力对家庭创业具有显著的正向影响，且城乡差异和地区差异较为显著。具体而言，词组能力和数学能力对家庭创业均具有显著的正向影响，且数学能力比词组能力对家庭创业的影响效应要大；同时，词组能力和数学能力等认知能力对农村和中、西部地区家庭创业均具有显著的正向影响，但对城镇和东部地区家庭的影响却不显著。能力人力资本中的非认知能力对家庭创业呈现出不显著的负向影响，且城乡差异较为显著，但地区差异不明显。具体而言，自我效能对家庭创业虽表现出一定的正向影响，但其显著性受社会交往能力的影响，社会交往能力对家庭创业却表现为显著的负向影响；同时，除自我效能对农村家庭创业选择具有显著的正向影响，其他非认知能力对家庭创业的影响，在城镇和不同地区家庭中的影响均不显著。

第二，技能人力资本对家庭创业呈现出显著的"倒 U 型"影响，且城乡差异和地区差异较为显著。具体而言，教育年限、工作经验对家庭创业均呈现出显著的"倒 U 型"影响，即存在教育年限与工作经验的拐点，当低于该拐点时，技能人力资本的提升会增加家庭创业选择的概率和创业收入，当超过该拐点时，技能人力资本的提升会降低家庭创业选择的概率和创业收入；同时，这种"倒 U 型"影响对城镇家庭依然成立，但对农村家庭而言，更多呈现的是显著的正向影响，即教育年限与工作经验等技能人力资本越高，家庭创业选择的可能性越大，且创业收入也越高；同时，教育年限对家庭创业的"倒 U 型"影响在东、中、西部地区家庭中均显著成立，但东部比中、西部地区家庭教育年限的拐点要低 2 年左右，且教育年限对西部家庭创业的正向影响也仍然显著，工作经验对东、中、西部地区家庭创业影响的地区差异不明显。

第三，健康人力资本中的健康评价与健康指数对家庭创业却表现出截然不同的影响态势，且城乡差异和地区差异较为显著。具体而言，健康评价对家庭创业具有显著的促进作用，但健康指数对家庭创业则呈现出显著的抑制作用；同时，健康评价对城镇和中部地区家庭创业选择具有显著促进作用，但对农村和东、西部地区家庭的作用却不显著；健康指数对农村和东、中部地区家庭创业具有显著抑制作用，但对城镇和西部地区家庭创业的作用却不显著。

第四，人力资本间交互对家庭创业影响的研究结论。从全样本来看：能力人力资本（词组能力、数学能力和社会交往能力）的提升会抑制了教育程度对家庭创业的推动作用，社会交往能力的提升也会抑制工作经验对家庭创业的推动作用；从城乡差异来看：词组能力、数学能力、社会交往能力的提升会抑制教育年限、工作经验对城镇家庭创业影响的推动效应，而对农村家庭的交互效应并不显著；从地区差异来看，教育人力资本的增加会抑制能力人力资本对东、中、西部地区家庭创业的推动效应具有较明显的差异，且能力人力资本的提升在健康人力资本与家庭创业关系中的作用效果也同样表现出地区差异。

基于上述研究，本书的创新点主要包括：首先，家庭人力资本是个体人力资本的拓展，以往采用家庭成员个体的人力资本作为家庭人力资本的代理变量会有失偏颇，本书首次尝试采用家庭成员人力资本的平均值作为家庭人力资本的代理变量，这使家庭人力资本的测量更趋合理。其次，基于新人力资本视角，从能力人力资本、技能人力资本和健康人力资本等三个维度构建了家庭人力资本对家庭创业影响的分析框架，并实证检验了不同维度的人力资本对家庭创业的影响效应，这不仅完善了人力资本测量维度上的不足，也为人力资本对家庭创业影响的研究提供了新的经验证据。再次，以往大多数关于家庭创业的研究没有从研究对象的城乡与地区差异进行细分研究，导致研究结论的针对性不强，本书通过城乡和东、中、西部地区家庭子样本的分组比较，深入讨论了家庭人力资本对家庭创业影响的城乡差异和地区差异，为政府制定精准性政策提供了决策依据。最后，在基准模型的基础上引入了各维度的指标变量及维度之间的交互模型，进一步明确了家庭人力资本配置时对各维度指标的取舍指向；同时，还分别采用重新删选的新样本和相应的工具变量对回归模型进行了稳健性和内生性检验，使本书的研究方法更趋完善。

目　　录

| 第 *1* 章 | 绪论 / 1 |

1.1　选题背景与问题提出 / 1

1.2　核心概念界定 / 9

1.3　研究意义和研究目标 / 12

1.4　研究思路与研究方法 / 15

1.5　研究内容 / 17

| 第 2 章 | 文献综述 / 20 |

2.1　人力资本理论的研究进展 / 21

2.2　家庭创业的理论基础 / 27

2.3　影响家庭创业的因素 / 33

2.4　文献评述 / 50

| 第 3 章 | 新人力资本对家庭创业影响的研究框架与研究假设 / 52 |

3.1　新人力资本对家庭创业影响的研究框架 / 52

3.2　能力人力资本对家庭创业的影响机制分析 / 55

3.3　技能人力资本对家庭创业的影响机制分析 / 59

3.4 健康人力资本对家庭创业的影响机制分析 / 62

3.5 人力资本间的交互对家庭创业的影响机制分析 / 65

| 第4章 | 能力人力资本对家庭创业影响的实证研究 / 73

4.1 数据、变量及其描述性统计分析 / 73

4.2 模型构建与实证结果 / 84

4.3 稳健性检验 / 107

4.4 结果讨论 / 110

| 第5章 | 技能人力资本对家庭创业影响的实证研究 / 114

5.1 数据、变量及其描述性统计分析 / 115

5.2 模型构建及实证结果 / 119

5.3 稳健性检验 / 137

5.4 结果讨论 / 140

| 第6章 | 健康人力资本对家庭创业影响的实证研究 / 143

6.1 数据、变量及其描述性统计分析 / 143

6.2 模型构建与实证结果 / 148

6.3 稳健性检验 / 167

6.4 结果讨论 / 169

| 第7章 | 人力资本间的交互对家庭创业影响的实证研究 / 172

7.1 研究变量的描述性统计分析 / 172

7.2 模型构建与实证结果 / 174

7.3　稳健性检验 / 209

7.4　结果讨论 / 211

| 第 8 章 | **研究结论、政策建议与研究展望 / 216**

8.1　研究结论 / 216

8.2　政策建议 / 218

8.3　本书创新点 / 221

8.4　不足与展望 / 222

参考文献 / 224

后记 / 249

第 1 章

绪　　论

在"大众创业、万众创新"的时代背景下，家庭创业必定成为将来创业的主力军，而在"要素驱动"向"创新驱动"的创业转型过程中，人力资本自然成为关注的首要资本。本章主要基于选题背景提出了本书的研究问题，并根据研究问题对相关核心概念进行界定的基础上，进一步明确了选题的研究意义、目标、思路和方法等，并对整个研究内容的章节安排进行了概述。

1.1　选题背景与问题提出

1.1.1　选题背景

"创业"问题是近年来我国中央、地方等各级政府关注的重点，是新时代中国经济转型发展的关键，是地方新业态培育、经济结构调整亟待解决的迫切问题，更是经济学、管理学、社会学等学科领域的学者们需要综合研究的重要课题。在以往的创业研究与实践中，众多国内外学者普遍认为，企业家是经济活动的重要主体，是引领经济发展的重要社会力量，他们对提供就业、积累财富、推进社会发展、促进产业结构调整和经济增长等方面做出了不可忽视的贡献。可见，解决"创业"问题的首要因素是让更多的主体投身于"创业"，而"家庭"作为中国社会中最基本的单位，家庭创业主体的参与，是缓解家庭成员就业、家庭增收的重要渠道，更是加快经济结构调整、推进市场主体培育、促进经济转型发展等问题的有效途径。因此，在"大众创业、万众创新"的浪潮中，家庭创业理应成为未来创业的主力军。然而，当前中国家庭创业的参与率仅在10%左右，且从目前家庭创业的研究来看，更多地集中在创业资金（经济资本）、社会资本等方面。在中国人口红利逐渐消失、人力资本红利正在形成的经济转型时期，中国经济面临着供给侧结构性改革和提质增效的诸多压力，经济增长方式也从要素驱动转向创新驱动，而人力资本作为一种内生性资本，更应成为未来"双创"进程中的首要资本。

1.1.1.1 现实背景

改革开放以来，中国经济在高速发展过程中，也面临着经济下行的诸多压力。近年来，中国政府一直在不断地优化创新创业生态环境，积极培育创新创业主体。自2015年《政府工作报告》首次提出推动"大众创业、万众创新"以来，中国政府连续五年在政府工作报告中均对创业提出了具体的要求，国务院也多次发文就相关创业政策提出了具体建议；在中共十九大报告中，首次强调要"激发和保护企业家精神"，2018年9月国务院在《关于推动创新创业高质量发展打造"双创"升级版的意见》中强调要推动创新创业高质量发展，将双创推向更高层次、更深程度，以推动经济结构升级。可见，实施"双创"发展战略，加快建设现代化经济体系，已经受到政府的高度重视。同时，自中共十八大强调要贯彻政府鼓励创业的方针以来，国家税务总局针对"双创"税收优惠政策已高达89项（归集截至2019年6月）；国家市场监督管理总局围绕"简政放权、放管结合、优化服务"进行全面改革，各级各地政府和相关部门均对党中央的相关政策积极响应，并从全面商事制度改革入手，不断改善企业营商环境，激发市场活力，初步形成了创新创业的新格局。据世界银行对全球营商环境的各国排名显示：中国营商环境近年来得到了较大的改善与提升，从2016年的全球排名78位跃升至2018年的第

46 位,而 2019 年的全球排名跃居第 31 位,近年排名的跃升速度之快、幅度之大,为中国经济高质量发展带来了更为光明的前景。根据国家统计数据库中的企业法人单位数量来看,从 2013 年的 821 万个上升到 2019 年的 2109 万个(如表 1-1 所示)。同时,据中国工商报对 2012 年 9 月至 2017 年 9 月全国企业发展分析报告显示①:全国实有、私营企业总量和注册资本均比 2012 年有较大提升,其中,实有企业数量从 1342.8 万户增长到 2907.2 万户、注册资本从 80.1 万亿元增长至 274.3 万亿元,特别是私营企业在企业总量中的占比显得尤为明显,私营企业数量占比从 78.9% 增至 89.7%、私营企业注册资本占比从 37.2% 增至 60.3%。可见,在经济高速发展的过程中,中国企业和企业家正在迅速涌现和成长,其中,也不乏个体经济和民营经济的蓬勃发展,中国民营经济在民间的投资持续活跃,并有显著提升态势。这也充分证明,民营经济是企业家成长的重要平台,是社会市场经济的重要部分、是稳定就业和推进技术创新的重要主体,更是国家税收的重要来源和经济持续健康发展的重要力量(辜胜阻和韩龙艳,2017)。

表 1-1 中国企业法人单位数量

项目	2013 年	2014 年	2015 年	2016 年	2017 年	2018 年	2019 年
数量(万个)	821	1062	1259	1462	1810	1857	2109
私营企业数量(万户)	560	727	866	1050	1437	1561	1892

注:根据国家统计局统计数据整理编制。

随着"互联网+"的深入发展,"一带一路"倡议的全面实施,以国内大循环为主体、国内国际双循环相互促进的新发展格局加快形成,国际交流与日俱增,创业政策利好的释放和创业环境的优化,中国正处于创业的黄金时期。据相关调查和监测数据表明,在市场改革的不断发展和完善过程中,家庭就业与创业的机会日益繁多,居民的创业意识和创业观念不断加强,同时也有更多的家庭正以多样化的创业方式投身于创业浪潮。尽管 2020 年受疫情影响,但并未降低个体工商户参与创新创业的热情,国家市场监督管理总

① 党的十八大以来全国企业发展分析 [EB/OL]. 国家工商总局,http://home.saic.gov.cn,2017-10-27.

局统计数据显示，2020 年前三季度的全国新设市场主体 1845 万户，同比增长 3.3%，截至 9 月末，全国登记在册市场主体 1.34 亿户，较上年底增长 9%；另外，如 2014 年中国经济生活大调查的数据显示，被调查者中实际参与创业的占比为 13.6%，打算创业的占比高达 20.5%[①]；人社部的就业监测数据显示，2015 年上半年自主创业人数与 2014 年同期相比增长了 3.1%，近年来该数据仍在不断上升；而根据农业农村部的统计数据显示：截至 2018 年底，全国已达到近 60 万家家庭农场、217.3 万家农民合作社、有 37 万个从事农业生产托管的社会化服务组织；根据《新型农业经营主体和服务主体高质量发展规划（2020—2022 年)》的要求，到 2022 年，家庭农场数量要达到 100 万家，可见，家庭农场已然成为农村新型经营主体的重要成员。同时，从现有的一些微观数据调查的结果显示，我国家庭创业也呈现不断地增长状态。例如，中国家庭跟踪调查（CFPS）的近三轮数据显示，样本家庭中的创业参与比例从 2010 年的 8.6% 提高到 2014 的 11.5%（周广肃，2017）；而 2012 年西南财大中国家庭金融调查（CHFS）数据显示，中国家庭从事工商业活动的占比为 14.1%；且城乡占比分别为 16.5% 和 11.1%[②]；同时，在不同的数据和创业定义下，中国家庭的创业比例大约在 7.4% ~ 13.1% 之间（吴晓瑜等，2014）。可见，中国家庭创业的数量正呈现出快速增长的势头，也正成为中国民营经济的重要组成部分。

　　同时，回顾国内外成功家族企业的发展历程，无论是万向集团、李锦记集团、荣氏集团、东方希望集团等企业，还是大众、福特和沃尔玛等全球性大企业，在一定程度上都是从家庭创业开始，慢慢发展壮大，并成为现代民营企业的典范，而这些企业的创始人也成为企业家精神的缩影。然而，目前中国越来越多家族企业面临着"二代"交接、经济增速放缓和供给侧结构性改革等挑战，如何在危机与变局中进行企业的"二次创业"，是中国新时代背景下万众创业面临的"时代课题"。因此，大力支持家庭创业，无论是在促进劳动就业、增加家庭收入，还是在推动"大众创业、万众创新"进程、优化产业结构、激活市场经营主体活力、促进中国经济高质量发展等方面均

---

① 2015 国民数据大发现：财富、机遇、时间、幸福都将去哪？［EB/OL］. 新华网，http://www.xinhuanet.com/fortune/2015-03/02/c_127533217.htm，2015 – 03 – 02.

② 甘犁. 中国家庭创业现状［N］. 第一财经日报，2012 – 12 – 12（A07）.

具有积极的现实意义。

1.1.1.2 理论背景

以往的创业研究认为，企业家是社会经济发展过程中的引领者，并已成为学界的共识。熊彼特（Schumpeter，1943）认为企业家精神是企业开展创新活动的关键，企业家是推动经济增长的重要主体；以卢卡斯（Lucas，1981）等为代表的内生经济增长理论认为在促进经济增长的所有因素中，企业家精神是最为重要的一个因素；德索托（De Soto，1989）认为社会经济的发展离不开企业家的创业活动；阿吉翁和霍依特（Aghion & Howitt，1992）也对企业家精神描述为其是创新活动和经济增长的源泉；鲁传一和李子奈（2000）强调经济增长过程中的最关键因素是企业家精神，并提出在经济增长理论中引入企业家精神；庄子银（2005）认为企业家精神是经济长期增长的动力源，并强调在长期的经济发展中，企业家精神与经济增长和人均收入均呈现出正相关关系；李宏彬等（2009）通过对创业、创新精神与经济增长之间关系的研究，发现这两种精神对经济增长具有十分重要的影响，并呼吁制定激发和保护企业家精神的相关政策制度；厉以宁（2017）撰文强调，企业家是发展国家经济、建设企业和参与社会活动的重要"关键少数"和"特殊人才"[①]。可见，企业家精神被公认为是创业的主导性因素，而企业家的成长离不开家庭，特别是在中国特有的"家"情景中，良好的家庭创业氛围对创业者（企业家）的成长更是至关重要。

20 世纪 80 年代，诺贝尔经济学奖得主贝克尔在《家庭论》中强调家庭决策包括了家庭劳动力的分工和供给。随后，新经济迁移理论认为家庭劳动力的迁移决策属于家庭决策行为，而非个体，家庭才是影响劳动力外出就业决策的最基本单位（Stark & Bloom，1985）。家庭劳动力的就业流动迁移会受家庭变量的影响，家庭劳动力的迁移决策会从家庭福利与家庭风险方面来考虑，获取更大的家庭福利和规避一定的家庭风险，从而影响家庭成员选择外出就业的决策（Stark，1991）。诸多学者也得出了类似的判断，认为在劳动力迁出地的家庭收入不稳定、市场经济不活跃、保障制度欠健全是促使家庭劳动

---

① 许婷. 激发保护优秀企业家精神增强经济发展活力 ［EB/OL］. 中国金融新闻网，https：//www.financialnews.com.cn/pl/cj/201709/t20170928_125347.html，2017 - 09 - 28.

力流动迁移的主要因素，并认为家庭劳动力的流动就业是一种家庭生计策略
（Jacob，1978；Chambers & Conway，1992）。在传统的中国"家庭"观念中，
家庭成员的生活、迁移与就业等决策与行动会受到家庭各种生计资本的影响，
从而使家庭成员中形成互助行动、共享成果（杨云彦，2008；聂伟和王小璐，
2014）。因此，以家庭作为创业的基本单位既能够切合中国社会以"家"为
重的社会实际，也为"大众创业、万众创新"背景下的创业主体研究提供新
的研究视角。

在中国知网的期刊文献数据库中进行检索（时间截至 2020 年 12 月 30
日），并设置如下条件：第一，期刊范围设置为经济与管理科学分类下的核
心与 CSSCI 期刊；第二，文章的主题或篇名为"家庭创业"或"农户创业"。
在剔除无关文章后，检索得到相关文献 177 篇，其中关于家庭创业的期刊文
献共 82 篇，关于农户创业的期刊文献共计 101 篇，有 6 篇包含了家庭与农户
创业的文献。从表 1 - 2 中文献发表的年度分布来看，在 2006 年开始有 1 篇
文献，2009 年、2011 年、2012 年均仅有 2 篇文献，从 2013 年后剧增，对这
177 篇文献的相关指标分析，如表 1 - 3 所示。

表 1 - 2　　　　　　　　　　　年度发文量　　　　　　　　　　单位：篇

年份	2012	2013	2014	2015	2016	2017	2018	2019	2020
数量	3	11	12	18	14	23	20	25	39

资料来源：根据中国知网检索的数据结果整理。

表 1 - 3　　　　　　　　　　　指标分析

项目	文献数（篇）	总被引数（次）	总下载数（次）	篇均被引数（次）	篇均下载数（次）
数量	177	3151	182831	17.8	1032.94

资料来源：根据中国知网检索的数据结果整理。

从表 1 - 2 和表 1 - 3 的结果看，近年来，对家庭创业的发文量呈现出明
显的递增态势，尤其是在 2015 年政府工作报告提出推动"大众创业、万众创
新"后，关于家庭创业研究的文献得到了大幅度提升；总下载数 182831 次，
篇均下载数 1032.94 次，可见，家庭创业备受学者关注；篇均被引数 17.8

次，总被引数为 3151 次。从中可以看出，这 177 篇文献的观点备受学者们的重视，特别需要注意的是仅在 2020 年发文数量达到翻番，甚至可以预见接下来的几年，家庭创业研究在国内可能会迎来一个新的发展时期，家庭创业将会引起学术界与实践界的高度重视。

梳理这 177 篇文献时发现，现有对家庭创业的研究更多集中在经济资本、社会资本等方面。从经济资本来看，主要集中在金融约束、金融发展和金融的可得性（程郁和罗丹，2009，张龙耀等，2013，卢亚娟等，2014，李伟和田书芹，2020；项质略和张德元，2020）、信贷约束（翁辰和张兵，2015；李祎雯和张兵，2016）和金融多样性（李树和于文超，2018；王修华、陈琳和傅扬，2020）等与经济资本直接关联的金融要素对家庭创业进行了深入的探讨。从社会资本来看，多数学者将社会资本、网络关系、人际信任等纳入家庭社会资本中，探索对家庭创业的影响（胡金焱和张博，2014；柴时军，2017；赵朋飞和王宏健，2015；周广肃等，2015；胡浩和王海燕，2019）。还有些学者从家庭背景、制度环境等方面对家庭创业进行了研究（李雪莲等，2015；周广肃和李力行，2016；周广肃，2017；杨子砚和文峰，2020；汪伟和咸金坤，2020）。也有些学者从家庭住房（李江一和李涵，2016；张龙耀等，2020）、家庭财富（杨怀佳和张波，2019；琚琼，2020）、性别（荣昭等，2013；郭蕾，2020）、互联网（周洋和华语音，2017）、土地流转和人口转移（王剑程等，2019；苏岚岚和孔荣，2020）、家庭生育水平、社会经济地位与性别角色分工（王菁和张锐，2017；陈和午等，2018）等角度来探讨对家庭创业的影响。在上述众多家庭创业的研究中，仅有少数文献从教育水平（谭华清等，2015）、工作经历（秦芳等，2018）、认知能力（周洋和刘雪瑾；2017）、健康（邓力源等，2018）等单一变量对家庭创业的影响进行研究，鲜有文献从人力资本的全面考量来研究对家庭创业的影响及其作用机制。

1.1.2　问题提出

随着中国"大众创业、万众创新"进程的推进，进入创业的企业和注册资金数量正呈现出逐年大幅度增加的趋势，据《全球创业观察 2016/2017 中国报告》显示，中国属于"早期创业活跃"的国家之一；但早期活跃度背后却有很多创业企业在发展过程中面临关闭和成长动力不足等诸多问题。在《全球创业观察2018/2019中国报告》中指出，中国创业企业中的技术创业比例仅2.66%，不盈利是创业活动终止的主要原因，甚至在高质量创业中由于有机会出售企业或发现了其他商业机会而终止创业活动。如何破解创业企业在成长过程中的难题，培育新型经营主体成为当下学者们关注的热点和研究的重点。事实上，随着中国创业政策利好的逐步释放和企业营商环境的不断优化，创业门槛的降低，越来越多的家庭正在加入创业的行列，家庭创业在新型经营主体中也扮演着重要的角色。

遗憾的是，过去国内外的学者在以往创业研究中，更多集中在个体或企业家等创业主体上，而忽视了"家庭"这一基本单元在中国的特殊情景。虽有少数学者就家庭创业的影响因素拓展到家庭层面并进行了一些探讨，但这些因素主要集中在家庭的经济资本、社会资本等资源禀赋方面；然而，在经济增长方式从要素驱动转向创新驱动的当下，人力资本作为一种内生性资本，理应成为家庭创业中的首要资本。在现有文献中，鲜有文献讨论家庭人力资本在家庭创业创业过程中的影响，即便是有，也仅通过教育或知识、工作经验、健康和认知能力等单个或多个代理变量对人力资本的某一维度进行衡量。这显然缺乏对家庭人力资本进行准确的定义和全面的测量，从而偏估家庭人力资本对创业的影响效应。针对家庭人力资本的定义与衡量上的不足，已引起学界的重视，并有些学者提出"新人力资本"的概念且构建了基于能力的新人力资本理论框架（Hanushek，2010；李晓曼和曾湘泉，2012），同时，李晓曼和罗祥艳（2020）在综述人力资本理论近60年的研究进展中进一步强调了人力资本正从"以教育为核心"走向"以能力为核心"，因此，从新的视角来探讨家庭人力资本对家庭创业的影响具有深远的意义。本书认为，家庭人力资本是影响家庭创业的关键性内生资本，其对家庭创业的各个方面会产生较大的影响，任何单一维度的人力资本变量对家庭创业均很难得到较有说服力的研究结论；只有在全面、准确度量家庭人力资本存量的基础上，对家庭创业问题进行深入、细致的考察研究，才能得出较为精准的研究结论和政策建议，以促进家庭创业高质量发展，从而带动我国经济的转型。

那么，家庭人力资本的构成究竟如何，这些家庭人力资本又如何影响家庭创业行为和创业收入，其影响的效果如何？进一步地，在经济转型时期，城乡差异和地区经济发展不平衡的矛盾依然存在，城乡二元结构与地区经济不平衡所导致的制度、文化和家庭禀赋差异也十分明显。在这样的时代背景下，城乡家庭和不同地区家庭的人力资本构成状况及对家庭创业的影响也很可能不同，那么，这种异质性的家庭人力资本对城乡和不同地区家庭创业的影响是否存在显著性差异以及存在怎么样的差异？

鉴于此，本书在对现有文献梳理的基础上，以新人力资本为研究视角，从能力、技能和健康等三个维度来测量家庭人力资本，并以家庭成员人力资本的平均值界定为家庭人力资本，以克服前期研究的缺陷与不足；同时，利用中国家庭追踪调查（CFPS）数据库中2014年的数据，从理论分析和实证检验两个层面去揭示家庭人力资本对中国家庭创业（创业选择与创业收入）的影响，并分别考察了这种影响在城乡家庭及不同地区家庭之间的差异性，在此基础上，结合中国家庭人力资本配置现状，追寻家庭创业中的深层制度、体制、机制根源，期待能更精准地把握家庭创业的现实问题与未来发展趋势、洞悉家庭创业的逻辑起点与发展规律，进一步丰富和拓展家庭创业的理论与实践。

1.2 核心概念界定

1.2.1 家庭

家庭观念在中国源远流长，"家庭"是中国社会各类活动中最基本单位，是人们进行决策时的重要考量因素。谢宇等（2014）认为家庭是最基础和最直接影响个人角色、地位、行为和态度等的社会组织。王跃生（2006）按中国家庭的成员多少与亲缘关系等特性将家庭结构分成核心、直系、复合、单人、残缺和其他等家庭类型，可见，中国家庭的构成相对比较复杂。因此，要对家庭创业进行研究，首先必须界定清楚家庭的边界，与家庭紧密联系的是"户"，"家庭"与"户"不完全一致，家庭强调父母与子女直系亲缘的社会学关系，而户包含了家的范畴，有时还包含了一些存在血缘关系的非直系亲属。特别农村中一户有可能有几个子女，在没有分家时，一户就包含了几个家庭。因此，本书界定的家庭是以中国家庭追踪调查数据中的户主为单位，且同灶吃饭的成员所构成的基本组织，其中，户主采用了贺建风和吴慧（2017）家庭财务舵主的数据，因为这些人不仅对家庭财务状况比较了解，而且对家庭财务决策具有决策权。

1.2.2　家庭创业

创业（entrepreneurship）是一个过程化概念。创业现象复杂多变，涉及多个视角，因此关于"创业"的概念也是仁者见仁，智者见智，至今尚未形成共识。国内外学者从不同的角度和不同的侧重点对创业进行了定义，但基本上均侧重于将创业看作是一种市场经济活动的参与行为。基于家庭作为社会的基本单位，本书研究的创业也是一种市场经济活动的参与行为，该行为受家庭成员的共同影响，并由家庭成员共同决策。因此，本书认为"家庭创业"是指家庭依靠其成员，共享家庭资源禀赋，共同参与生产或经营活动，或者依赖一定的组织形式，改进家庭基本决策单位的市场经济活动的参与行为，主要包括了自我雇佣的个体、新建企业或私营经营活动等。

1.2.3　家庭人力资本

石智雷和杨云彦（2012）、聂伟和王小璐（2014）认为在家庭内部，家庭成员根据家庭的共同资源禀赋决定家庭的生活行动计划。家庭共同的资源禀赋是个体禀赋的拓展，是所有家庭成员共享的资本，个体的行为意愿受到家庭禀赋因素的制约。现有国内外研究中的家庭禀赋主要包括人力资本、社会资本、经济资本、政治资本、文化资本和自然资本等等，考虑到家庭创业影响的文献中从家庭人力资本视角研究相对较少，同时人力资本作为一种内生性资本，是其他资源禀赋的源泉，对家庭创业具有十分重要的作用，因此，本书将家庭人力资本以外的家庭禀赋等作为控制变量进行分析，重点考虑家庭人力资本对创业的影响。

学界对人力资本内涵研究一直处于不断的发展与完善中。自舒尔茨（Schultz，1960）提出人力资本是体现在人身上的知识、技能及健康的总和以来，众多学者对人力资本的内涵进行了不同的阐述。马斯金（1962）认为人力资本最为重要的组成部分是教育和健康。贝克尔（Becker，1987）认为人力资本的获得主要来自于中学、学校教育与医疗保健等投资，并蕴藏于个体的知识与技能。经济合作与发展组织（OECD）也指出人力资本是蕴藏在个体中的能力、技能和知识等具有与经济活动紧密关联的属性（冯宣，1998）。同时，现有文献显示，国内外学者普遍从知识、技术、能力和健康等对人力资本进行了大量的研究。随着以教育、技术、知识和健康为代表的传统人力资本对有关现象的解释遇受到挑战：明瑟收入方程中的残差部分无法找到合理的解释，同时在相关研究中也出现一些新情况，例如，教育、技能、知识和健康水平类似的人群对经济增长的贡献、个人收入、社会地位等方面表现出较大差异。这些问题的存在使仅从传统人力资本角度对一些社会现象的解释遇到了瓶颈，从而引发了学者对人力资本中是否存在其他的遗漏变量进行思考，并有学者从认知能力与非认知能力角度对人力资本进行大量的研究。近年来，新人力资本理论在不断向前推进，尤其是对认知能力和非认知能力的研究日趋丰富，这为我们提供了一个崭新的研究方向。鉴于传统人力资本对"能力"衡量的不足，国内学者李晓曼和曾湘泉（2012）首先提出了基于能力的新人力资本理论，将人力资本分成健康、技能为核心的传统人力资本和以能力为核心的新人力资本，这为人力资本测量提供了新的思路。

　　同时，现有文献在对家庭人力资本进行衡量时往往采用的是家庭户主或个体的人力资本进行衡量，这在一定程度上很难全面反映家庭人力资本存量的实际情况。因此，本书界定的家庭人力资本是蕴藏于每个家庭成员，并为之共同享有的，能为家庭带来社会经济价值的各类人力资本总和；主要包括教育、培训、工作（干中学）等所形成的具有社会经济价值的知识与经验，能让人们在各类社会活动中提供健康保障的健康资本，以及能为家庭在经济活动中有效识别、搜集各类信息和解决各类问题的认知能力和认知能力以外的其他非认知能力等。结合新人力资本理论框架与现有的人力资本测量维度，本书将家庭人力资本分为能力人力资本、健康人力资本和技能人力资本三个维度，并分别做如下界定：

　　（1）能力人力资本是家庭人力资本的关键核心，是家庭成员认知能力和非认知能力积累的总和。认知能力主要指家庭成员词汇、语言、计算、推理、决策、理解、空间、记忆等利于人们学习和问题解决的能力要素；非认知能力是相对于认知能力而言的，泛指与认知能力不同的其他能力总和，主要指好奇心、自信心、风险偏好等人格特质方面的能力要素。

（2）技能人力资本是家庭人力资本的主要体现，是家庭成员受教育年限（学历）、培训和工作经验（干中学）积累的总和。主要包括家庭成员的受教育程度、参加培训的时间长短、工作经验、迁移经历等方面积累的技能要素。

（3）健康人力资本是家庭人力资本的重要载体，是家庭成员健康状况的总和。由于健康人力资本无法进行交易或交换，更难用货币形式来表示，因此，在研究健康人力资本时多用自身状况及医院检查结果对个体进行评估。为克服个体的主观性和差异性对自身健康状况评估的失衡，本书主要从主观和客观两个方面对其进行衡量，主要包括家庭成员对健康的主观评价、患病情况、医疗费用、工作（活动）受限情况、身高、体重等健康指数方面的各类指标所形成的健康要素。

1.3 研究意义和研究目标

1.3.1 研究意义

随着人口红利的逐渐消失，人力资本红利正作为中国经济新的增长动力成为学术界重点关注和研究的对象。就目前而言，人力资本虽一直被当作经典的研究对象而得到充分的论证，但更多地集中在传统人力资本理论中的教育和健康人力资本，这不仅局限了人力资本的研究，而且由于传统人力资本对一些社会问题的解释受限，传统人力资本理论从而遭受到一些挑战；然而，基于能力的新人力资本理论的提出，为人力资本理论的拓展研究进一步指明了新的方向。基于上述研究背景的分析，本书以新人力资本为视角，在构建家庭人力资本测量框架的基础上，重点研究家庭人力资本对家庭创业的影响机制，以及深入分析这种影响的城乡差异和地区差异，这不仅完善了现有理论研究的不足，而且为家庭创业实践提供必要的实证支撑，具有十分重要的理论和现实意义。

1.3.1.1　理论意义

（1）拓展了家庭人力资本的研究视野。通过对人力资本理论的梳理发现，现有文献中主要采用户主等个体人力资本来代理家庭人力资本，而且现有研究中往往仅采用人力资本中的单一维度对其进行度量，这在一定程度上可能会偏估家庭人力资本存量。本书以新人力资本视角切入，从能力、技能和健康等三个维度全面构建人力资本测量框架，同时对各维度的变量指标采用了均值化处理，以家庭成员的人力资本均值作为家庭人力资本来客观估计家庭人力资本存量，这在弥补当前文献研究不足的同时，进一步拓展家庭人力资本的研究视野。

（2）丰富了家庭人力资本与创业理论的研究内容。目前学者对创业主要聚焦在人力资本的能力、技能和健康等单个维度对创业的影响，这忽视了中国"家"这一特定单元的客观实际。同时，从现有文献来看，家庭创业研究文献较为匮乏，无论在理论层面、还是在实践层面仍处于起步阶段。本书运用理论与实证相结合的方法，从新人力资本视角来构建家庭人力资本的测量框架，并在充分考虑影响家庭创业的其他因素的基础上，对家庭人力资本如何影响家庭创业的机制进行深入探索，这不仅能够弥补家庭人力资本研究的不足，而且进一步丰富了家庭创业理论的研究内容。

（3）深化了家庭创业影响因素中城乡、地区差异的研究。在现有家庭创业的研究文献中，仅从家庭社会资本或经济资本等资源禀赋对家庭创业影响进行了研究，而全面从人力资本角度对家庭创业进行研究的文献甚少，也缺乏对城乡和不同地区家庭创业差异进行剖析，在差异比较方面缺乏系统的全面比较。因此，本书从家庭人力资本的三个维度，结合社会资本、经济资本、制度环境等控制变量对家庭创业的城乡差异和地区差异进行了详细的比较分析，在弥补当前家庭创业中的城乡与地域差异研究不足的同时，也进一步为各级各地政府为家庭创业提供差异性的针对政策制定提供了理论借鉴与参考。

1.3.1.2　现实意义

（1）为家庭创业中人力资本的积累与人力资本间的配置指明了路径。本书通过对能力、技能和健康人力资本等三个维度的各指标变量对家庭创业的作用机制与效应分析，进一步明确了家庭人力资本投资的路径和方向；同时，根据家庭人力资本间的交互作用机制，进一步明确了人力资本间相互的促进与抑制关系，这为家庭创业决策及创业活动中人力资本的取舍和匹配指明了明确的路径。

（2）为家庭创业决策和政府政策制定提供了理论基础。本书通过全面、深刻剖析家庭能力、技能和健康人力资本对家庭创业的影响机制和作用效应，这为激活市场活力、推进家庭创业主体培育和"双创"战略实施等提供了有效的理论依据，为政府部门制定合适的家庭创业政策提供相关的决策依据和政策参考。

（3）为实现城乡与区域全面融合的制度设计提供了现实依据。本书通过对中国家庭创业影响因素的城乡差异和地区差异的研究，为进一步寻求相关制度的差异化设计提供了依据，有利于消除城乡与区域发展不平衡，为中国城乡、地区间的全面融合的制度设计与政策制定提供了理论和实践借鉴。

1.3.2　研究目标

为更好地回应"家庭人力资本的构成究竟是什么""家庭人力资本是否影响家庭创业""家庭人力资本究竟如何影响家庭创业""家庭人力资本对家庭创业影响的城乡差异和地区差异如何""如何解决家庭创业成长动力不足"等问题，本书基于新人力资本视角展开对家庭人力资本的探讨，深入研究家庭人力资本与家庭创业之间的关系，以期从理论与实证层面对上述问题给出回应，并达成如下目标：

（1）完善家庭人力资本的构成维度。由于人力资本一直以来更多关注的技能人力资本和健康人力资本，随着教育与健康对相关研究的解释结果遭受质疑后，能力人力资本逐渐被众多学者所接受。因此，本书基于新人力资本视角尝试从能力（认知能力和非认知能力）、技能（教育和经验）和健康（健康评价和健康指数）三个维度来完善家庭人力资本的构成，并广泛借鉴国内外对能力、技能和健康衡量的相关研究成果的基础上，构建家庭人力资本的维度框架，并明确了各维度测量的指标变量。

（2）分析家庭人力资本各维度对家庭创业的影响机制。在家庭人力资本测量维度构建的基础上，构建能力、技能和健康等家庭人力资本对家庭创业影响的研究框架，从现有文献中找出能力、技能与健康人力资本各维度的指标变量对家庭创业影响的相关文献，归纳出能力、技能和健康人力资本对家庭创业的影响机制，为后续的实证研究提供理论支撑。

（3）实证检验家庭人力资本各维度对家庭创业的影响。在理论构建的基础上，利用 2014 年中国家庭追踪调查（CFPS）微观调查数据，寻找适当的方法分别实证检验能力、技能和健康人力资本对家庭创业影响的相关研究假设，揭示各维度的变量指标对家庭创业的影响机制及效应，并深入探讨这些变量指标对城乡与不同地区家庭创业影响差异的异质性是本研究的重要研究目标。

（4）提出激活家庭创业的扶持政策及配套措施。对家庭创业研究的最主要目的是挖掘家庭创业中存在的深层次问题，特别是人力资本作为家庭重要的一项内生性资本，如何提升家庭技能、健康和能力人力资本的积累，利用一定的政策对家庭人力资本配置进行引导，鼓励更多家庭参与创业，为激活市场活力、推进家庭创业主体培育建言献策是本书研究最终的落脚点。

1.4　研究思路与研究方法

1.4.1　研究思路

根据上述研究目标，本书基于一个全新研究视角（新人力资本）、一个微观单元（家庭）、一条主线（从"为什么"即问题的提出到"是什么"即理论分析以厘清内容到"怎么样"即实证分析以剖析问题再到"该如何"即实践分析以回应现实）的研究思路对本书进行研究，并构建了本书的研究技术路线，如图 1-1 所示。

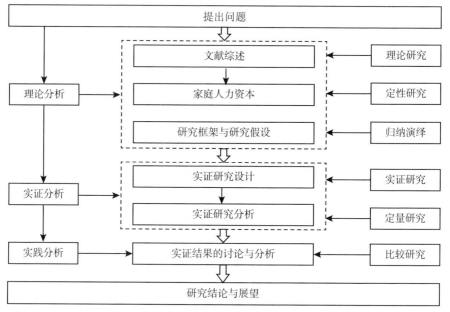

图 1 - 1　技术路线

1.4.2　研究方法

第一，文献分析法。本书在对相关的经典理论以及国内外代表性的研究成果与中国家庭创业的学术动态进行较为全面的梳理、归纳和总结的基础上，根据已有研究成果的贡献和不足之处，将家庭人力资本、社会资本、经济资本及制度环境等指标与计量分析方法纳入家庭创业的统一分析框架，以更好地发现本书进一步研究的拓展点和突破点。

第二，理论与实证相结合。理论研究是实证研究的依据，实证研究是理论研究的支撑，两者相辅相成；理论研究离开了实证研究则缺乏研究的说服力，实证研究离开了理论研究则失去研究的实际意义。因此，本书将这二者结合起来。首先，对中国家庭创业的现状水平，并对影响家庭创业的因素进行全面分析的基础上，提出了本书的研究框架，主要回答"是什么"的问题，力图对家庭创业水平及其影响因素有一个较为清晰的了解；其次，在控制其他变量的情况下，对人力资本各维度变量进行实证分析，主要回答"怎么样"的问题，解决了人力资本对家庭创业的影响路径及作用效应；最后，根据在理论分析基础上得到的实证结果，提出相关的精准性政策建议，主要回答"该如何"的问题。

第三，比较分析法。本书在计算各因素对家庭创业影响程度时，一方面，从技能人力资本、健康人力资本和能力人力资本等新人力资本的三个维度，分别对家庭创业影响进行对比，最后分析各维度及其内在的影响效果；另一方面，基于城乡二元结构的差异和地区经济发展不平衡性，分别对各维度进行详细的城乡差异和地区差异比较分析，从而更加全面地展示了家庭人力资本对家庭创业影响在城乡与不同地区间的异质性因素。

第四，定性与定量相结合。定量分析为主、定性分析为辅。本书的研究主要目的是探索人力资本对家庭创业的影响，并分析家庭社会资本、经济资本、家户特征以及制度环境对家庭创业的影响。在这个过程中，既有定性的分析，也有定量的分析。在研究人力资本构成的三大维度以及对家庭创业影响机制分析时，主要采用了定性分析方法；在测算人力资本各维度以及其他影响因素对家庭创业的影响时，主要采用定量分析方法。将这两种方法有机结合，保证了研究结论的严谨性和科学性。同时，考虑到新人力资本的相关实证研究在国内尚处于初始阶段，本书为确保能力、技能和健康人力资本三个维度的实证研究结论准确并可靠，最后对相关回归分别进行了稳健性检验和内生性检验。

1.5 研究内容

本书以人力资本理论等为基础，基于新人力资本视角，在完善家庭人力资本的构成维度的基础上，系统地分析了家庭人力资本对家庭创业的影响机制。本书共分 8 章，其中第 1 章为绪论，第 2 章为相关文献综述，第 3 章为研究框架与研究假设，第 4~6 章分别从家庭人力资本的三个维度对家庭创业的影响进行实证分析，第 7 章主要从人力资本间的交互对家庭创业的影响进行实证分析，第 8 章为结论与政策建议。各章具体内容安排如下：

第 1 章，绪论。本章是全书研究的总纲，主要从以下方面进行了论述。首先，在分析本书的研究背景的基础上提出问题；其次，结合已有研究对本书的几个核心概念进行界定；再其次，明确了本书的研究意义与目标、研究思路与方法；最后，系统地介绍了本书的研究内容与框架。

第 2 章，相关文献综述。本章主要对与本书研究相关的理论与研究成果进行全面的梳理，具体包括三大方面。首先，对人力资本理论的研究进展进行了全面的回顾和分析，为本书研究奠定理论基础；其次，有关影响创业的相关因素的文献综述，在概述资源禀赋理论的基础上，重点就家庭资源禀赋对创业的影响的相关文献进行综述，为后文的立论提供依据，并对创业环境的相关文献进行综述；最后，对本章对已有的研究成果进行总结与评述，为本书的进一步研究寻找拓展点与突破点。

第 3 章，研究框架与研究假设。在第 2 章的基础上，进一步根据相关理论文献的研究成果进行理论推衍，构建本书的研究框架与相关研究假设。首先，进一步分析了家庭人力资本的构成维度，并确定了家庭人力资本对家庭创业影响的研究框架；其次，根据已有文献，探讨家庭人力资本各维度的指标变量对创业的影响机制，并提出了相关的研究假设。

第 4 章，能力人力资本对家庭创业影响的实证研究。本章分别从认知能力和非认知能力两个方面实证分析各自指标变量对家庭创业选择和创业收入的影响。其中，认知能力主要用数学能力和词组能力等指标变量对其进行描述，非认知能力主要用自我效能和社会交往能力等指标变量对其进行描述。首先，在对本章数据的来源、变量的选择与处理的基础上，重点对相关变量进行了描述性统计分析；其次，构建了本章的实证模型，分别采用 Probit 模型和 Tobit 模型分析认知能力与非认知能力的各指标变量对家庭创业选择和创业收入的影响；再其次，采用全样本数据对相关研究假设进行实证检验与分析，同时，还采用城、乡子样本和东、中、西部地区子样本对城乡差异和地区差异进行了全面的分析；最后，进一步对样本进行删选和匹配，分别采用新样本数据和工具变量对能力人力资本与家庭创业之间的影响机制进行稳健性检验和内生性检验。

第 5 章，技能人力资本对家庭创业影响的实证研究。本章分别从教育年限和工作经验两个指标变量实证分析各自对家庭创业选择和创业收入的影响。首先，在对本章数据的来源、变量的选择与处理的基础上，重点对相关变量进行了描述性统计分析；其次，构建了本章的实证模型，分别采用 Probit 模型和 Tobit 模型分别论证了教育年限与工作经验对家庭创业选择和创业收入的影响；再其次，采用全样本数据对相关研究假设进行实证检验与分析，同时，还采用城、乡子样本和东、中、西部地区子样本对城乡差异和地区差异进行了全面的分析；最后，进一步对样本进行删选和匹配，分别采用新样本和工具变量对技能人力资本与家庭创业之间的影响机制进行稳健性检验和内生性检验。

第 6 章，健康人力资本对家庭创业影响的实证研究。本章分别从健康评价和健康指数的主、客观评价两个指标变量实证分析各自对家庭创业选择和创业收入的影响。首先，在对本章数据的来源、变量的选择与处理的基础上，重点对相关变量进行了描述性统计分析；其次，构建了本章的实证模型，分别采用 Probit 模型和 Tobit 模型分别论证了健康评价与健康指数对家庭创业选择和创业收入的影响；再其次，采用全样本数据对相关研究假设进行实证检验与分析，同时，还采用城、乡子样本和东、中、西部地区子样本对城乡差异和地区差异进行了全面的分析；最后，进一步对样本进行删选和匹配，分别采用新样本和工具变量对健康人力资本与家庭创业之间的影响机制进行稳健性检验和内生性检验。

第 7 章，人力资本间的交互对家庭创业影响的实证研究。本章重点探讨能力、技能与健康等人力资本的三个维度变量之间两两相互作用对家庭创业的影响。首先，在前面样本的基础上进一步对这三个维度变量进行有效匹配，并得到本章的研究样本；其次，基于 Probit（Tobit）模型检验了能力、技能与健康三个维度变量之间的交互项对家庭创业选择（收入）的影响，得到了人力资本间交互的调节作用；再其次，考虑到我国城乡差异与地区差异，本章还在全样本的基础上，进一步采用城、乡子样本和东、中、西部地区的子样本对人力资本的三个维度两两交互对家庭创业的城乡和地区差异进行了比较研究；最后，对相关实证结果进行了稳健性检验，并对本章研究结论进行梳理总结。

第 8 章，研究结论、政策建议与研究展望。回顾本书研究所做的工作，在对全书进行提炼总结的基础上，提出相应政策建议，并指出本书研究不足及未来可能的研究方向。首先，对各章研究结论进行概况性总结与说明；其次，根据研究结论，从能力、技能、健康人力资本的积累，政策环境与地区差异中的政府作为等角度出发，提出一些针对性的政策建议和有效措施；再其次，对本书可能的研究创新点进行了概括性总结；最后，指出本书研究的不足之处的同时，对未来的研究进行展望。

第2章

文 献 综 述

　　创业作为社会经济发展中的重要活动，已成为市场经济运行的一项基本职能。人力资本与创业现象已引起了学术界和实践界的普遍关注，并有众多学者在该领域进行了大量的研究，也取得了斐然的成绩。本章通过梳理有关理论和文献的研究动态，并指出家庭创业的研究趋势和空间，为本书的深入研究提供较好的理论基础。本章内容将从三个部分展开：第一部分为人力资本理论的研究进展，介绍本书重点关注的人力资本理论的研究进展与最新动态；第二部分为创业理论的研究进展，重点介绍了创业理论的研究动态与5个经典的创业模型；第三部分为影响家庭创业因素的相关文献综述，以人力资本为切入点，从人力资本各维度的测量及其对创业的影响进行概括和评价，同时还对其他创业的影响因素进行综合的概括和述评，主要包括家户特征、社会资本、经济资本、制度环境等方面，为后面研究提供基础和借鉴。

2.1 人力资本理论的研究进展

人力资本理论是本书研究的直接理论基础。本书将流派繁多的人力资本理论划分为"传统人力资本"理论和"新人力资本"理论，并同意李晓曼和曾湘泉（2012）所指出的"新人力资本理论打开了传统人力资本理论一直没解决的能力形成的'黑箱'"。因此，本节将人力资本理论的研究分为传统人力资本理论与新人力资本理论两个阶段进行论述，并重点对这两个研究阶段的主要观点进行分析。

2.1.1 传统人力资本理论

2.1.1.1 人力资本思想起源

人力资本理论的思想萌芽应追溯到英国古典政治经济学的创始人佩第（Petty）提出的"人的素质决定了劳动能力的劳动价值观"。后来，斯密（Smith）在《国富论》（1776 年）中首次将教育、学习、经验等作为国民财产的一部分，并强调其对发展生产具有积极影响，这大大推动了学者们关于教育对经济发展意义的探究。穆勒（Mill）在继承亚当·斯密的上述思想的基础上，进一步指出，技能与知识同样会对劳动生产率产生重要影响，能力是国民财富的一部分，并强调教育支出有助于国民财富的积累。此后，英国经济学家西尼尔（Senior）在《政治经济学大纲》中指出教育确实提高了劳动者的生产力，并就人力资本进行了深入的论述。他认为"随着文化的提高，每个人所受到的教育都会提高他的生产力"。自此，人力资本逐渐为很多经济学大师所关注。德国经济学家李斯特（List）将人的才智和体力统称为精神资本，这实质就是现代人力资本的精髓。马歇尔（Marshall）在《经济学原理》（1890 年）中就教育对劳动者质量提升和经济增长的贡献进行了详细的论述，并主张无论家庭还是社会，都应重视和加大对教育的投资。同时，在马克思（Karl Heinrich Marx）关于劳动的许多理论观点蕴含着丰富的人力资本思想，是人力资本理论的重要思想基础（宁先圣，2006）。马克思创造性地在古典经济学家理论的基础上提出了一些新观点。他指出，劳动是创造社会财富的主要源泉，并将人的劳动分为简单劳动和复杂劳动两种，认为复杂劳动是较高价值的多倍简单劳动；同时，他又在劳动力价值构成理论的基础上将劳动分为生产性和非生产性劳动；并且他还将人的迁徙视为人力资本的流动。

此后，虽然有很多经济学家对人力资本的内涵进行了一定的探索，但一直没有明确人力资本的概念。这些探索为人力资本理论创立奠定了很好的研究基础。

2.1.1.2　人力资本理论的形成与发展

随着科技、生产和社会经济的发展，一些学者开始对人力资本进行了系统研究。特别是在 20 世纪中期，以舒尔茨（Schultz）、贝克尔（Becker）和明瑟尔（Mincer）等为代表的学者主要从人力资本投资和收益对人力资本进行系统的理论和实证研究，他们认为"通过教育、保健、培训等方式可以提高劳动者的生产力，进而提高其劳动收入"，自此，人力资本理论才正式诞生。

舒尔茨于 1961 年提出了人力资本理论，并就人力资本对经济发展的驱动作用做了全新的解释，主要内容包括：人力资本是通过教育、健康等投资形成的资本，并表现为人的素质；这种资本是稀缺的，并可以获得回报，其对促进经济增长具有积极的作用，并强调教育可以促进人力资本积累，同时针对教育与卫生、经济信息、人口迁移等问题提出了建议。值得一提的是，舒尔茨通过对美国在 1929～1957 年经济增长中教育投资的贡献进行了测算，研究发现，教育投资收益增长在国民收入增长中所占的比重为 33% 左右，这一结果为通过教育投资来增加人力资本积累、促进社会经济增长等问题提供了强有力的实证证据和理论基础。

贝克尔（1964）的《人力资本》被西方学术界誉为"经济思想中人力资本投资革命"的起点。他主要在人力资本投资分析中运用了新古典经济学的基本工具，提出了家庭生育的"经济决策和成本－效用"分析框架，他认为，人力资本投资量的最重要决定因素是投资的收益率。同时，他在另外一本著作《人类行为的经济分析》中将舒尔茨的人力资本观点发展成为决定劳动收入的一般理论，并提出了关于对人进行投资的资本理论研究方法。贝克尔虽然仍沿用舒尔茨的人力资本概念，但从微观经济个体的行为特征进行了系列研究，有效弥补了舒尔茨在宏观分析中的缺陷。

明瑟尔（1974）被认为是人力资本回报率研究的奠基者，他的主要贡献在于提出了人力资本收入函数，该函数为教育和教育质量的回报率估计提供了新的研究框架，该框架已成为有关教育对经济作用研究的基础，并被很多学者用来研究经济长期增长和国家间平均受教育水平之间的关系。

20 世纪 70 年代末到 80 年代初，随着教育经济学的发展和诸多社会、经济和教育问题的出现，人力资本理论遭受到教育经济学界的质疑，有学者对人力资本理论在进一步完善的基础上，提出了一些新的理论主张：教育的信号理论、教育的社会化理论和劳动力市场分割理论等，其主要观点整理如表 2 - 1 所示。

表 2 - 1　教育信号理论、教育社会化理论和劳动力市场分割理论内容比较

理论	代表性观点	代表人物
教育信号理论	教育本质上是一种信号，其主要经济价值就是对个人通过劳动力市场的筛选以获取不同的职业岗位，从而获取经济效益	斯宾塞（Spence）、阿罗（Arrow）和陶布曼（Toubman）
教育的社会化理论	功能主义学派认为，学校以及课堂的结构、程序及规则都自觉或不自觉地共同地规范着下一代，使他们必须遵守进而内化特定的行为和规范；教育是创造社会继续存在的条件，持续维持社会体系的稳定与平衡，实现社会的现代化	涂尔干（Durkeim）和帕森斯（Parsons）
	新韦伯主义学派认为，教育制度作为一种社会化机构，它所传递的价值取向和行为规范是非客观和非中性的社会化的过程，无论其内容还是目的，均与社会上的统治与控制形式有着密切的联系	韦伯（Weber）
	新马克思主义学派认为，教育的社会化功能是非中性和非客观的，他们将教育制度的社会化作用与阶级关系和生产关系的再生产过程联系起来，创立了"再生产理论"，从而开辟了新的研究领域	鲍尔斯（Bowles）和金迪斯（Gintis）
劳动力市场分割理论	劳动力市场并不统一，教育是将人们分配到不同劳动力市场的重要手段。劳动力市场的具体划分有：主要劳动力市场和次要劳动力市场，高等教育水平的劳动力市场、垄断的劳动力市场和竞争的劳动力市场，内部劳动力市场和外部劳动力市场	皮奥里（Piore）、赖克（Reich）、戈登（Cordon）、卡诺（Carnoy）、爱德华兹（Edwards）等

资料来源：曲恒昌，曾晓东. 西方教育经济学研究［M］. 北京：北京师范大学出版社，2000：240－256；高耀. 人力资本与家庭资本对高校学生就业的影响：基于调研数据的实证研究［D］. 南京：南京农业大学，2011；等等，整理而得。

2.1.1.3 人力资本理论的深化与扩展

20 世纪 80 年代中期后，内生增长理论在西方国家兴起，该理论不同于舒尔茨采用的新古典统计分析方法，其主要利用了数学的方法，建立了以人力资本为核心的经济增长模型，同时，该时期的知识资本理论也得到了较快的发展，这有效弥补了以往人力资本理论研究的一些不足。其中，最为代表性的经济学家是卢卡斯（Lucas）和罗默（Romer），他们构建了一个经典的知识积累模型。第一，卢卡斯的人力资本积累增长模型①。1988 年，卢卡斯在《论经济发展的机制》一文中提出了人力资本积累模型，该模型强调人力资本积累过程中正规教育与非正规教育的作用，进一步明确了人力资本形成主要由"正规教育"与"干中学"等两个途径，并明确了教育（在职与脱产）、学习（正规学习与边干边学）等的内生性功能。第二，罗默的内生经济增长模型②。该模型实现了技术进步的内生化，并极大地推动了经济增长理论的发展。罗默在经济增长模型中纳入了知识要素，并认为促进经济增长的一个关键因素是知识积累；同时，由于知识具备外溢性，使得资本收益率会随着资本的增加而增加，这极大地修正了在传统经济增长中对收益递减或不变的相关假说，从而为世界经济高速增长找到了很好的解释，也对日益扩大的不同国家经济水平发展之间的差距找到了根源。

知识资本理论的代表者加尔布雷斯（Galbrainth）在 1969 年就提出了知识资本概念，他认为知识资本是一种知识性的活动，并可视为一种蕴藏于个体或社会中的动态资本，但当时以传统人力资本理论为主流的观点冲淡了知识资本理论的研究进展，直到进入 20 世纪 90 年代后，知识资本理论逐渐进入众多学者的研究视野，他们主要从知识资本的结构视角对人力资本进行了大量的阐述。美国《财富》杂志编辑斯图尔特（Stewart）在《知识资本：组织的新财富》著作中认为"知识资本是可用于创造财富的知识、信息、知识产权和经验等知识要素"，并对知识资本的构成维度及其如何影响创新竞争关系进行全面的论述。随着知识资本研究的深入，知识资本作用的凸显，

---

① 卢卡斯. 经济发展讲座［M］. 南京：江苏人民出版社，2003.
② 胡炳志. 罗默的内生经济增长理论述评［J］. 经济学动态，1996（5）：60－63.

特别是在知识资本方面的投入产出及其与经济增长的关系备受国内外学者的关注。斯图尔特（Stewart，1991）指出"知识资本是一种内在资本，是生产物质财富的源泉，主要包括经验、信息、知识及其产权等要素所形成的集体智能组合"；埃德文森（Edvinsson，1996）与沙利文（Sullivan，1996）则认为企业市场与账面价值的真正差距关键在于其知识资本存量的多少，企业在股票市场能持续被看好的原因也在于企业的知识资本；莱博维茨等（Leibowitz et al.，1999）从知识价值入手对知识资本进行了分类研究，并将知识资本分为创新、人力、结构和顾客资本四类，并就其之间的相互关系进行了系统的阐述[①]；刘正良（2011）强调知识资本理论的创新在于其有效地揭示了人力资本与结构性资本之间的相互关系，很好地为知识经济时代理解企业经营活动提供了一个基本工具，为企业获得持续竞争优势提供了很好的理论指导。可见，知识资本理论为现代企业研究提供了新的思路，特别是为企业知识资本与市场价值之间的关系搭建了很好的一个桥梁。

2.1.2 新人力资本理论

在人力资本研究过程中，人力资本的内涵与外延得到了不断拓展，人力资本的作用也备受关注，这极大地促进了国际社会、政府、家庭及个人对人力资本积累的重视，从而推动了教育和科学的迅速发展。然而，受人力资本测量的限制及为了研究过程中假设验证的便利，在传统的人力资本研究中，学者们普遍采用"在学校或其他培训中花费的时间""健康状况"等狭义的人力资本对人力资本投资进行衡量。随着越来越多的经验研究表明，这种狭义的人力资本在研究一些现象时的解释力受到限制，于是，有学者对用教育或健康作为人力资本的代理变量可能存在一些偏差产生怀疑，自此，很多学者开始探索教育或健康以外的一些变量对人力资本的影响。同时也有一些实证研究表明认知能力对个人和经济生活方面具有决定性影响，甚至可能影响个人健康水平和社会地位（Murnane et al.，1995；Hauser et al.，

---

① 程惠芳，陆嘉俊．知识资本对工业企业全要素生产率影响的实证分析 [J]．经济研究，2014 (5)：174 – 187.

1996；Heckman et al.，2006；Auld & Sidhu，2005）。自教育替代能力的偏误被发现后，许多学者们分别采用了能力的代理变量、双胞胎样本、工具变量等方法来解决这种偏差问题（Griliches et al.，1972；Griliches，1977；Li-Hongbin et al.，2012）。哈努舍克（Hanushek）在 2010 年美国经济学年会上正式提出了新人力资本研究的议题，并引起了很多学者的共鸣。特别是，新人力资本理论支持者赫克曼（Heckman）首次从认知能力与非认知能力等维度对人力资本进行了重新划分，并就这两者的互动及他们如何影响个人成就进行了充分的论证，指出这两种能力确实对个人收入产生重要的影响（黄国英和谢宇，2017）。

需要特别提到的是，李晓曼和曾湘泉（2012）针对传统人力资本对"能力"衡量的不足提出了新人力资本理论。该理论强调新人力资本理论打开了传统人力资本理论一直没解决的能力形成的"黑箱"，并构建了基于多维能力的新人力资本理论框架，该框架将人力资本划分成为以技能与健康为核心的传统人力资本和以认知能力与非认知能力为核心的新人力资本。他们认为，上述基于能力的新人力资本理论可以用以研究个人经济社会表现，来解释个体选择（教育程度、健康等）、结果（职业选择、就业与工资等）的原因及它们之间的关联性，为解释个人发展的多样性以及不平等提供了思路。上述基于能力的新人力资本理论得到了很多学者的支持并得到完善。周金燕（2015）在总结人力资本的价值性和投资性的基础上对传统人力资本模型进行了拓展，从强调非认知能力的经济价值与投资性特征，并为人力资本研究提供了新的研究视角。肖焰和蔡晨（2017）认为新人力资本理论的发展得益于心理学家和经济学家的合作，它开启了以能力为核心的新人力资本研究的新篇章，并且指出新人力资本的理论框架是由能带来未来收益的能力（认知能力和非认知能力）、技能（培训）及健康（身体健康和心理健康）、迁移等要素共同组成的。

随着新人力资本理论的出现，国内外众多学者逐渐以能力为视角从认知能力和非认知能力等方面对其进行衡量及论证了其相互间影响，特别是认知能力与非认知能力对个人职业选择、收入、社会地位等方面的影响进行了大量的研究（具体文献将在后文中综述）。因此，这些研究为新人力资本理论的发展提供了很好的证据，也为本书的研究奠定了扎实的理论基础。

2.2 家庭创业的理论基础

2.2.1 创业理论

2.2.1.1 创业理论研究进展

回顾创业理论的研究，最早源于法国经济学家坎蒂隆（Cantillon）提出的"企业家或创业者"（entrepreneur）的概念，而对创业理论的研究源于古典经济学的代表人物斯密（1776），他认为劳动分工所产生的规模经济利益是企业成长的主要诱因。随后，马歇尔（1890）从劳动分工的专业化和联合化、规模经济等方面进行更为系统的分析，并将企业创业与竞争均衡、企业家自身等因素相结合，这些理论和观点为创业理论奠定了一定的思想基础。后来，出现了新古典经济学派和新制度经济学派，他们主张企业创业中带来的规模经济受经济、制度、环境等外部因素影响，也就是企业外生成长理论。20 世纪后，科斯（Coase）在 1937 年发表的《企业的性质》提出的交易成本理论为创业理论注入了新的血液，他认为创业可以节约交易成本。彭罗斯（Penross，1959）在《企业成长的理论》中提出创业的内生成长理论，认为企业成长的决定因素是企业能力，而企业资源是决定其能力的基础；同时还指出了影响企业成长的路径机制，并构建了资源基础观（RBV）基本理论体系，这为现代创业理论奠定了基础。随后，诸多学者的研究主要聚焦在企业成长方面。德鲁克（Drucker，1954）认为，企业应根据自身目标建立一套目标体系和配套成长战略，以增强企业内部的能力与关键资源的准备。安索夫（Ansoff，1965）也在其《企业战略》著作中，认为企业成长问题需从规划好自己的发展方向和范围、制定发展战略类型、利用好竞争优势和协同外部资源等四个维度进行全面的考量。后来，弗朗西斯·高哈特和詹姆斯·凯利在《企业蜕变》一书中从重新规划、重建组织架构、重振活力和重获新生四个构架全方位对企业成长中的问题进行了论述，并提出了基因组合企业成长理论，哈佛大学教授格雷纳（1972）认为企业的变化可分为演变（invention）

与变革（innovation）两个部分："演变"反映企业的平稳成长过程，"变革"反映企业的非常规过程，组织从演变到变革一般会经历创业、集体化、规范化、精细化与合作等五个阶段的不同组织模式。伊查克·爱迪思（1989）提出的企业生命周期理论认为，企业都会像生物一样经历初创期、成长期、成熟期和衰退期的生命周期规律。此外，阿尔弗雷德·韦伯提出的产业集群企业成长理论等也广受关注。

国内关于创业与企业成长的研究始于分析与比较外国企业成长理论，继而发展了创业理论和企业成长理论，形成对这一主题的研究热潮。杜运周等（2009）系统比较了资源的内部资源成长理论、网络关系的网络化成长理论以及制度约束的组织合法化成长理论的主要理论及运行机制，也比较了企业成长理论对新兴中小企业的适应性，提出合法性成长成为当下与多数企业现实情景较为切合的一种成长方式；该研究还提出，在中国当下中小新企业的资源禀赋和新进入缺陷约束条件下，大部分企业会遇到成长的障碍，需要采取一定的方式获得组织合法性。陆亚东和孙金云（2013）则在资源成长理论基础上提出复合资源观成长理论，主张发挥企业家精神、创新、组织柔性等实现快速反应与竞合性竞争，创造性地利用和使用普通资源获得竞争优势而实现快速成长。近年来，国内学界关于企业创业的研究已经深入各类企业（缪小明和李淼，2006）、企业资源（倪嘉成等，2018）、互联网（周洋和华语音，2017）、人工智能（刘志阳和王泽民，2020）、创业生态系统（沙德春和孙佳星，2020）等新情境与创业企业成长的关系等各个层面，形成了百花齐放的研究局面。

2.2.1.2 经典的创业模型

20世纪80年代以来，对创业的研究从宏观转向微观层面的研究，很多学者开始关注创业成败的问题，究竟怎么创业才能成功，进而形成了较多的创业模型成果，用以指导企业家的实践。概括起来，主要有几下几种：

（1）蒂蒙斯（Timmons）的创业要素模型。蒂蒙斯（Timmons，1999）在《新企业的创建》一书中提出机会、资源和创业团队是构成创业的核心要素，创业首先需要有机会启动之后才有团队组建，并由团队不断寻求资源；同时，各要素的重要性处于动态的变化中，企业在创业过程中为保持正常的发展，需要通过不断地寻求机会、团队和资源以保证这些要素之间的动态均衡。

（2）加纳（Gartner）的创业要素模型。加纳（Gartner，1985）在描述新创企业现象的概念框架时认为，应该从多维度框架来研究创业，并从创业者、环境、组织以及创业过程等四个维度形成了该创业维度模型，同时，加纳还对各维度的构成要素做了深入的论述。加纳同样认为创业是一个动态发展的过程，任何企业或组织的创立，均是由这四个维度的若干个要素相互作用，最终以合理的序列组合在一起而形成。

（3）威克姆（Wickham）的创业要素模型。威克姆（Wickham，1998）在一些学者研究的基础上认为创业活动是由创业者、机会、组织、资源这四个要素所构成的创业模型。该模型强调了创业者在创业活动的中心地位，同时，还强调创业是一个不断学习与调整的过程。

（4）萨尔曼（Sahlman）的创业要素模型。萨尔曼（Sahlman，1999）在《对商业计划的一些想法》（*Some Thoughts on Business Plan*）一文中认为创业是由人和资源、机会、环境以及交易行为这四个关键要素相互协调、相互作用的一个过程。同时，该模型强调外部环境的重要性，外部环境只有同人和资源、机会以及交易行为之间形成相互协调，才能最终促进创业成功。

（5）全球创业观察（Global Entrepreneurship Monitor，GEM）创业框架模型[①]。GEM 是由英国伦敦商学院和美国百森学院于 1997 年共同发起创办的，并在 1999 年发布的第一份全球创业观察报告中首次提出了 GEM 创业模型。该模型主要由创业机会、创业能力和创业环境等三个内容构成的理论框架。其中，创业能力包括创业技能和创业动机两个维度。创业环境影响着创业机会和创业者的能力，创业的最终发生及其效果是创业机会和创业能力两个因素相互作用的结果。在后面的 20 几年间，GEM 虽对其创业模型做过一些修正，但并没有改变该模型的理论框架，只是随着一些研究的发展与深入，对创业能力、创业环境的一些具体维度和一些具体表述进行了修改。至今，GEM 创业模型对创业过程维度的划分仍具有较高的权威性，并在理论与实践中广泛应用，对目前创业研究的主流观点具有典型的代表性。

---

① 高建. 全球创业观察中国报告（2007）：创业转型与就业效应［M］. 北京：清华大学出版社，2008.

2.2.2 资源禀赋理论

2.2.2.1 资源基础理论

企业资源理论思想源于张伯伦（Chamberlin，1933）和罗宾逊（Robinson，1933）对企业专有资源的论述，他们认为企业利润的获取主要影响因素是企业专有的资产和企业能力。彭罗斯（Penrose，1959）在《企业成长理论》中认为企业的实质就是一系列资源束的有机组合，同时，通过管理对这种组合提供一定的约束，即企业成长是有效协调其资源和实施职能管理约束下获得的结果。沃纳菲尔特（Wernerfelt，1984）在《企业资源基础论》一文中首次从企业资源的角度对企业竞争优势进行了系统阐述，这也标志着资源基础理论的正式诞生；巴尼（Barney）先后发表系列文章对资源基础理论进行了研究，如在《战略要素市场：远见、运气和企业战略》（1986 年）一文中重点分析了创造竞争优势的各类条件，随后的《企业资源与持续竞争优势》（1991 年）一文中又分析了企业维持竞争优势的各类条件，并进一步强调了企业资源对企业竞争优势的重要作用。彼得罗夫（Peteraf，1993）的《竞争优势的基石：基于资源的观点》贡献在于将前述有关竞争优势的资源论中所有分散内容进行逻辑统一，这标志着企业资源观的真正成形。此后诸多学者就企业资源理论进行了全面系统的分析，但基本的核心主张均为企业独有的异质性资源是企业经营绩效的差异源。巴尼等（Barney et al.，2011）在整合前期研究成果的基础上，建立了资源基础观的分析框架：首先，将企业资产、知识、信息、属性及其组织过程等纳入企业资源的范畴，认为企业资源是其生存与发展的关键，如何提升这些资源运行的效益和效率对企业来讲至关重要；其次，从企业资源特征入手分析了其价值、稀缺、不便模仿、无法替代等特性，并强调企业可持续竞争优势来自企业资源，这为企业资源基础观提供了很好的研究框架。

2.2.2.2 资源依赖理论

随着市场竞争加剧，企业在实践中发现企业的竞争优势不仅要重视对内部资源的占有，更要重视对外部资源的获取与控制。普费弗和萨拉尼克

（Pfeffer & Salancik，1978）在《组织的外部控制：资源依赖的观点》中更多地强调企业生存与发展过程中获取和保持资源的能力。这种能力是企业与外界环境在不断的互动中形成，并通过这种能力最终达到预期目的。资源依赖理论尽管对企业资源获取与外部资源控制的重要性进行了关注，但缺乏对如何获取与控制外部资源的能力进行深入剖析，导致忽视了能给企业带来竞争优势的其他资源，如对资源的整合能力，这也反映出资源依赖理论对企业资源认识的不足。

2.2.2.3 资源理论的扩展

正是基于对企业基础理论和资源依赖理论研究的不足，很多学者在有效融合前面理论研究的相关成果的基础上进一步对企业资源理论进行了扩展，以更好适应全球化竞争需要。企业资源理论的扩展主要是在企业资源的边界的界定上，其将企业资源范畴扩展到企业与其他利益相关者之间的关系上，包括与股东、债权人、政府、供应商、分销商、消费者等。扩展后的企业资源理论在强调企业对外部资源的积极获取与控制的同时，更强调企业对内、外部资源的整合与协同，以更好提升企业资源的利用率，促进企业价值的增值空间与企业的成长。可见，资源理论的扩展更好地延伸了资源依赖理论的不足，并对企业资源的获取和保持能力提出了新的路径，即强调内部的积累与外部的获取是企业竞争优势的关键。

2.2.2.4 资源拼凑理论

资源拼凑进一步很好地完善了资源依赖中对资源获取与控制的路径，因此，资源拼凑理论在企业资源理论中颇受关注。自贝克等（Baker et al.，2003）在《政策研究》（*Research Policy*）上撰文，研究拼凑对新企业创业资源整合的影响效应后，拼凑理论在企业创业研究中得到了广泛的认同与应用。贝克和纳尔森（Baker & Nelson，2005）对资源拼凑理论形成了即刻行动、组合资源、凑合利用资源等三个关键构念，从而奠定了资源拼凑理论的基础（方世建和黄明辉，2013）。多梅尼科等（Domenico et al.，2010）提出资源拼凑"不屈从于约束和即兴而作"的另两个构念，并提出三个资源获取途径：一是无中生有，即市场与服务的开发；二是根据新的目的组合利用他人不利用的资源或闲置废弃的资源；三是开发他人未能充分认知潜在价值的资源。也有学者从组织理论视角指出拼凑需要介入情景之中，需要采用柔性控制系统和非制度化的组织设计，是一种对组织实践的重新配置，这可视为制度拼凑或管理拼凑（Duymedjian & Rüling，2010）。同时，米勒等（Miller et al.，2012）对企业资源拼凑方式进一步地研究指出企业在拼凑过程中可以采用并行拼凑、连续拼凑和选择性拼凑等方式。可见，资源拼凑理论基本一致的观点认为，通过不同的方式进行资源拼凑会产生不同的资源利用效果，根据资源配置方式的不同，创业者应当选择不同的资源拼凑方式。

2.2.3 家庭资源配置理论

2.2.3.1 资产组合理论

对于家庭资源配置的理论研究，源于马柯维茨（Markowitz，1952）提出的资产组合理论，并在1959年进行了完善。该理论采用资产的期望值、方差以及各资产间的关系（协方差）对资产组合风险进行度量，他指出要想降低投资风险，投资者在关注单个资产风险的大小基础上，需要更多关注各资产间的关系，进行多元化的投资，即投资组合，他强调所有有效投资组合形成了有效边界，投资者要实现效应最大化，必须根据自身风险偏好选择好投资种类，并在有效边界上做出资产配置决策。托宾（Tobin，1958）进一步引入无风险资产的概念，提出了两基金分离定理，他强调投资组合是由无风险资产与风险资产所组成，风险资产在投资组合中所占的比例主要取决于投资者的风险偏好。夏普（Sharpe，1964）对投资组合理论和两基金分离定理进一步深化，将风险分为不可分散的系统性风险和可分散的非系统性风险，并提出了资本资产定价模型，他强调投资者需要在考虑金融市场系统性风险的基础上，根据各项具体资产的收益率高低、风险大小及其之间的相关性，做出最优资产配置策略。随后萨缪尔森（Samuelson，1969）和默顿（Merton，1969）进一步拓展了资产组合模型，从单期扩展到多期的资产定价，使资产组合理论更符合实际投资决策。虽然这些经典资产组合理论为投资者的资产组合决策提供较好的依据，但在现实投资实践中，所有的投资者并非完全理论，也并非完全市场，因此，后来众多学者将投资者行为转向心理学的角度进行研究。

2.2.3.2 家庭资源配置决策行为

尽管资产组合理论为家庭资源配置提供了实践指导，但家庭资源配置的决策行为是建立在对家庭的生产、消费、资源积累及配置效率等系统分析基础上的决策行为。因此，家庭资源配置决策行为将会受到各种因素的影响，特别是特定的外部环境以及家庭内部特征等约束，其中主要包括了市场环境、制度环境、社会文化、家庭资源禀赋、家庭结构特征等因素，由于这些因素在后面有所涉猎，本节省略综述。

2.3 影响家庭创业的因素

2.3.1 家庭资源禀赋

创业是一种涉及多个学科甚至是交叉学科的社会经济活动，这些学科基本涵盖了心理学、管理学、社会学、经济学、人类学等学科领域，不同学科在研究时都有其特有研究对象和研究视角，因此，关于创业的影响因素也非常复杂，其研究成果也颇为丰富。本书主要从微观家庭角度来研究家庭创业行为，结合资源禀赋理论的相关研究，因此，本节主要从家庭的人力资本、社会资本、经济资本等其他资源禀赋和创业环境等方面对创业影响的相关文献进行综述。

2.3.1.1 人力资本与创业

人力资本与创业之间的关系在经济学和管理学领域已有了大量的研究。20 世纪 50 年代末形成的企业内部成长机制理论，认为管理者的知识拥有量对企业成长有重要作用（Penrose，1959）；在此基础上，90 年代形成的知识基础观（KBV）指出，知识是企业竞争优势的根源，企业形成于知识有机制的协调与整合，并经由个人掌握的隐性知识向团体的转移与互动获得持续成长（Nonaka & Takeuchi，1995）。同时期的创业理论也关注创业者的人力资本对创业企业的影响。企业家资源禀赋理论指出，企业家的人力资本通过机会感知力驱动创业决策，从而更好地整合资源并持续推动创业企业成长（杨俊，2003）。缪小明和李淼（2006）通过对中国民营科技公司的研究证实，企业家不同类型的人力资本与企业成长的相关关系十分明显。倪嘉成等（2018）整合了企业家资源禀赋理论、知识创造和转移理论的基础上，探查互联网情境下知识转移绩效在创业者的人力资本从个体与企业实现跨层次转移机理中发挥了中介效应。可见，在创业过程中，创业者的人力资本备受关注。在以往的研究中基本形成一个共识，创业者的人力资本在企业成长中起着至关重要的作用，有人称之为"企业家人力资本决定了企业的价值"。然而，由于人力资本概念的宽泛性和构成的复杂性，尽管不同的人力资本或者人力资本的不同要素与创业的关系得到了大量研究，但仍存在很多不同的结论。根据前面第 1.5 节中对家庭人力资本的界定，本章主要从认知能力、非认知能力、教育、工作经验和健康等方面的研究进行综述，而这些人力资本对创业影响的研究将置于第 3 章的研究假设中进行展开，在本节省略综述。

（1）认知能力的相关研究。

随着人们对人力资本研究的深入，在教育对相关经济现象的解释力受到挑战后，众多学者开始从认知能力来寻求新的突破。在现有文献中，直接研究认知能力与创业之间关系的文献并不多见，更多的文献研究表明认知能力在决定个体的教育获得、劳动力参与、个体行为、个人收入、社会地位、经济增长等方面具有显著的影响，但这种影响在不同国家之间存在异质性，且不同类型的认知能力影响程度也不同（Hanushek & Zhang，2009；Hanushek et al.，2015）。例如，相关研究发现人们受教育程度与认知能力具有很强的相关性，并明确指出高水平的认知能力可以减少学生的留级率，而较低的认知能力是导致学生较高辍学率的一个原因（Hanushek & Wassermann，2008）。也有学者分别采用不同代表性的学生样本，对其进入劳动力市场的表现进行追踪调查，在对调查结果进行标准化处理后，发现这些学生的数学能力对其收入具有显著的影响，且数学能力每提高一个单位，其年收入会提高 12% 左右（Heineck & Anger，2010；Mulligan，1999；Murnane et al.，2000；Lazear，2003）。另有学者对数学运算能力与读写能力对收入的影响进行了研究，但得到了一些不同的研究结果：一些研究发现数学运算能力和读写能力对收入具有显著正影响（McIntosh & Vignoles，2001；Green & Riddell，2003），认知能力的增强会显著提高劳动者的工资收入（Lindqvist & Vestman，2011）；而加

拿大的数据分析结果则显示数学运算能力对收入的影响不显著（Finnie &
Meng，2002），而就业者的识字能力对就业者收入和就业者是否能够获得正
式雇员身份有显著正影响，但对是否就业影响则不显著（Rocha & Ponczek，
2011）。还有一些学者就认知能力对金融犯错和国民经济增长进行了一些探
索，发现认知能力高的人犯金融错误的概率更低（Agarwal & Mazumder，
2013），从宏观层面来看国民认知能力的提高对于一国的经济增长具有显著的
正向影响（Hanushek & Woessmann，2010）。

　　认知能力在进入学者研究视野后，国内学者从认知能力的内涵及其重要
性方面做了较好的论述。谢宇等（2014）认为人的认知能力作为人力资本的
一部分，不仅反映了部分学校教育和培训对能力的培养，更体现了人的智力
因素。黄国英和谢宇（2017）指出认知能力是现代社会分层的一个重要机
制，在现代化理论框架中，认知能力处于分层的核心地位，对个体的社会地
位、职业和收入有着重要的影响。周洋和刘雪瑾（2017）认为认知能力是指
创业者对外来信息进行加工、储存和提取的"内在"能力，主要涉及注意、
知觉、记忆、思维、想象、问题解决和言语等方面，它集中反映了创业者学
习和解决问题的一项能力，而这种能力对创业者至关重要。随着认知能力在
学界引起的重视，国内一些学者开始关注认知能力对中国微观个体的劳动力
参与、金融、收入、就业、教育等方面的影响，并得到了一些有价值的发现。
例如，都阳和王美艳（2002）研究发现认知能力对于贫困地区的人们在劳动
力市场上的收益有非常明显的积极影响；孟亦佳（2014）研究发现认知能力
与城市家庭参与金融市场的概率正相关，且认知能力越强，城市家庭在风险
资产配置比例上会有所增加，特别是在股票资产配置上更为突出；罗靳雯和
彭湃（2016）研究发现认知能力对金融投资行为和结果造成的差异可能受教
育水平的影响，且这种差异会随教育水平的提升而缩小；黄国英和谢宇
（2017）研究发现，认知能力会显著正向影响工资性收入，但在控制教育之
后，这种显著影响会变弱；何珺子与王小军（2017）通过微观实证研究发
现，认知能力主要来自学校教育，非认知能力主要来自工作过程，且认知能
力的教育回报率的性别差异较大，认知能力的教育回报率对女性显著，而非
认知能力的教育回报率对男性更显著。

　　在认知能力研究的过程中，认知能力的测量成为众多学者一直关注的焦
点，但从众多研究中并没有找到统一的测量方法和指标。从现有文献来看，

更多学者通常采用推理能力、决策能力、语言能力、计算能力、空间能力和记忆能力等指标对认知能力进行测量。克里斯特利斯等（Christelis et al.，2008）利用计算能力、记忆力和语言能力这三个指标来测量认知能力，并发现认知能力与股市参与之间存在着显著的正向关系。格林布拉特等（Grinblatt et al.，2011）利用智商作为认知能力的代理变量，发现居民的智商越高，其持有共同基金和股票的概率越大。阿科斯塔等（Acosta et al.，2015）认为认知能力主要包括读写能力和运算能力。同时，国内学者也开始从多方面对认知能力进行不同的测量，并试图探索其对劳动力市场、收入、教育等方面的影响。都阳和王美艳（2002）采用语言能力和数学能力作为认知能力的代理变量，对农村劳动力的认知能力与市场绩效之间的关系进行了实证研究，结果表明，语言能力与数学能力对劳动力的市场绩效具有较大的影响，特别是对于贫困地区的劳动力市场绩效具有非常明显的正向作用。李慧勤等（2017）选取记忆力、注意力和推理能力等指标测量云南省五个县（市）城区、乡镇和山区中小学生的认知能力差异。罗靳雯和彭湃（2016）以"是否使用互联网获取信息"作为受访者认知能力的代理变量研究了教育水平、认知能力和金融投资收益之间的关系。周洋和刘雪瑾（2017）运用字词识记能力和数学能力两个维度来衡量认知能力研究了认知能力与家庭创业之间的关系。孟亦佳（2014）也同样利用词组识记能力和数学能力来衡量认知能力的大小，并发现识记能力和数学能力等认知能力在推动城市家庭参与金融市场的过程中会正向影响家庭风险资产配置比例。黄国英和谢宇（2017）对认知能力采用了记忆、字词、数学和数字推理测验等指标对其进行测量，并通过实证检验发现劳动力的认知能力会正向显著影响其工资性收入。李涛等（2017）根据字词能力、数学能力和记忆力等三个具体维度的认知能力对创业的影响，发现仅有数学能力能够显著促进创业。张晓云和杜丽群（2017）采用分别采用了CFPS2014的字词测试得分与数学测试得分和CFPS2012的字词记忆测试得分与数列题测试得分对个人认知能力进行测量，并发现综合认知能力对个体收入具有显著正影响，且不同类型的认知能力和不同收入群体对个体收入的影响存在异质性。盛卫燕和胡秋阳（2019）在综合CFPS数据库中晶体智力和流体智力测试得分的基础上，采用经教育调整后的残差来测度认知能力，实证研究发现，认知能力对提高劳动者收入的作用非常显著，非认知能力则通过对职业选择偏好效应来影响技能溢价。李晓曼等（2019）

则从韦氏智力量表、卡特尔 16PF 聪慧性试题和瑞文标准推理测验提取相关题项对认知能力进行了测量。可见，认知能力的测量更多的学者普遍用词组能力、数学能力和记忆力等指标进行衡量。

（2）非认知能力的相关研究。

近年来，在人格心理学和认知心理学发展基础上，非认知能力逐渐成为劳动经济学开始关注的热点，他们将除去教育、健康、工作经验、认知能力之外的众多"心理资本"称之为"非认知能力"。美国心理学家亚历山大（Alexander，1938）认为，非认知能力是认知能力和专业水平范畴以外的诸多因素，主要包括行为动机、责任心、创造力和职业道德等，这些因素会对人们的行为活动产生较大影响。同时，也有学者将非认知能力引入劳动经济学的一些研究中，认为动机、创造能力、沟通能力、合作能力和领导能力等均会影响人们职业的发展（Brunello & Schlotter，2011）；可见非认知能力即为与认知能力无关的所有能力，如社会交往技能、某些特定的人格特质，甚至是"情商"等，都被纳入非认知能力（许多多，2017）。

由于非认知能力包含的维度众多，研究者很难将非认知能力统一到某一维度进行研究，所以在现有的研究中，对非认知能力的测量也呈现出很多指标和方法，除了少数采用个体特质对其衡量外，最常见的有罗森伯格（Rosenberg，1965）的自尊量表、罗特（Rotter，1966）的内外控制点量表、大五人格量表（big five factor personality）等。爱德华兹（Edwards，1976）和克莱因等（Klein et al.，1991）采用稳定可靠的品质等对非认知能力进行测量，并研究发现，稳定可靠的品质在企业招聘过程中更受雇主的重视。鲍尔斯、金蒂斯和奥斯本（Bowles，Gintis & Osborne，2001）采用诱因型偏好来研究非认知能力对收入分配的影响。同时还有很多的实证研究了非认知能力对收入的影响，其中对非认知能力的测量主要有高效率、偏好挑战而非循例、信任度高，自我控制能力、自尊、内外控制点、思维开通性、责任感、自律和对抗性思维等（Dunifon et al.，1998；Osborne，2000；Heckman et al.，2006；Mueller & Plug，2006；Heineck & Anger，2010）。最著名的研究是赫克曼和鲁宾斯坦（Heckman & Rubinstein，2001）以美国普通教育水平（general education development，GED）测试中的参与者为研究样本，并从毅力和自律性等因素来研究其非认知能力，发现在控制了认知能力后，高中辍学者的收入甚至高于 GED 证书的持有者，主要原因为 GED 证书的持有者在个性特征和非认知能力方面不如高中辍学者，并得出个体教育和工资等方面受非认知能力的影响很大的结论。赫克曼等（Heckman et al.，2000）也采用 GED 测试数据进行了系列实证研究，并强调个人成功很大程度上受其非认知能力的影响。随着心理人格特质理论的发展，众多学者的采用大五人格量表得到了广泛的应用，特别是对非认知能力的测量方面进行了大量研究，其主要用到了思维开通性、宜人性、情绪稳定性、尽责性、外倾性等方面（Seiber & Kraimer，2001；Mueller & Plug，2006；Heineck & Anger，2010；李晓曼等，2019）。盛卫燕和胡秋阳（2019）尝试利用 CFPS 成人板块访员观察信息构造非认知能力指标。

国内学界对非认知能力的研究尚处起步阶段，从知网（CNKI）检索的结果来看，已有的相关研究多是非认知能力理论总结与分析。李晓曼和曾湘泉（2012）在对传统人力资本理论研究不足分析的基础上构建了基于能力的新人力资本框架，并强调了认知能力与非认知能力在人力资本中的地位；程飞（2013）对西方文献中非认知能力对收入的影响研究进行了系统的梳理和总结，并提出建立研究框架对其深入探讨；周金燕（2015）对传统人力资本理论做出了新的拓展，并提出要重视非认知能力的经济价值；郑加梅和卿石松（2016）同样认为个体的工资收入、职业选择和教育的获得受到非认知技能或人格特质，风险偏好、竞争态度和工资议价意愿等心理行为的广泛影响。然而，这些研究仅对非认知能力进行理论上的探索。自 2017 年以来，开始有学者尝试对非认知能力进行一些实证研究。例如，程虹和李唐（2017）、黄国英和谢宇（2017）通过对中国样本数据的分析，发现非认知能力对劳动力收入的差异具有显著的解释能力，且这种能力独立于认知能力的作用。何珺子和王小军（2017）、李丽和赵文龙（2017）采用主成分因子分析法将多个指标合成为非认知能力因子。王慧敏、吴愈晓和黄超（2017）采用认知测试得分和学业考试成绩对学生的认知能力进行衡量，采用自我效能和社会交往对学生的非认知能力进行测量，通过对接受过学前教育与未接受学前教育的学生进行对比发现，这两类学生差异较为显著，前者在认知能力和非认知能力方面的表现明显高于后者，且学前教育对个体能力的发展存在长期效应。朱志胜（2019）研究发现提高非认知能力会显著增加乡城移民的创业概率，特别是对其从事自雇型创业活动的促进作用更加明显。梁宇亮等（2020）研究发现农民工的非认知能力不仅对就业质量能产生直接影响，甚至能通过人力和社会资本效应对其产生间接影响。可见，非认知能力对个人教育获取、劳动收入、职业发展等方面已逐步引起国内学者的关注，但是，目前尚鲜有非认知能力对创业影响方面的实证研究。

（3）技能（教育、培训或干中学）人力资本的相关研究。

卢卡斯（Lucas，1988）提出人力资本形成主要有"教育"和"干中学"两种途径。吴炜（2016）认为教育是获取知识、技能和规范的制度化渠道；而"干中学"是积累知识与经验、形成技能的非制度化渠道，并实证研究发现，农民工劳动技能获取更多地来自"干中学"，而非教育培训，且认为"干中学"比教育培训更为重要。技能人力资本一直是学术界关注的重点，但众多文献中更多关注的是受教育或培训的程度（年限）的数量和质量，较少去关注"干中学"。现有文献对技能（教育、培训或经验）人力资本的研究，一般会根据研究对象和范畴的不同选用不同的代理变量对技能（教育、培训或经验）人力资本进行了大量研究。但大多数文献普遍采用教育年限（学历）、教育年限的平方、年龄、年龄的平方、行业经验、岗位经验、专业、外出（出国或打工）经历等一个或多个变量对技能进行衡量。例如：张秀娥等（2013）测量了研究对象的年龄、岗位、教育水平等方面人力资本特征；牛芳等（2011）也仅从产业经验、岗位经验、年龄和性别来考察人力资本的构成；阿马索纳等（Amasona et al.，2006）探讨了团队成员的年龄、教育水平、所学专业以及岗位经验的人力资本对创业企业销售增长、利润和股票回报的影响；杨建东等（2010）认为创业者的人力资本包括国外经历、教育水平；钟田丽和胡彦斌（2014）认为高技术创业企业的人力资本包括任期、年龄、学历等方面。

对教育、培训的测量相对比较简单，一般采用创业者的学历或者用学历乘以相应学历的教育年限进行估算，而培训也一般采用培训时间长短或培训次数的多少，也有些在对教育与培训进行测量时考虑了受教育专业、毕业学校类别以及培训内容的相关性等。对创业者经验测量主要采用三种方法：第一，采用客观的可量化指标来评价，如曾经工作年限（工作经验）、曾经从事的行业年限（行业经验）、曾经创业数量（创业经验）等。例如，乌巴萨兰等（Ucbasaran et al.，2009）使用 630 个企业家的数据对企业家先前经验和机会识别行为之间的关系进行研究，发现有经验的企业家善于发现更多的机会，并能较好利用更多的创新机会，具备创造更多财富的潜力。第二，直接采用被调查者自身对相关变量的主观评价方法。如，经验的丰富性、经验的相关性等，采用"丰富""有限"或是"很高""很低"的方式打分进行度量（杨俊等，2011；Zheng，2012）。第三，将主观和客观评价综合测评方法（Mitchell et al.，2008）。这三种方法各有优点与不足，一般会采用综合测评得到的结果较为可靠。

（4）健康人力资本的相关研究。

健康一直是人类追求的目标。自舒尔茨提出人力资本的概念以来，对健康人力资本与技能人力资本（教育）的重视可以说是同步的，但限于健康资本测量的可获取性，现有对人力资本的研究文献更多地集中在技能人力资本上，而忽视了健康人力资本的重要性。穆什金（Mushkin，1962）认为健康的改善可以增加个人的生产力，并将教育和健康并列为人力资本的两个重要因素。自此，引发了学术界对健康人力资本进行系统研究的重视。格罗斯曼（Grossman，1972）在健康需求模型中认为健康能为人的一生不断提供服务，并将健康资本作为一种健康存量，可从医疗保健等方面进行投资而获取。森（Sen，1999）认为健康是人类重要的一种"可行能力"，是人类享有其他活动的前提。吕娜（2009）认为健康资本是个人发展的一项重要能力，教育与健康是构成人力资本的两大基石。经济学中将健康资本定义为是一种能够提供服务的耐用消费品或是一种人力资本类型。

如何测量健康状况一直是研究健康人力资本最关键的核心问题。从现有微观层面的研究文献来看，不同学者根据研究对象、研究方法以及研究数据的不同均选择了不同的测量指标，根据俞福丽（2015）对健康资本的衡量综述发现，一般都采用以下几种衡量指标。

第一，采用健康主观评价指标来衡量。健康主观评价是受调查者根据个人对自身健康给出的一种心理感受定位，一般采用2~7级制打分衡量。虽然这种主观判断与真实的健康状态并不一定完全吻合，但由于这种指标便于调查，而且这类指标和医学检测具有较高的相关性，因此，这种方法在诸多文献中被采用。

第二，采用疾病和功能障碍等指标进行衡量。主要包括医学检查的一些患病情况、个体生活工作受限情况等一些观测指标。这类指标虽然比较客观，但也存在一些缺点。例如，这些指标只能反映微观个体的某一方面情况，不能全面反映其健康状况，同时，有些指标可能是受调查者在回忆中产生，其准确性可能难以保证。

第三，采用 BMI 指数（body mass index）。BMI 又称为身体质量指数，其具体采用体重与身高进行测量（BMI = 体重（千克）/身高（米）^{2}）。该指标是目前国际上通用的衡量人体胖瘦程度及是否健康的标准，同时由于该指标的易获性，也广泛地作为公众健康研究的一个统计指标。

此外，还有些学者将这三类指标结合在一起，采用因子分析法利用萃取健康因子构建健康指标来全面反映微观个体的健康资本。例如：王秀芝和易婷（2017）利用 CFPS 三年的数据，采用健康主观评价指标和 BMI 指数对居民收入进行了研究；刘潇等（2014）分别用主观、客观和主客观综合健康状况来度量居民健康，研究了健康对居民投资风险偏好的影响，其中客观和综合健康均采用了主成分因子分析的方法；布雷桑等（Bressan et al.，2014）则使用自评健康情况、生活自理状况、患病情况和精神状况等四个指标来衡量健康资本，并就健康资本对居民金融投资决策进行了研究；王翌秋和刘蕾（2016）从长、短期维度来测量健康人力资本，"是否患有医生诊断的 5 种疾病中的 1 种或多种"反映个体的长期健康状况，"过去 4 周是否生病"和"过去 4 周疾病严重程度"来反映个体短期健康人力资。邓力源等（2018）采用健康的自我评价情况、BMI 指数、近期健康状况等三个指标对健康人力资本的进行测量，并研究其对我国农村居民非农就业参与及收入的影响。

综上所述，健康人力资本已经受到众多学者关注，且对健康人力资本测量更关注从主观与客观、定性与定量角度进行全面客观评价。

2.3.1.2 社会资本与创业

（1）社会资本的概念与构成。

自布尔迪厄（Bourdieu，1980）提出社会资本概念以来，众多学者虽对社会资本展开了大量的研究，但对社会资本的含义和测量方面仍没有得以统一，一般均取决于研究需要及其功能。基于现有的研究文献发现，众多学者普遍认为社会资本是一种资源，这种资源能给行为主体在各种社会活动中带来更高效的整合力。布尔迪厄（Bourdieu，1986）与皮特南（Putnam，1995）认为社会资本是通过网络来获取的现实或潜在的资源；阿德勒等（Adler et al.，2002）将社会资本定义为嵌入在个体或团队关系中的可得性资源；林南

（1999）认为社会资本是嵌入在一定的社会结构中，并可以在有目的的行动中摄取或动员的资源禀赋；秦剑和张玉利（2013）认为社会资本是一种嵌入于行为主体内外部的关系优势，能有效帮助创业者更好的发现创新性机会、整合创业所需的资源、推动创业各项活动的开展。从现有国外文献对社会资本的测量来看，测量的方式和测量的变量纷繁复杂，比较有代表性的观点主要集中在：采用社会网络中的强弱关系来进行测量（Granovetter，1973），或将创业者的网络嵌入分为结构嵌入和关系嵌入两个构面（Nahapiet & Ghoshal，1996），或利用结构维度、资源维度、规范维度和动态维度等来表示社会网络（Davern，1997），或是采用中心性、复杂性与密度等网络特征对网络关系进行描述（Wheten，1982），也有使用结构洞的概念用每个被试者直接关联的数量来测量社会资本（Batjargal，2007），等等。国内学者一般根据研究需要也采用了不同的测量维度与方法。例如，边燕杰和丘海雄（2000）从纵向、横向和社会联系等三个维度对企业的社会资本进行了划分，并分别采用不同指标对其进行衡量；郑洁（2004）用家庭社会经济地位作为家庭社会资本的代理变量；孙俊华和陈传明（2009）认为社会资本由纵向关系网络、横向关系网络、政治地位和企业家声誉构成；黄洁等（2010）从强连带数量、弱连带数量和关系信任对创业者的社会资本进行衡量；赖德胜等（2012）通过行为主体社会活动中实际使用的各类关系中的联系、亲近、帮助程度和职业高度等四个维度对社会资本进行测量；郭红东和丁高洁（2012）将社会资本分为网络规模、网络资源、组织参与三个维度，并对农民的社会资本进行了测量；张鑫等（2015）认为社会资本可以从社会网络的规模、密度和资源等三个方面进行衡量；周玉龙和孙久文（2017）从社会资本的绝对规模、与政府的相关程度以及本地化程度考察了农户的社会资本水平；谢沁怡（2017）对家庭社会资本分为互惠规范和社会网络两个维度，并用家庭的送礼支出与礼金收入来表征家庭的互惠规范，用家庭成员中在城市工作、生活的亲戚数量来表征家庭的社会网络。可见，学者们对社会资本的概念及测量的关注点各有见解，几乎很难找到共性的特征。

（2）社会资本对创业的影响。

社会资本对创业的影响在学术界有两种截然不同的观点：其一，大部分学者认为社会资本对创业能产生了积极影响；其二，也有部分研究表明社会资本对创业可能产生一些不利影响。认为产生积极影响作用的观点如下：社会资本有利于构建顾客关系平台，促进知识获取与利用，从而提高创业企业绩效（Yli-Renko et al.，2001）；或是创业者的社会资本有助于降低外部认知的不确定性，提高新技术发明的商业化成功（Burton et al.，2002）；或是社会资本通过网络关系中信息的获取，可提升创业者的风险承担意识和环境适应性（Carolis et al.，2009）。帕特尔和特耶森（Patel & Terjesen，2011）认为创业者的社会资本水平、社会关系强度和社会网络范围等均会显著作用于企业的出口绩效。熊桂阳和巴拉德瓦杰（Xiong & Bharadwaj，2011）认为新企业的社会资本强度与企业的成长绩效之间具有显著正相关关系。张玉利等（2008）发现，社会资本对商业机会发现具有显著的正向作用。李新春等（2008）发现，社会资本是战略创业的重要维度，社会资本对实现创业精神传承与跨代际持续发展具有显著的正向影响。张鹏（2015）指出社会关系资本越丰富，其创业绩效越好。张宝建（2015）网络结构中的关系强度、质量及异质性与创业绩效之间呈现显著正相关关系。

也有部分学者在研究社会资本对创业绩效的影响时得出一些不同的研究结论。一些学者认为企业家的个人网络关系和企业之间的网络关系对企业绩效没有作用（Littunen，2000），甚至社会网络与创业绩效之间存在负相关关系（Senjem & Reed，2002）。也有学者研究发现，社会资本对创业绩效的影响很难确定，两者间既存在正向影响，也存在负向影响（李京，2013；谢雅萍和张金连，2014）。孙俊华和陈传明（2009）研究表明，企业家的社会资本与企业绩效两者之间的正向相关关系并不显著，相反，企业家的纵向网络关系和政治身份却对企业绩效具有负向的作用，而横向网络关系与企业绩效之间根本不相关，但企业家的声誉对企业绩效提升具有积极的影响。何晓斌等（2013）也从管理者的角色出发，提出了创业者是否应该做"外交家"，通过更多的社交活动来建立社会资本，研究发现企业家用于日常管理的时间并未显著影响企业的绩效，但用于社交的时间却与企业绩效显著相关，而且这一作用在企业处于生存期时特别明显，而当企业进入发展期时则过多的社交活动对企业绩效的增长具有不利的影响。

综上所述，国内外学者虽然对社会资本对创业与企业绩效有一定的研究，但得到的研究结论并非完全一致，且从城乡与地区差异视角来对家庭创业影响的研究甚少。

2.3.1.3 经济资本与创业

（1）经济资本的构成。

经济基础决定了上层建筑，这一观点始终为众多学者和实践界人士认同，因此，在影响创业的诸多因素中，经济资本一直是个关键的要素。熊彼特（1934）认为，经济资本只有在得到融通与筹集情景中，经济才能得到发展，利润才能得到形成、财富才能得到积累以及投资等活动才能得到发生。许朗（2004）强调足够的资金是启动创业的关键因素之一。布迪厄（Bourdieu，1986）认为，经济资本能够直接迅速转换成金钱财富，是一种以财产权形态被制度化的资本，经济资本的构成主要涵盖土地、工厂、劳动等生产要素和收入、遗产、物质资料等经济要素。雷晓燕和周月刚（2010）认为家庭资产主要由总资产、房产、生产性资产和金融资产以及风险资产等经济要素所构成。但一般经济学家认为，家庭经济资本是私人产权形式直接转换成金钱的资本形态，主要包括有形资产和无形资产两个方面。有形资产主要指的是家庭收入、不动产、动产等，无形资产主要指的是家庭在生活方面的花费、对子女的教育花费等方面。通常获取经济资本的途径有两种：一种是积累资金，由收入转化为财富积累；另一种是从外部获取资金补充，也就是资金的可获取通道，当家庭经济资本受到约束或金融约束时，资金的可得性成为经济资本的关键。

（2）经济资本对创业的影响。

以收入作为财富积累对创业的影响研究的相关文献中更多的观点是初始的财富积累对创业具有正向影响，财富积累越多的人越容易选择创业（Evans & Jovanovic，1989；Carroll，2001；Charles & Hurst，2003）。埃文斯和约万诺维奇（Evans & Jovanovic，1989）利用美国男性青年纵向调查数据研究发现，创业资本对创业活动会产生重要的影响，且财富水平越高，其创业选择的概率就越高。施马尔茨等（Schmalz et al.，2014）认为由于市场对抵押品的限制从而抑制了创业活动的进行，抵押品价值的增加会提升人们参与创业活动的可能性和成功率，还有可能获得更有价值的抵押品，为创业带来更大的价值。罗明忠和陈江华（2016）将家庭总收入作为影响创业行为的因素进行考虑发现，家庭总收入对个体选择创业的行为产生正向影响。但也有学者认为初始财富的积累可能会弱化创业行为的发生（Newman，1995）。盖庆恩等

（2013）利用中国农村观测点的调查数据研究发现家庭财富对创业选择的影响并非线性关系，而是一种"倒 U 型"影响，即农户资产对创业选择的影响存在一个最大值为 26.84 万元，当农户资产水平低于该值时，资产与创业选择正相关，而农户资产水平高于该值时，资产与创业选择负相关。

外部资金的可得性在创业研究中一直备受关注。首先，诸多研究表明金融约束制约了创业行为的产生（Holtz-Eakin et al.，1994；Cagetti & Nardi，2006）。埃文斯和约万诺维奇（Evans & Jovanovic，1989）发现，个体初始财富会严重限制其在金融市场的资金获取，且通过对 1500 个美国白人男性的实证研究显示，这些白人男性的创业投入的资金不会超过其初始家庭资产 1.5 倍。对于外部资金可得性主要有两种途径，即正规借贷与非正规借贷。王西玉等（2003）研究发现，83.4% 农户认为影响创业的第一因素是资金缺乏，在家庭财富积累有限的情况下，只有向外部获取资金以弥补创业所需。然而，毛飞等（2014）认为，正规机构对农户贷款采取谨慎性信贷供给和风险控制策略；吴烨和余泉生（2015）表示，农户贷款因缺少有效担保物，同时交易成本、监督成本与交易风险较高，所以，农户正规信贷约束现象普遍存在。在创业信贷约束的形势严峻之下，很多创业者只有通过非正规借贷来获取资金（孔荣和 Turvey，2009）。郝朝艳等（2012）研究发现，从正规金融渠道获得的资金仅占农村创业者初始投资的 10% 左右。同时，克拉帕塔等（Klappera et al.，2006）认为，给予创业者充分的支持政策和完善信贷等金融市场能有效促进创业行为的产生和企业数量的增长。其次，也有学者证实了金融支持对创业行为具有促进作用，例如，融资担保、低利率贷款等良好的金融服务环境能够有效缓解创业者的融资约束或者分散创业者的经营风险，从而增强家庭的创业行为（尹志超等，2015）。刘杰和郑风田（2011）则在流动性约束的来源分类分析基础上发现，来自正规金融部门的流动性约束显著负向影响中国农户创业行为；张龙耀等（2013）研究表明，中国家庭创业活动普遍存在面临金融市场约束的问题，尤其是农村家庭，同时，随着我国金融发展水平的提升，城乡家庭创业过程中受金融约束的抑制影响逐步减弱；卢亚娟等（2014）对中国 806 个农村家庭的创业选择行为进行研究发现，家庭创业行为与其家庭金融资源可得性、拥有的资产规模呈现正相关关系。也有些学者对金融约束对创业的影响提出了质疑。例如，赫斯特和卢萨迪（Hurst & Lusardi，2004）采用美国的数据对样本分成不同的家庭财富组群进行分组回归发现，对于较低财富水平的家庭而言，金融约束对家庭创业的作用并不明显，但创业企业初始经营收入和规模以及未来的发展可能会受金融约束的影响；程郁和罗丹（2009）指出，信贷约束虽然没有直接影响农户的创业决策行为，但却显著影响农户创业活动中的资源配置结构、创业的层次和水平；彭艳玲（2016）从创业者收入的质量与信贷约束对创业进行了研究发现，农户收入质量与创业行为之间存在因果与反向因果关系，同时，信贷约束与创业之间亦存在双重关系；李伟和田书芹（2020）利用中国健康与养老追踪调查（CHARLS）的调研数据发现，自有财富、正规和非正规融资对城乡家庭创业决策均产生显著性的影响，其中，自有财富、非正规融资的影响农村要大于城市家庭，正规融资的影响城市则大于农村家庭，且自有财富、非正规和正规融资之间存在一定的互补效应，而正规和非正规融资之间存在替代效应。

2.3.1.4　其他因素与创业

除了以上人力资本、社会资本、经济资本等创业影响因素外，还有其他一些因素对创业也具有一定影响，如年龄、性别、家庭特征、家庭背景等。

关于创业者年龄与性别对创业的影响研究。里斯和沙阿（Rees & Shah，1986）研究发现年龄是自我雇佣的重要决定因素。众多的研究表明，创业者年龄与创业选择呈现出"倒 U 型"影响态势，这一结论基本得到学界的广泛认可（陈刚，2015；温兴祥和程超，2017；汪伟和咸金坤，2020），随着我国进入人口老龄化以来，人口年龄显著降低了我国家庭创业的可能性，包括了创业规模和创业绩效（钱龙、冷智花和付畅俭，2021）。关于性别对创业的影响的研究。自从切尔和贝恩斯（Chell & Baines，1998）发现性别是影响企业家成长的一个重要因素以来，女性企业家引起了研究者的注意。众多研究表明，在创业初期男性比女性更具优势，主要表现女性在融资和性别歧视上的劣势。雷诺兹（Reynolds，1997）对新生企业家对性别的统计发现中男性显著高于女性；罗森塔尔和斯特兰奇（Rosenthal & Strange，2012）认为女性企业家拥有的社会网络比男性企业家更窄，因此从聚集中获得的利润也少，女性企业家则选择远离群聚的地点，并选择更短的距离；刘鹏程等（2013）发现生存型创业率中女性高于男性，而机会型创业率女性低于男性。

关于家庭特征与家庭背景对创业的影响研究。现有文献从家庭劳动力的多少、家庭规模、老年（未成年）人抚养比例等角度对家庭特征与创业之间的关系进行了研究，发现这些家庭特征在一定程度上均会对家庭创业产生一定的影响。同时，也有一些研究以父母的地位作为家庭背景的代理变量，研究了家庭背景对创业的影响。例如：詹科夫等（Djankov et al.，2006）对中国企业家进行研究时发现中国企业家的周围拥有更多家庭成员或小时候的伙伴也是企业家；贾瑞雪和兰晓欢（Jia & Lan，2014）使用中国住户调查数据对家庭创业进行研究发现，家庭的政治背景有助于家庭子女创业，主要因为家庭政治背景有助于子女建立社会网络，获取商机。但李雪莲等（2015）利用公务员家庭的数据研究发现，公务员家庭创业活动动力不足，可能的原因是其家庭具有良好环境而不会进行创业，但对一些具有寻租动机的家庭而言，家庭创业活动会受家庭职位背景的显著正向影响。

综上发现，家庭成员的年龄、性别、家庭特征以及在一定社会制度环境对家庭成员成长的影响等变量均会对家庭创业产生一些影响，家庭成员应充分发挥这些变量对家庭创业的积极影响。

2.3.2 创业环境

2.3.2.1 创业环境的划分维度

创业环境的研究源于组织理论，组织理论中主要存在环境决定论和战略选择论两种相互依赖的观点（周键，2017）。环境决定论认为组织的生存与发展主要由环境要素所决定，战略选择论则认为组织应根据自身战略来选择环境要素（And & Pfeffer，1976）。加纳（Gartner，1985）将其归纳为影响组织的一系列外部因素的总和，创业活动只受其影响，并不起决定性作用。也有学者强调创业环境的复杂性和互动性，认为创业是一种在个体特质和背景、具体情形以及外部环境之间复杂互动的函数（Learned，1992），其产生于企业家、机会事件、先前行为和环境之间的复杂互动过程（Bouchikhi，1993）。创业活动需要在不断变化的环境中寻求创业突破口，并不断发现新的商业机会，因此，随着社会创业活动的不断活跃，创业环境对创业实践具有重要影响，这已被众多学者普遍认可与关注。

关于创业环境维度的构成研究。由于创业环境的复杂性，针对创业环境的维度划分和衡量方法也呈现出多元的局面。有将创业环境从不同维度进行划分的，例如，将创业环境分为任务环境和一般环境（Dill，1958）、动态性和宽松性（Wiklund & Shepherd，2005）等两维度的，有动态性、异质性和丰裕度（Child，1972）等三维度的，也有社会经济发展条件、政策与制度、创业与管理技能以及创业资金与非资金的支持等五维度的（Gnyawali & Fogel，1994），也有根据创业的环境要素进行划分的，加纳（Gartner，1995）提出了创业环境的22个要素，其中主要包括了五力模型（Proter，1980）要素、市场、消费等要素（Bruno & Tyebjee，1982），并对各要素进行了细化分类还有对创业环境进行综合划分的，例如，全球创业观察（GEM）从金融、政府政策和项目研究开发转移、教育与培训、商业基础建设等无形与有形基础设施建设，行业进入壁垒，文化与社会规范等方面对创业环境进行了全面的分析。这些维度划分为国内学者的研究奠定了较好的基础。崔启国（2007）将创业环境要素视为创业过程外部影响因素的集合，并认为主要包括了技术环境要素、融资环境要素、人才环境要素、政策法规环境要素、文化环境要素和市场环境要素等；朱明芬（2010）从一般环境因素和家庭环境因素两个方面对农民创业环境进行了描述，一般环境因素指能对农民创业产生直接和间接影响的区域环境因素，家庭环境因素指能对农民创业产生直接相关的家庭环境条件；郭蓉和余宇新（2011）则主要从政府政策、文化与社会规范、金融支持政策、商业环境、教育和培训、基础设施建设、研究开发转移等方面对我国创业环境进行了全面的分析；朱红根等（2015）则从经济发展和基础设施、科技文化、资源禀赋、政策支持、创业氛围、金融服务等环境要素方面对农民创业绩效影响展开研究；罗明忠和陈江华（2016）认为，外部环境因素一般包括当地经济发展水平、居民收入与消费、农村信贷市场、政府创业扶持政策等方面；王俊秀（2017）认为创业环境因素变量包括：社会环境、创业机会与条件、未来预期等方面；杜运周等（2020）从制度组态的视角，提出了掠夺竞争型共栖、部分互利型共栖、部分互利型共栖和完全互利型共栖或共生等四种营商环境。

可见，创业环境已然成为创业研究的关键问题之一，不同学者出于不同的研究目的，分别从不同的视角对创业环境的划分虽然不尽相同，但综合来看，主要集中在两个维度：一是宏观创业环境，如政策、经济、文化、科技、社会、自然等要素；二是微观环境，如创业氛围、家庭条件、竞争者态势、产业完备性、基础设施等环境要素。

2.3.2.2 创业环境对创业的影响

关于创业环境对创业的影响研究。学者们根据自身选题的侧重点和对创业环境划分的维度不同，分别从不同角度的创业环境对创业的影响进行了深入的探讨。鲁桑斯（Luthans，2002）认为动态环境在科技、信息资源与创业绩效作用关系中具有正向调节作用，而在政策制度、企业资金、企业管理、人力资源与创业绩效的作用关系中具有负向调节效应。埃文斯和约万诺维奇（Evans & Jovanovic，1989）提出创业活动的发生受制于资金的流动性约束的观点后，很多学者研究发现：信贷市场的完善和更多的创业支持政策有利于促进创业活动的产生和新创企业数量的增长（Black & Strahan，2002；Klapper et al.，2006）。鲍尔斯和麦杜格（Powers & McDougall，2005）从科研机构等要素发现大学及科研机构是企业技术研发和扩散的重要渠道，对企业创业产生积极的影响；蔡莉等（2007）认为健全的人力资源市场是新企业获取优秀人才的最佳途径；文亮等（2010）研究发现，创业环境对创业绩效均有正向影响，但环境与绩效的不同维度之间的作用有差异；赵景峰等（2011）的研究结果表明，创新文化理念和创新文化环境对创业绩效水平的提升有显著的正向影响，并提倡企业在经营过程中要营造良好的创新环境；肖勇军（2012）研究发现，融资、文化、基础设施、人为资源、政策、管理等环境要素与创业绩效正相关，服务环境与市场绩效正相关，而财务对创新绩效无显著影响；彭华涛等（2020）通过从国际主流刊物对创新创业研究的关键指标发现，技术、市场的动态性对探索性与双元创新积极促进创业绩效的正向调节效应显著，而对开发性创新积极促进创业业绩效则呈现负向调节效应。

近年来，构建"亲清"的政商关系成为学界关注的重点，自然政府管制也成为创业环境研究中的焦点。陈刚（2015）通过中国综合社会调查（CGSS）的4期数据，系统就政府管制对个人创业概率影响进行评估发现，政府管制对个人创业选择的概率具有显著的负向影响，并提倡进一步推行"简政放权"改革，以提升创业活力。杜运周等（2020）从制度组态的视角，指出营商环境生态要素的耦合对城市创业行为具有积极的影响，研究发现提升政府效率对高创业活跃度产生普适性作用，掠夺竞争型共栖、部分互利型共栖、部分互利型共栖和完全互利型共栖或共生等四种营商环境生态可以产生高创业活跃度，要使政府与市场在相应的生态位相互增强提高环境承载力，从而促进城市创业活跃度。赵佳佳等（2020）从信任的视角对 876 个农民创业者进行研究发现，信任对创业学习促进创业绩效具有显著的调节效应，创业环境在信任与创业学习中具有显著的正向调节效应，同时，一个好的创业环境，信任对创业绩效影响中创业学习的中介效应更大。

综上所述，创业环境对创业的影响具有积极的效应，但影响机制在不同的研究需求中却呈现出一定的差异。因此，政府在推进创业环境的优化、营造良好的营商环境的同时，应注重满足不同层次与不同地区的创业差异带来的异质性影响作用，进行差异化和多元化的创业环境塑造，以引导整体的创业朝高质量的方向发展。

2.4 文 献 评 述

在对相关文献回顾时发现，国内学者一方面在不断跟踪国外创业研究前沿，积极借鉴与传播国际主流的研究视角与方法对创业现象进行解释，这在一定程度上推动了国内创业研究进展；另一方面也在持续不断地对基于"经济转型、产业升级、创新创业、传统文化、社会变迁"等中国情境进行创业理论的检验与探索，相关文献层出不穷，研究视角和主题也日趋系统。特别是以上研究成果从不同角度对创业影响因素与创业之间的关系以及相互之间的影响机制等重要问题进行了研究，对指导中国创业活动实践和推动中国在创业领域的话语权发挥了重要作用，尤其一些针对中国独特情景的具体研究。然而，以上研究依然存在进一步完善的空间，具体表现如下。

首先，大多数研究忽略了中国"家庭"独特的情景及其对家庭创业的影响机制。中国的"家"文化根深蒂固，很多的决策基本以"家庭"为单位。要更好地推进"大众创业、万众创新"，仅从企业家或其他微观个体（农民等）的创业活动入手进行创业研究，在研究对象上可能有所缺失。如何看待中国"家庭"特征及其决策对创业的作用具有重要的理论和现实意义。因此，本书基于"家庭"这一特殊的微观单元为研究对象，从理论和实证两个方面探讨了家庭人力资本对创业选择和创业收入的影响及其作用机制，从而弥补了当前研究对象上的缺失，为更好地从家庭层面上制定相关政策进行了有益的探索，同时也对激活市场主体活力和推进"大众创业、万众创新"具有十分重要现实意义和政策含义。

其次，基于家庭人力资本的测量可能存在不完善、不系统的问题，同时就人力资本对家庭创业的影响进行实证研究的文献较少。目前大多数研究仅从教育、健康和技能人力资本等某一个或两个维度对人力资本进行衡量，对家庭人力资本往往采用了户主或者个体的人力资本进行衡量，而忽视了家庭人力资本共享的特质。显然，家庭人力资本测量的不准确，必然会造成研究结论的偏差。同时，已有文献多局限在理论方面的探讨，少许文献对人力资本与家庭创业进行了实证方面的探索，也仅仅局限在某一个方面。本书在系统梳理人力资本理论的基础上，以新人力资本为研究视角，从能力、技能和健康三个维度对人力资本进行系统的观测，并分别从这三个维度对家庭创业选择和创业收入的影响进行理论和实证分析，这为更好地发挥人力资本红利在创业中的作用提供了理论支持，同时也为各级各地政府对家庭在能力、技能和健康人力资本积累方面的政策制定提供了精准建议。

最后，现有创业研究文献缺乏城乡差异和地区差异的系统比较研究。从上述大部分文献来看，更多地集中在对研究对象整体的考察，缺乏对城乡差异和地区差异的比较研究。由于中国一直以来的城乡二元结构，导致了教育、健康、经济等城乡差异普遍存在，在中国情景中缺乏城乡差异的比较，可能会造成政策制定的偏差。同时，由于各地区经济发展的不平衡以及各地区所拥有的资源禀赋各异，这也导致在创业过程中创业决策、资本匹配等方面会产生趋利避害行为上的偏差。要实现中国融合式发展，找出这些差异产生的根源，可能是政策制定最为重要的关键点。

第3章

新人力资本对家庭创业影响的
研究框架与研究假设

通过上一章对创业的相关理论与文献的回顾，我们对中国家庭创业的研究成果和现有的贡献，基本有了初步的了解，但也有一些不足，如鲜有系统地分析家庭人力资本的构成、家庭创业影响因素与创业活动之间关系的研究。本章在人力资本对家庭创业影响的研究框架构建的基础上，提出了本书的研究假设。首先，在上一章相关文献综述的基础上进一步明确了家庭人力资本的构建维度，并从能力、技能与健康人力资本三个维度对家庭创业的影响进行研究框架的构建；其次，进一步在人力资本的各指标变量对创业影响的相关文献的基础上提出本书相应的研究假设。

3.1　新人力资本对家庭创业
影响的研究框架

从第 2 章的文献综述中发现，现有人力资本的研究变量主要分为三种类型。其一是基于传统人力资本描述方面的变量,主要包括研究对象的教育水平、健康状况、劳动技能情况、工作经验积累、行业知识、迁移等指标变量;其二是基于认知能力描述方面的变量,主要包括研究对象的词组能力、数学能力、识记能力、思维能力、计算能力等指标变量;其三是基于非认知能力描述方面的变量,主要包括研究对象的动机、自信、态度、风险意识、沟通能力以及个人人格特征等指标变量。本书基于新人力资本视角,充分借鉴李晓曼和曾湘泉(2012)的新人力资本理论框架,将认知能力与非认知能力统一到同一维度上,即能力人力资本维度;同时,对传统人力资本分成技能人力资本与健康人力资本两个维度,主要因为教育与工作经验等指标变量之间关系紧密,且均具有相同的一些属性特征;而健康方面的指标变量与技能指标变量之间有很多不同之处,因此将健康方面的指标变量单独形成一个维度。最终形成了人力资本对家庭创业影响的研究框架,如图 3-1 所示。

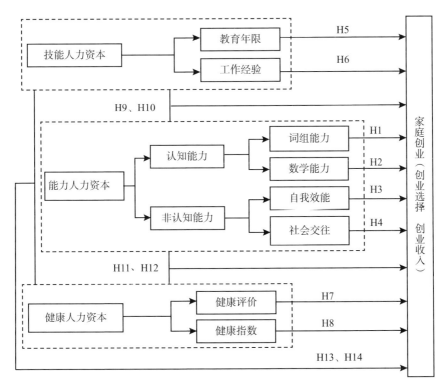

图 3-1 新人力资本对家庭创业的影响研究框架

3.1.1　人力资本与家庭创业

本书认为家庭人力资本是家庭禀赋的核心，作为一种内生性资本，其对家庭创业具有十分重要的作用，因此，本书重点探讨的是家庭人力资本对家庭创业的影响，诚然，在家庭创业过程中还会受到家庭户主特征、家庭特征、家庭社会资本、经济资本和制度环境等其他因素的影响，我们将这些因素统统放到研究的控制变量中。根据前文第1.2节中家庭人力资本的界定和维度划分，主要从家庭能力人力资本、技能人力资本和健康人力资本等三个维度对家庭创业的影响机制进行探索。为了更好地突出能力人力资本在家庭人力资本中的核心地位，本书研究过程中从能力人力资本对家庭创业影响入手进行研究，在此基础上，进一步探索家庭人力资本的外在体现即技能人力资本对家庭创业影响，进而再讨论家庭人力资本的重要载体即健康人力资本对家庭创业的影响。从而形成了人力资本与家庭创业之间的直接关系：能力人力资本维度下的词组能力（H1）、数学能力（H2）等认知能力和自我效能（H3）、社会交往能力（H4）等非认知能力对家庭创业的影响，技能人力资本维度下的教育年限（H5）、工作经验（H6）对家庭创业的影响和健康人力资本维度下的健康评价（H7）、健康指数（H8）对家庭创业的影响。

3.1.2　人力资本间的交互与家庭创业

考虑到家庭的特征，家庭资源配置时会权衡自身家庭资源积累而做出最满意的抉择方案，因此，在进行人力资本投资时可能进行取舍，即人力资本三个维度间（能力、技能与健康）可能存在着显著的交互性，这亦是影响家庭创业的重要因素。因而，在直接影响的基础上，本书进一步从人力资本三个维度两两间的交互来验证其内在作用关系，主要包括以下三个：能力人力资本在技能人力资本对家庭创业的影响中存在调节效应，同时这种调节效应可能存在一定的城乡和地区差异（H9、H10）、能力人力资本在健康人力资本对家庭创业的影响中存在调节效应，同时这种调节效应可能存在一定的城乡和地区差异（H11、H12）和技能人力资本在健康人力资本对家庭创业的影响中存在调节效应，同时这种调节效应可能存在一定的城乡和地区差异

（H13、H14）。

3.2 能力人力资本对家庭创业的影响机制分析

3.2.1 认知能力与家庭创业

不同类型认知能力对创业的影响的相关研究表明，认知能力对家庭创业的影响也一样存在因认知能力的类型、城乡与地区等不同造成的异质性影响差异。乔利夫（Jolliffe，1998）利用数学能力和阅读能力度量了认知能力对家庭非农收入和总收入有显著正向影响，但对农业收入影响不显著。但维杰尔伯格（Vijverberg，1999）的研究发现，认知能力对家户企业收入影响的强度比乔列夫（Jolliffe，1998）的研究结果更弱，且认知能力的影响比教育水平更低。本杰明等（Benjamin et al.，2013）发现，认知能力越强的人会越有耐心，同时也更偏好风险。另外，多曼等（Dohmen et al.，2010）却有着完全相反的发现，认为个人的认知能力越强，他会更加缺乏耐心，同时更加规避风险。阿斯特布罗等（Astebro et al.，2014）认为较弱的认知能力带来的过度自信会使人们低估创业的风险，进而促进创业。李涛等（2017）研究发现，数学能力能够显著促进创业，而字词识记能力对创业的影响则相对复杂。周洋和刘雪瑾（2017）研究发现，数学能力、字词识记能力均与创业选择和创业收入正相关，且字词识记能力不管对城乡还是对不同年龄段居民的创业选择和创业收入的均有显著正影响。

虽然目前直接研究认知能力与家庭创业之间关系的文献甚少，但现有文献中更多集中在认知能力对微观个体收入、社会地位、劳动力市场参与、金融参与等方面的影响研究，这些研究为本书奠定了较好的理论借鉴与参考。认知能力作为一种对外来信息进行加工、储存和提取的"内在"能力，这种能力对在创业过程中相关信息的收集、获取、分析和整理起到至关重要的作用，其可以更好地帮助家庭进行理性的创业决策、科学配置创业资源、有效提升创业管理能力、更好提升创业收入。

综合以上分析，本书假设如下：

假设 H1：词组能力对家庭创业具有正向促进作用，且会表现出一定的城乡差异和地区差异。

假设 H1a：词组能力对家庭创业选择具有正向促进作用，且会表现出一定的城乡差异和地区差异。

假设 H1b：词组能力对家庭创业收入具有正向促进作用，且会表现出一定的城乡差异和地区差异。

假设 H2：数学能力对家庭创业具有正向促进作用，且会表现出一定的城乡差异和地区差异。

假设 H2a：数学能力对家庭创业选择具有正向促进作用，且会表现出一定的城乡差异和地区差异。

假设 H2b：数学能力对家庭创业收入具有正向促进作用，且会表现出一定的城乡差异和地区差异。

3.2.2　非认知能力与家庭创业

3.2.2.1　自我效能与家庭创业

创业者自我效能主要指的是创业者对自我创业行为和创业目标能否成功的自信、努力和坚持程度，更多表现为自我的主观感受和心理状态，这种自我效能往往是隐藏在创业行为背后的自我认知，并最终影响其创业行为（Bandura，1977）。斯塔科维奇和鲁桑斯（Stajkovic & Luthans，1998）归纳了 114 项探讨自我效能感与工作绩效关系的研究，并对这些数据进行了实证分析，结果表明工作绩效可以通过自我效能进行有效的预测。许多学者也试图在大量实证数据中挖掘自我效能对创业绩效的影响机制，并认为自我效能能有效地预测创业绩效。因为创业者的自我效能一旦得到充分开发时，创业者能通过不同的方式来获取各种资源，并能有效提高资源的利用率，从而促进企业获得更好的发展与更快的成长（Chen et al.，1998）。周文霞和郭桂萍（2006）认为，自我效能在创业者和非创业者间表现出较大的差异，利用自我效能能准确地预测创业行为、风险控制和创业结果等创业绩效。钟卫东等（2007，2012）认为创业者的自我效能是唯一对初创科技企业绩效具有显著直接影响的因素，且通过与其他因素的比较发现，自我效能对初创科技型企业的绩效最为重要。孙红霞等（2013）实证分析了自我效能对农民创业动机的影响，发现在自我效能维度中，机会识别效能感对创业的影响最大，其他效能感对创业有显著性影响。

对家庭成员的自我效能与家庭创业之间关系研究的文献目前尚少发现，但大多数创业过程具有相似性，以往的众多研究表明，自我效能越高，就越有自信，也越有动机和决心应对困难和挑战；同时愿意投入更多的时间、努力等资源去达成更高的成就。因此，在上述文献中发现，由于创业活动的复杂性与外在环境的多变性，导致创业者在创业过程中会遇到各种困难，仅靠自身的付出与努力，未必能获得好的效果，特别是在家庭创业中，创业选择和创业收入还受家庭成员的影响，因此，家庭成员具备较高的自我效能能让家庭坚定信心，遇事不惊，并得以继续，从而家庭成员共同为创业的目标而努力，并带来较高的创业收入。相反，家庭成员较低的自我效能感，会使家庭创业面临困难和挑战时，可能更多产生消极行为，更多看到的是潜在困难与压力，这样必将会改变当初的创业选择，而不能有效地达成创业目标，从而导致较低的创业收入。

综合以上分析，本书假设如下：

假设 H3：自我效能对家庭创业可能存在正向促进作用，且会表现出一定的城乡差异和地区差异。

假设 H3a：自我效能对家庭创业选择可能存在正向促进作用，且会表现出一定的城乡差异和地区差异。

假设 H3b：自我效能对家庭创业收入可能存在正向促进作用，且会表现出一定的城乡差异和地区差异。

3.2.2.2 社会交往能力与家庭创业

劳动经济学家及其他社会科学家们的研究证实了社会交往能力在个人的求职过程中发挥着巨大的作用，且将社会交往能力作为非认知能力的一个重要组成部分。莫斯和蒂利（Moss & Tilly，1995）曾指出，团队融入和合作能力、人际交往技能在职场中意义重大。林南（Lin，1999）认为个人在社会活动中通过与朋友、亲戚甚至陌生人的交流，可以获得更多的求职信息、更了解企业的有关信息等，从而影响个人的求职意愿，并有效达成匹配。鲍尔斯等（Bowles et al.，2001）根据美国人口调查局和教育部在一项针对 3000 名雇主进行的雇佣新员工重要因素考量的调查中发现，沟通交际能力在各类职场活动中普遍受到重视。类似地，格林等（Green et al.，1998）研究发现，对企业管理者来说，雇员最大的问题之一便是不良个性、缺乏交际、团队合作等社会技能。穆乌（Mouw，2003）研究表明同事圈、亲戚圈、同学圈对个体收入的影响并不显著，但陌生人的社交圈是解决求职过程中信息不对称问题的有效途径，从而进一步帮助求职者获得相应的职位。哈尔托赫等（Hartog et al.，2010）发现社交能力对企业家收入具有正向影响，同时强调各项能力平衡度越好对企业家收入提高更有利。阿科斯塔等（Acosta et al.，2015）研究发现社会情感技能对劳动力收入、保有一份正式工作或高层次职业的影响不显著，但却显著正向作用于劳动力的市场参与。科古特和桑德尔（Kogut & Zander，1992）开发了一个知识成长模型，认为新创企业家需要保持适量的社会交往活动，这种社会交往活动与企业的创新能力能有效提升企业竞争力，并最终促进企业绩效的长期增长。

《零点中国居民沟通指数 2005 年度报告》调查发现，个人沟通理解能力越强、和"陌生人"对话的水平（即人际交往能为）越高，其收入水平也越高。戚涌和饶卓（2017）利用中国综合社会调查（CGSS）3 年的数据实证研究发现，个人社交指数对创业具有正向影响。社会交往将会拓宽家庭创业的信息渠道，通过在社会交往中的互动，更易获取更多的商机（Francis & Sandberg，2000；蒋剑勇等，2014）；且在社会交往中产生的合作机制还能为家庭创业提供必要的信息资源、技术知识和管理能力（边燕杰和邱海雄，2000）。同时，通过在社会交往中形成的社会网络可以在一定程度上缓解创业者的信贷约束（张龙耀和张海宁，2013），提升融资的可得性（胡金焱和张博，2014）和非正规金融（马光荣和杨恩艳，2011）的融资途径。何晓斌等（2013）利用 1311 个新创企业样本的实证分析发现，新创企业花在社交活动上的时间与企业绩效显著正相关。古继宝等（2017）对 149 位新创企业家的社交能力进行研究发现，新创企业机会识别受创业者社交能力的主动性影响较为显著。

综上所述，在家庭创业过程中，创业者面临着纷繁复杂的关系网络，且需要花费很多时间跟别人打交道上，这些人包括与自己直接关联的内部利益相关者，如直接的上司与下属、间接的相关部门中的同事，也包括与自己关联的外部利益相关者，如股东、政府部门、企业客户、供应商，甚至还有企业的竞争对手、相关媒体和社会公众等等。特别是对新创企业而言，这种关系网络显得尤其重要。因为，一方面，企业创业初期的身份、地位等知名度和企业的合法性与相对稳定客户源等资源都受到一定的限制与挑战，而积极的外联与良好的社交互动对于这些资源的取得显得尤为重要；另一方面，对于企业创业发展阶段企业家往往关注创造新产品，通过向社交圈中创业成功人士学习也能够提升个人创业经验、了解相关信息前沿、扩大市场渠道，并提升家庭创业成功的可能性，但是也有研究表明创业者的社会网络对创业绩效的正向影响存在争议，创业者的社会交往可能对创业绩效有一定的负向影响，也可能这种影响不存在。

综合以上分析，本书假设如下：

假设 H4：社会交往能力对家庭创业可能具有正向促进作用，且会表现出一定的城乡差异和地区差异。

假设 H4a：社会交往能力对家庭创业选择可能具有正向促进作用，且会表现出一定的城乡差异和地区差异。

假设 H4b：社会交往能力对家庭创业收入可能具有正向促进作用，且会表现出一定的城乡差异和地区差异。

3.3 技能人力资本对家庭创业的影响机制分析

3.3.1 教育年限与家庭创业

受教育程度可在一定程度上与解决问题所需的能力、纪律、动机和自信是相关的（Cooper et al.，2009），并反映创业者的才能和人力资本水平。纳夫齐格等（Nafziger et al.，1970）采用尼日利亚的创业样本数据，研究了教育与创业选择的关系，最后发现教育会正向影响创业，即个体教育水平越高，就越有可能选择创业。雷诺兹（Reynolds，1997）认为，创业者与教育水平呈显著的相关性，并指出教育程度越高的人从事企业活动显著增多。科斯塔德和威格（Kolstad & Wiig，2015）用马拉维（Malawi）的调查数据研究发现，民众的教育程度越高，进行创业活动的比例越多。斯库拉斯（Skuras，2005）基于欧洲四国的样本研究发现，家庭创业选择与成功与否受到家庭成员的受教育年限和教育水平的显著正向影响，那些曾接受基础教育的人更有可能选择创业并且创业成功率更高。斯奎亚（Siqueira，2007）基于美国2000年普查数据，研究发现拥有高中学历的移民群体更多的选择了创业，而接受过高于高中教育以上学历的移民群体创业成功的可能性比高中学历的移民群体更高。然而，也有学者提出一些相反观点，如教育程度越高会阻碍劳动力自主创业（Wit，1993），教育与创业选择之间有不同的一些影响效应：虽然教育程度的提高有助于管理能力的提升，从而会促进人们创业选择的可能性；但是随着教育程度的提高，人们选择机会也相对越多，而由于创业机会成本提高，人们会选择其他职业，从而阻碍创业选择（Le，1999）。谭华清等（2015）对农民创业行为与教育关系进行研究发现，农民的自主创业行为与自身教育关系可能存在稳健的"倒U型"关系。

关于教育对创业收入的影响的研究文献相对较少，更多文献研究证实了教育对就业收入的正向影响作用（Zhang et al.，2002；孙婧芳，2013；温兴祥和程超，2017），同时，也有不少学者研究了教育对创业贡献与绩效的影响。例如，维克伦德和谢普德（Wiklund & Shepherd，2003）认为创业意愿及创业行为与个人知识密切相关，创业者可以运用所积累的知识对创业行动的结果进行有效预测，从而降低失败概率。孙早和刘庆岩（2006）对中国民营企业绩效进行研究时发现，以企业家学历刻画企业家能力对企业绩效的贡献并不显著，并认为企业家的个人能力并不是企业发展绩效的主要贡献。贺小刚等（2005）发现低学历与高学历企业家对其经营业绩存在较为显著差异。何韧等（2010）也研究发现，企业管理者的学历背景越高，企业的绩效也越好，特别是对长期任职的管理者而言尤为明显。可见，上述关于教育与创业的关系描述并不明确，可能存在线性的关系，也可能存在非线性的"倒U型"关系，同时，教育对不同群体之间的影响效应也呈现出一定的差异。

综合以上分析，本书假设如下：

假设 H5：教育年限对家庭创业具有较大的影响，可能这种影响也呈现"倒 U 型"作用，且会表现出一定的城乡差异和地区差异。

假设 H5a：教育年限对家庭创业选择可能具有较大的影响，可能这种影响也呈现"倒 U 型"作用，且会表现出一定的城乡差异和地区差异。

假设 H5b：教育年限对家庭创业收入可能具有较大的影响，可能这种影响也呈现"倒 U 型"作用，且会表现出一定的城乡差异和地区差异。

3.3.2　工作经验与家庭创业

工作经验是一种长期积累的创业资本，这种创业资本会对创业者机会识别、资源获取、避免创业过程中的"陷阱"等创业活动。卡罗尔（Carroll，1987）认为创业者先前工作经验有助于隐性知识的获取，并能帮助其早于其他人发现创业机会。企业资源观认为创业需要获取创业资源的支持，而先前的创业经验让创业者对资源获取方式比较了解和熟悉，且在创业资源获取途径方面显得比没有创业经验者更为迅速，从而获得创业资源的支持，进而成功（Shane & Stuart，2002）。同时，有创业经验的创业者在创业过程中能更好地总结经验、吸取教训，从而有效避免创业中一些可能存在的"陷阱"和"误区"，并能较准确评估市场价值和客户需求，使企业快速发展（Littunen，2000；Ucbasaran et al.，2009）。西格尔（Siegel，1993）针对创业经验与创业失败率的一项专门研究表明，创业企业成长性的高低可以通过行业经验进行显著区分。阿尔马斯和内林格尔（Almus & Nerlinger，1999）与杨俊等（2011）等学者也认为企业的创业成长会受到创业者的创业经验和专业（职能）经验的显著影响，而且具有积极的推动作用。越来越多学者发现创业者的识别和利用机会能力的差异可以用经验的差异来进行解释，且经验对创业者人力资本和社会资本积累等均有积极的作用，且经验对创业者认知、情感、风险态度等方面均具有重要的影响（Shepherd & Tienne，2005；Bhagavatula et al.，2010；Zheng，2012）。

总之，创业者的经验有利于对创业机会的识别、评价和开发，有利于创业过程中的人力资本、社会资本的及其他创业资源的积累，甚至对企业的创建和成长过程中的资源整合均会产生重要的影响，进而提高企业创业过程中的运营效率和最终企业的竞争优势。

综合以上分析，本书假设如下：

假设 H6：工作经验对家庭创业可能具有正向促进作用，且会表现出一定的城乡差异和地区差异。

假设 H6a：工作经验对家庭创业选择可能具有正向促进作用，且会表现出一定的城乡差异和地区差异。

假设 H6b：工作经验对家庭创业收入可能具有正向促进作用，且会表现出一定的城乡差异和地区差异。

3.4　健康人力资本对家庭创业的影响机制分析

3.4.1　健康评价与家庭创业

直接研究健康评价影响创业的文献相对较少，但研究健康影响创业中的相关因素的确很多，主要在健康对个人收入、金融投资、劳动参与等方面的影响。

国际层面的研究来看，众多学者发现个人健康状况越好则个体的工资水平越高、劳动者的劳动生产率越高，且工资谈判能力也可能会得到提升（Deaton，2003；Smith，2007；Jones & Wildman，2008）。而也有学者通过不同的样本对劳动者退休问题进行了研究，均得到了这样的共识，即劳动者提前退休的主要因素是健康状况较差，当劳动者因为健康问题而无法适应其工作环境时，劳动者可能被迫退出市场，使其收入降低（Riphahn，1999；Pelkowski & Berger，2004；Pilar et al.，2010）。阿泰拉等（Atella et al.，2012）认为当前健康状况和对未来健康状况的预期都对居民投资决策有显著影响，且居民的年龄与教育水平对未来健康状况的预期有显著的影响；同时，居民的自评健康状况比客观健康状况对当前健康状况的影响更为显著。布雷桑等（Bressan et al.，2014）认为健康状况对居民金融投资决策的影响很大程度上取决于健康衡量指标的选取，并进一步指出只有自评健康状况对于居民的投资决策具有显著影响。

　　从国内研究来看，也基本集中在这几个方面。张车伟（2003）、刘国恩等（2004）与苑会娜（2009）等认为良好的健康状况能有效促进其收入的增长。而魏众（2004）与曹乾等（2010）在研究健康与收入两者之间的关系时发现，健康状况与收入两者之间尽管呈现正相关关系，但是这种关系在统计上并不显著。齐良书（2006）采用城乡差异与职业地位对收入与健康之间的关系进行了研究，同时，封进和余央央（2007）也从农村样本对收入差距与健康问题做了类似的研究，两者均发现居民的健康状况受到其收入的非线性负向作用。秦立建等（2013）认为健康状况显著影响农民工的外出打工收入。李涛和郭杰（2009）与吴卫星等（2011）均发现被调查者的主观健康评价不会影响家庭是否参与股票市场的决定。雷晓燕和周月刚（2010）发现用自己或配偶的自评健康状况作为健康变量时，较差的健康状况会显著抑制家庭风险资产投资，但慢性病和因疾病缺勤天数等健康指标对风险资产投资的影响则不显著。解垩（2011）研究发现健康对劳动力的市场进入和退出产生重要影响，并认为健康是劳动力退出的一个重要因素，且健康与劳动力退出之间的关系具有显著的性别差异和城乡差异。刘生龙（2008）发现，中国农村的劳动力参与受健康的影响非常显著，同时，农村居民的健康状况对劳动力参与的影响具有显著的年龄差异和性别差异。张川川（2011）研究发现，家庭滞后期健康状况越好，当期劳动供给越多、家庭收入越高，而当家庭健康状况恶化越严重，劳动力供给越少、家庭收入越低；同时，家庭健康状况对劳动力供给和家庭收入的影响存在城乡差异和性别差异。俞福丽和蒋乃华（2015）研究结果表明，健康对农村居民的种植业收入有显著正向影响，但这种影响受机械化程度的影响。张玉华和赵媛媛（2015）通过对健康与个人收入的影响进行实证研究发现，健康对个人收入具有显著影响，同时这种影响在城乡样本中表现出显著的差异。徐黄华（2012）通过对成人健康与收入两者的关系研究，得出中国成人健康与收入之间存在"倒 U 型"关系。于大川和潘光辉（2013）在估计农村地区农户的健康人力资本对种植业收入的影响发现，农户收入受到大多数健康测量指标的显著影响。王秀芝和易婷（2017）研究发现健康人力资本显著影响居民收入，并对比健康人力资本收入效应存在显著的地区差异和城乡差异。孙顶强和冯紫曦（2015）发现，农村劳动力自身健康状况越好，其参与非农就业的概率越高，劳动力健康状况越差的占比越高，其参与非农就业的概率越低。

虽然上述与家庭创业直接相关的文献并不多，但健康评价对家庭创业的影响与健康评价对职业选择、个人收入和家庭收入的影响之间具有一定的相似性。创业选择与个人职业选择密切相关，甚至可以把创业当作一种职业来看；创业收入与个人收入也同样关系紧密，两者之间有共同的一些属性，因此，现有文献可以为本书的研究假设提供一定的理论依据。

综合以上分析，本书假设如下：

假设 H7：健康评价对家庭创业可能具有正向促进作用，且会表现出一定的城乡差异和地区差异。

假设 H7a：健康评价对家庭创业选择可能具有正向促进作用，且会表现出一定的城乡差异和地区差异。

假设 H7b：健康评价对家庭创业收入可能具有正向促进作用，且会表现出一定的城乡差异和地区差异。

3.4.2　健康指数与家庭创业

直接研究健康指数对创业影响的文献不多，但黄洁萍和尹秋菊（2013）选取自评健康与身体体态度量人口健康，其中身体体态用身体质量指数、腰围、腰臀比等对身体体态进行测量，发现自评健康与身体体态之间存在显著的正相关关系。卡普兰和安德森（Kaplan & Anderson，1988）研究表明腰臀比、身体质量指数与腰围等与某些疾病的相关性较强。健康指数是居民进行健康评价的前提，特别是对健康认知不足的情况下，较差的健康指数资本将会影响到对自身健康状况的评估。因此，健康指数在人力资本转化为其他资本的过程中起着至关重要的作用。罗森等（Rosen et al.，2004）采用健康与退休研究（health retirement survey）数据分析发现，健康状况对金融资产持有概率和持有比例都有显著影响。国内众多学者也得到了类似结论，例如，随着健康水平的下降家庭会减少其金融资产（特别是风险性资产）的持有，而增加安全性更高的资产（如生产性资产、房产等）（雷晓燕和周月刚，2010；胡振等，2015）；随着健康状况的恶化，家庭会重新对金融资产进行选择性配置（吴卫星等，2011）。然而，也有研究结论表明，健康状况对家庭资产配置的作用不显著，例如，家庭健康与其资产配置之间不存在因果关系，而更多是因为个人或家庭的异质性带来的显著性关系（Fan & Zhao，2009）；居民健康状况与风险资产配置之间没有显著性影响（何兴强，2009）；布雷桑等（Bressan et al.，2014）采用欧洲的健康、老龄化及退休调查（SHARE）的数据研究发现，只有自我健康的不良评估会影响资产组合选择，其余健康衡量标准（如慢性疾病、日常生活活动情况、心理健康）都不会影响投资决策。可见，健康指数与健康评价之间的相关性较强，通过大量有关健康状况对个人收入、金融投资、劳动参与等方面的研究结论可以大胆借鉴到健康指数的研究中。

综合以上分析，本书假设如下：

假设 H8：健康指数对家庭创业可能具有正向促进作用，且会表现出一定的城乡差异和地区差异。

假设 H8a：健康指数对家庭创业选择可能具有正向促进作用，且会表现出一定的城乡差异和地区差异。

假设 H8b：健康指数对家庭创业收入可能具有正向促进作用，且会表现出一定的城乡差异和地区差异。

3.5 人力资本间的交互对家庭创业的影响机制分析

对中国家庭而言，由于对人力资本投资中会进行一定的取舍，因此，人力资本的三个维度间（技能、能力和健康）可能存在着一些交互性，同样会成为影响家庭创业的重要因素。

3.5.1 能力人力资本与技能人力资本的交互影响

如前文所述，教育程度与创业之间是促进作用还是阻碍作用尚不明确，这可能在教育年限变量和能力人力资本之间存在一些抑制性影响。教育和认知能力、非认知能力作为人力资本研究的热点，近年来，备受国内外学者的广泛关注。众多研究表明，教育年限会影响认知能力中的词组测试与数学测试结果，一般而言，受教育程度越高，其词组测试和数学测试结果会越高，同样，教育程度给人能带来一定的社会地位，从而影响个人自我效能和人际交往，因此教育程度对能力人力资本会有决定性影响。从教育的基本功能上看，教育年限能够提升受教育者的能力，特别是，教育年限能够提高受教育者的认知能力，如一些研究发现教育与企业家才能之间存在显著正相关关系（Paulson & Townsend，2004）。可见，教育可能会在一定程度上促进能力人力资本的积累，包括对非认知能力也产生重要的影响。然而，将教育与认知能力、非认知能力联系起来的文献并不多。但也有相关文献提醒我们，这两者间可能存在相互作用并共同影响家庭创业。罗靳雯和彭湃（2016）研究发现，家庭财务决策者的教育水平与其认知能力之间具有一定补偿效应，教育水平的提升可以缩小由认知能力差异造成的金融投资行为和结果的差异。朱志胜（2019）研究表明，提升非认知能力能增强乡城移民的社会网络与人力资本水平，进而促进创业者创业活动的进行。张抗私和史策（2020）研究发现，能力人力资本（认知和非认知能力）会影响个人对高等教育的投入决策，而高等教育同样会提升个人的综合能力。在创业实践中，浙商群体的学历水平并不高，但由于对商机的敏锐和信息收集的感知往往让他们选择了创业，而且能创业成功。因此，本书认为教育与认知能力、非认知能力可能存在一种相辅相成的关系，二者的协同作用能促进家庭创业。

基于此，本书在前面假设的基础上，提出如下假设及其子假设：

H9：能力人力资本在教育程度对家庭创业的影响中存在调节效应，同时这种调节效应可能存在一定的城乡和地区差异。

H9a：词组能力在教育程度对家庭创业选择（H9a1）和创业收入（H9a2）的影响中存在调节效应，同时这种调节效应可能存在一定的城乡和地区差异。

H9b：数学能力在教育程度对家庭创业选择（H9b1）和创业收入（H9b2）的影响中存在调节效应，同时这种调节效应可能存在一定的城乡和地区差异。

H9c：自我效能在教育程度对家庭创业选择（H9c1）和创业收入（H9c2）的影响中存在调节效应，同时这种调节效应可能存在一定的城乡和地区差异。

H9d：社会交往在教育程度对家庭创业选择（H9d1）和创业收入（H9d2）的影响中存在调节效应，同时这种调节效应可能存在一定的城乡和地区差异。

"干中学"作为技能人力资本形成的另一主要途径，理应与教育年限一样，在"干中学"与认知能力、非认知能力间也存在相互作用，并共同影响家庭创业。虽然直接研究这两者之间相互作用的文献并不多，但是创业者进行实际创业的惯常过程，能够证明这两者相互作用关系的存在。"干中学"所获得的创业技能多是在创业实践过程所获得和提高的创业行为能力与技巧。坎贝尔（Campbell，2013）研究指出教育年限越高，其学习能力会越强，更容易在"干中学"过程中提升个体的人力资本。创业者要取得成功，不仅需要具备识别创业机会和市场机遇的能力，还要对所识别出的机会有准确的洞察和深入的理解。他们必须能够发现市场空白，并能创造出可以填补这个空白的新产品或服务；必须知道这种产品或服务应该具备哪些必要的特性和特点，以及这种产品或服务为什么会对客户产生吸引力；还必须知道如何将新产品的信息传递给客户，以及如何提供给客户新产品。要做到上述事项，创业者必须对某个专业领域的行业知识有全面、深入的把握。把创意变成现实就要具备两种类别的技能：一是能使企业有效配置组织所需资源的一般管理技能；二是使企业获得必要的人力支持的人际管理技能（威克姆，2014）。这就要求创业者必须主动提高自己的认知能力，特别是学习和提高自己的非认知能力，如情绪控制能力、沟通能力、自我效能感等；同时，这些认知能力与非认知能力的提升也会促进创业者的经营与管理绩效，进而有利于创业实践的成功。可见，"干中学"能够增加创业者的能力人力资本（非认知能力与认知能力），而能力人力资本能够促进创业选择和创业绩效。因此，本书认为"干中学"与认知能力、非认知能力可能存在一种相辅相成的关系，二者的协同作用能促进家庭创业。

基于此，本书在前面假设的基础上，提出如下假设及其子假设：

H10：能力人力资本在工作经验对家庭创业的影响中存在调节

效应，同时这种调节效应可能存在一定的城乡和地区差异。

H10a：词组能力在工作经验对家庭创业选择（H10a1）和创业收入（H10a2）的影响中存在调节效应，同时这种调节效应可能存在一定的城乡和地区差异。

H10b：数学能力在工作经验对家庭创业选择（H10b1）和创业收入（H10b2）的影响中存在调节效应，同时这种调节效应可能存在一定的城乡和地区差异。

H10c：自我效能在工作经验对家庭创业选择（H10c1）和创业收入（H10c2）的影响中存在调节效应，同时这种调节效应可能存在一定的城乡和地区差异。

H10d：社会交往在工作经验对家庭创业选择（H10d1）和创业收入（H10d2）的影响中存在调节效应，同时这种调节效应可能存在一定的城乡和地区差异。

3.5.2　健康人力资本与能力人力资本的交互影响

健康和认知能力、非认知能力作为人力资本研究的核心要素，同样备受国内外学者的广泛关注。越来越多的文献将健康与认知能力、非认知能力联系起来进行研究。方俊群等（2008）的研究发现，在现代社会，人们通过自己的认知能力获得健康知识，树立正确的健康态度，养成良好的行为生活方式，以降低或消除影响健康的危险因素。诸多文献也认为，健康知识、健康态度与健康行为之间存在一定的联系。

健康与非认知能力的关系也受到学界的重视。人是社会的人，总是在社会中生活，社会适应不良对人的身心健康都会产生消极的影响。社会适应能力差的人常常因人际矛盾而产生烦恼，并持续出现焦虑、压抑、愤怒等不良情绪反应，而这可使人的免疫能力下降，进而增高生理发病率。有研究显示，70%的高血压患者人际关系不好，经常处于紧张状态之中。而对那些社会适应性强的人群而言，通过在与其他人的交往中，能更快地弱化或忘却生活与工作中的一些烦恼和痛苦，继而消除一些孤独感；特别是通过参与各种群众性体育活动，可以更好地获得群体认同与社会强化感，从而更多地在安全、友情、亲情、社会支持、人际理解与尊重等需求层次上得到更好的满足。社会学的研究表明，一个人的交际越广泛，其寿命可能越长；而影响人际关系的主要因素有沟通能力、对身体语言的理解和使用能力、自我抑制水平和迁移能力等。由于体育锻炼具有动态的活动性质、共同的追求目标和群居性的表现方式等诸多特点，使得体育锻炼成为良好人际关系的重要影响因素，对人际关系的形成具有重要的意义与价值。此外，人们在体育锻炼过程中，除了需要加强与锻炼伙伴或队友间的合作，还必须不断提升摄取体育、健康等知识的能力，进而提升自我对体育锻炼效果的评估能力。例如，在体育锻炼的实施过程中，我们无法事事依赖于课堂体育教育，只有想方设法去求助于报刊、书籍、电视或互联网等大众传媒，学会用科学的方法指导自己体育锻炼的实践，从而强化体育锻炼与社会生活之间的联系（白震和马向文，2008）。有关研究指出，常见的功能性胃肠病、肠易激综合征，与精神因素和症状有关（这些因素和症状往往与社会适应不良密切关联）。可见，一个人的社会适应状况，往往在健康上有相应的体现。创业者的社会适应良好，则态度乐观积极，精神饱满，能够正确地看待自我、人生和社会；反之，则会为身心健康埋下隐患，甚至导致疾病。结合前两节已经论述的内容，认知能力、非认知能力能促进家庭创业，健康亦能促进创业，可以推断，创业者的健康和这两者间可能存在相互作用并共同影响家庭创业。

前述文献研究表明，健康与认识能力、非认识能力之间存在相互作用的关系，其中，身体健康能够促进认知能力和非认知能力的效应也得到了更多的文献支持。张立敏等（2013）的研究显示，在长期的体育锻炼中，人们更能提升自身的自尊、增强生活满意感和身体价值感，能更好地促进人们的心理印象管理和心理健康都有促进作用。颜军等（2011）通过实验研究发现，身体锻炼是应对身心健康的一种积极方式，能有效降低人们的心理焦虑、心理障碍，健身的时间能更好地促进其心理健康与主观幸福感的改善，从而对心理健康的发展起到间接的促进作用。因此，现有文献能证实，身体锻炼有提高人的自信、自尊、生活满意度感、睡眠质量的作用，同时还能减少焦虑、抑郁等不良情绪。这些研究提示我们，创业者的身体健康很可能对其认知能力和非认知能力具有促进作用。前文已经论及，能力人力资本能够显著促进家庭创业，那么，可以推论，创业者的身体健康能够通过促进其能力而进一步推动其创业行为。

基于此，结合前面的文献综述，本书提出如下假设及其子假设：

H11：能力人力资本在健康评价对家庭创业的影响中存在调节效应，同时这种调节效应可能存在一定的城乡和地区差异。

H11a：词组能力在健康评价对家庭创业选择（H11a1）和创业收入（H11a2）的影响中存在调节效应，同时这种调节效应可能存在一定的城乡和地区差异。

H11b：数学能力在健康评价对家庭创业选择（H11b1）和创业收入（H11b2）的影响中存在调节效应，同时这种调节效应可能存在一定的城乡和地区差异。

H11c：自我效能在健康评价对家庭创业选择（H11c1）和创业收入（H11c2）的影响中存在调节效应，同时这种调节效应可能存在一定的城乡和地区差异。

H11d：社会交往在健康评价对家庭创业选择（H11d1）和创业收入（H11d2）的影响中存在调节效应，同时这种调节效应可能存在一定的城乡和地区差异。

H12：能力人力资本在健康指数对家庭创业的影响中存在调节效应，同时这种调节效应可能存在一定的城乡和地区差异。

H12a：词组能力在健康指数对家庭创业选择（H12a1）和创业收入（H12a2）的影响中存在调节效应，同时这种调节效应可能存在一定的城乡和地区差异。

H12b：数学能力在健康指数对家庭创业选择（H12b1）和创业收入（H12b2）的影响中存在调节效应，同时这种调节效应可能存在一定的城乡和地区差异。

H12c：心理效能在健康指数对家庭创业选择（H12c1）和创业收入（H12c2）的影响中存在调节效应，同时这种调节效应可能存在一定的城乡和地区差异。

H12d：社会交往在健康指数对家庭创业选择（H12d1）和创业收入（H12d2）的影响中存在调节效应，同时这种调节效应可能存在一定的城乡和地区差异。

3.5.3 技能人力资本与健康人力资本的交互影响

健康人力资本对技能人力资本存在一定的决定性影响。一方面，在人力资本积累过程中，家庭决策会根据其健康人力资本状况来自主配置创业要素以从中谋取较好的回报，因此，健康人力资本是家庭技能人力资本积累的重要保障。阿泰拉等（Atella et al.，2011）指出，家庭成员的健康资本状况的恶化除了直接影响家庭承担更多的医疗费用外，还会进一步降低家庭劳动生产率、劳动供给，从而减少家庭收入。家庭由于健康资本的缺失，导致没有办法更好地完成教育训练或参加相关工作实践，这不仅影响到家庭成员的受教育程度，也将影响到家庭成员的就业参与，最终影响家庭成员的技能人力资本积累。另一方面，家庭技能人力资本的提升也为健康人力资本的评估提供了认知基础，当家庭成员的受教育程度越高，一定程度上能更为准确地对自我健康状况做出较好的评估，家庭成员的工作经验越丰富，对健康指数会产生正确的判断，并能较好地根据自我健康状况更好地选择合适的工作，取得较好的收入，从而增加家庭的营养饮食和医疗保险服务等投入，同时，较高的教育水平也会提高个人的健康意识，促使其选择更为健康的生活方式，从而更好地促进其健康人力资本的提升（Booman & Canning，2012；Dalgaard & Strulik，2015）。因此，健康人力资本对技能人力资本在一定程度上会产生重要的决定性影响。

基于此，结合前面的文献综述，本书提出如下假设及其子假设：

H13：健康人力资本在教育年限对家庭创业的影响中存在调节效应，同时这种调节效应可能存在一定的城乡和地区差异。

H13a：健康评价在教育年限对家庭创业选择（H13a1）和创业收入（H13a2）的影响中存在调节效应，同时这种调节效应可能存在一定的城乡和地区差异。

H13b：健康评价在教育年限对家庭创业选择（H13b1）和创业收入（H13b2）的影响中存在调节效应，同时这种调节效应可能存在一定的城乡和地区差异。

H14：健康人力资本在工作经验对家庭创业的影响中存在调节

效应，同时这种调节效应可能存在一定的城乡和地区差异。

H14a：健康评价在工作经验对家庭创业选择（H14a1）和创业收入（H14a2）的影响中存在调节效应，同时这种调节效应可能存在一定的城乡和地区差异。

H14b：健康指数在工作经验对家庭创业选择（H14b1）和创业收入（H14b2）的影响中存在调节效应，同时这种调节效应可能存在一定的城乡和地区差异。

第 4 章

能力人力资本对家庭创业影响的实证研究

本章在前面文献综述的基础上，首先，在对本章数据来源、变量处理及测量的基础上，进一步对主要变量进行了描述性统计分析，分析我国家庭目前家庭能力人力资本及其他变量的发展现状；其次，构建了本章的实证模型，分别采用Probit 模型和 Tobit 模型论证了认知能力与非认知能力对家庭创业选择和创业收入的影响；再其次，采用全样本数据对相关研究假设进行实证检验与分析，还采用城、乡子样本和东、中、西部地区子样本对城乡差异和地区差异进行了全面的分析；最后，进一步对样本进行删选和匹配，分别采用新样本和工具变量对能力人力资本各指标变量对家庭创业影响结果的稳健性和内生性进行了检验，并对本章研究结论进行了梳理。

4.1 数据、变量及其描述性统计分析

4.1.1 数据来源

本书采用了北京大学中国科学院调查中心的

中国家庭追踪调查（CFPS）数据库中 2014 年的数据。该调查覆盖了我国除海南西藏、青海、宁夏、新疆、内蒙古及香港、澳门、台湾地区以外的 25 个省（区、市）。CFPS 调查问卷分为少儿问卷、成人问卷、家庭问卷和社区问卷等四种不同类型，涵盖了被调查者的工作状态、收入状况、受教育年限、工作情况、健康水平、认知能力和非认知能力特征等个人信息、家庭信息和社区信息，是目前国内覆盖地区最广，观测变量最全、最详细的微观调查数据。其中，认知能力与非认知能力、个人特征等变量指标数据主要来自成人问卷；而创业状态、家户特征、家庭社会资本、家庭经济资本、制度环境中的主观制度评价等数据主要来自家庭问卷；制度环境中社区商业氛围和社区流动人口比例等数据的主要来自社区问卷。最后通过三份问卷的数据进行匹配。在进行内生性检验时，我们还采用了 2010 年的词组能力、数学能力与 2014 年的数据进行了匹配，得到了本章认知能力的工具变量。

同时，根据研究的需要，参考现有文献的做法，对原始数据还做了如下处理：第一，删除了年龄在 16 岁以下、65 岁以上（女性 60 岁以上）的家庭成员样本数据；第二，删除现在仍在上学的家庭成员样本数据。

4.1.2 变量选择与数据说明

4.1.2.1 被解释变量

以家庭创业（家庭创业选择、家庭创业收入）作为本章的被解释变量。其中，家庭创业选择为"您家是否有家庭成员从事个体经营或开办私营企业？"这一二元取值虚拟变量，如果回答是则赋值为"1"，否则赋值为"0"；家庭创业收入为"您家所有的个体经营或私营企业税后净利润多少钱？（元）"，对该变量在处理时，采用了具体数值加 1 后再取自然对数进行衡量。

4.1.2.2 解释变量

以家庭能力人力资本（认知能力和非认知能力）作为本章的解释变量。结合前面的文献综述，认知能力主要采用词组能力和数学能力两个指标变量进行测量，CFPS 项目通过对受访者的词组测试和数学测试测量了家庭成员的逻辑思维与问题解决能力，且得分区间分别在 ［0，34］ 和 ［0，24］，为了与后面的非认知能力统一，我们将家庭人员的测试得分分别进行了加总平均，对加总均值进行标准化在 0 ~ 5 之间，该值越大，说明家庭词组能力与数学能力方面的认知能力越强。非认知能力参照王慧敏等 （2017） 做法采用自我效能和社会交往能力两个变量指标。自我效能变量由问卷中 "您感到情绪沮丧、郁闷、做什么事情都不能振奋的频率" "您做任何事情都感到困难的频率" "您认为生活没有意义的频率" "您对自己未来的信心程度" 四个问题基本涵盖了家庭成员的自我效能，我们分别求出每个问题对应的家庭平均得分的基础上进行加总得到；社会交往能力则通过问卷中 "您人缘关系有多好（分）" "您对陌生人的信任程度如何？" 两个问题也在一定程度上反映了家庭成员社会交往能力，我们采用与自我效能类似的方法进行处理，最后为了与家庭认知能力的量纲一致，我们对自我效能与社会交往能力得分均标准化到 0 ~ 5 之间，该值越大，说明家庭自我效能与社会交往能力方面的非认知能力越强。

4.1.2.3 控制变量

控制变量主要包括了家户特征变量、家庭社会资本变量、家庭经济资本变量、制度环境变量和各省际虚拟变量。

在家户特征变量有户主人口统计学变量和家庭特征变量。户主人口统计学变量主要包括了户主年龄、性别、户口、婚姻和组织参与情况，其中，对户主的定义我们参照贺建风和吴慧 （2017） 的做法，采用家庭问卷中的财务受访者作为家庭户主，当家庭问卷的财务受访者非家庭成员时，我们采用了家庭成员中收入最高的家庭成员作为家庭户主，户主数据主要来源于成人问卷。家庭特征变量包括了家庭人口规模，老人抚养比和未成年人抚养比来控制，这些数据均来源于家庭问卷。其中，家庭人口规模采用同灶吃饭的成员数量来衡量，家庭劳动力为家庭成员中去掉老人 （老人为男性大于 65 岁，女性大于 60 岁） 和未成年人 （小于 16 岁） 的数量，老人抚养比 = 老人数量/家庭劳动力数量，未成年人抚养比 = 未成年人数量/家庭劳动力数量。

家庭社会资本变量主要参照现有文献 （周洋和刘雪瑾，2017；柴时军，2017） 的做法，采用外出就餐餐费、邮电通信交通费、文化娱乐费用、家庭人情往来费用和家庭社会地位来衡量，这些变量基本能反映出家庭社会资本的数量和质量。其中，家庭人情往来费用为家庭人情支出和人情收入的总和，对这些指标的数值采用了相对应的具体数值加 1 后再取自然对数进行衡量，这些指标数据来自 CFPS 家庭问卷。

家庭经济资本变量主要从家庭资金积累和家庭资金获取两个方面来观测（周广肃等，2015）。其中，家庭资金积累用家庭现金存款总额和家庭全部纯收入来衡量，这些数据的处理采用了具体数值加 1 后再取自然对数进行衡量；对家庭资金获取用待偿银行贷款、待偿其他借款和尚未归还借款的有无来衡量，这些变量的数据采用了虚拟变量进行处理，如果有则为"1"，无则为"0"。所有指标数据来源于家庭问卷。

制度环境变量主要从家庭成员不公遭遇指数、政府工作贡献的评价、社区商业氛围和社区流动人口比例来衡量。其中，家庭成员不公遭遇指数用成人不公遭遇求和构成，在成人问卷中有关于不公遭遇的 7 个问题，这些问题在一定程度上能体现出家庭成员对地方的相关制度的感知水平，包括了贫富差异不公、户籍差异不公、性别差异不公、政府干部不公、政府冲突不公、政府办事拖延推诿不公和政府合理不公等问题，如果自身经历过，则定义为"1"，否则，定义为"0"，然后对该 7 项求和后取均值；政府工作贡献评价直接采用了家庭成员对政府的五分制评价衡量；社区商业氛围采用了家庭所在社区拥有商店、小卖部或杂货店的数量与社区总人口之比进行衡量，该占比越大，说明该家庭所在社区的商业氛围越好；社区流动人口比例采用了社区流动人口数量与总人口之比进行衡量，该占比充分反映了家庭所在社区的经济发展水平。

对以上变量的具体定义与测量及在 CFPS 问卷中对应的问题如表 4 – 1 所示。

表 4 – 1　　　　　　　　主要变量定义及 CFPS 问卷中对应的问题

变量名		变量测量	CFPS 问卷中对应的问题
被解释变量（家庭创业）	家庭创业选择	个体经营 = 1，否则 = 0	过去 12 个月，您家是否有家庭成员从事个体经营或开办私营企业？
	家庭创业收入	Ln（经营净收入 + 1）	该经营的净收入（元）

续表

变量名			变量测量	CFPS 问卷中对应的问题
解释变量（人力资本）	能力人力资本	认知能力	词组能力	取得分均值，并标准化到 0～5 之间	2014 年词组测试题得分
			数学能力	取得分均值，并标准化到 0～5 之间	2014 年数学测试题得分
		非认知能力	自我效能	取每个问题评分的家庭均值加总，最后将总得分标准化到 0～5 之间	您感到情绪沮丧、郁闷、做什么事情都不能振奋的频率？您做任何事情都感到困难的频率？您认为生活没有意义的频率？ 1. 几乎每天 2. 经常 3. 一半时间 4. 有一些时候 5. 从不
					您对自己未来的信心程度？ 很没信心 1—2—3—4—5 很有信心
			社会交往	取每个问题评分的家庭均值后加总，并将总得分标准化到 0～5 之间	您人缘关系有多好（分） 最低 0—1—2—3—4—5—6—7—8—9—10 最高
					您对陌生人的信任程度如何？ 非常不信任 0—1—2—3—4—5—6—7—8—9—10 非常信任
控制变量	家户特征	户主年龄		2014 – 出生年份	您出生日期？
		年龄平方		(2014 – 出生年份)^2/100	您出生日期？
		户主性别		男 = 1，女 = 0	受访者的性别？ 1. 男 5. 女
		户主户口		城镇 = 1，农村 = 0	您现在的户口状况是？ 1. 农业户口 3. 非农户口 5. 没有户口 79. 不适用
		婚姻		在婚（有配偶）= 1，其他 = 0	受访者的婚姻状况？ 1. 未婚 2. 在婚（有配偶） 3. 同居 4. 离婚 5. 丧偶
		组织参与		参与各类组织 = 1，否则 = 0	您目前是下列哪些组织的成员？
		家庭人口规模		具体回答值	您家里一般有几口人一起吃饭？
		老人抚养比		老人数量/（家庭成员数量老人数量 – 未成年人数量）	将"男性大于 65 岁，女性大于 60 岁"的家庭成员定义为老人

续表

变量名			变量测量	CFPS 问卷中对应的问题
控制变量	家户特征	未成年人抚养比	未成年人数量/(家庭成员数量老人数量 - 未成年人数量)	将“年龄小于 16 岁”的家庭成员定义为未成年人
	家庭社会资本	外出就餐餐费	Ln（就餐费用 +1）	您家每月外出就餐费（元）
		邮电通信交通费	Ln（交通费用 +1）	您家每月邮电通信交通费（元）
		文化娱乐费用	Ln（文化娱乐费用 +1）	您家过去一年文化娱乐的支出费用多少?（元）
		人情往来费用	Ln（总收入 + 支出 +1）	重大事件总收入（元）和人情礼支出（元）
		家庭社会地位	很低 1—2—3—4—5 很高	您家在本地的社会地位?
	家庭经济资本	家庭现金存款总额	Ln（现金及存款总额 +1）	您家目前大概有多少存款?
		家庭全部纯收入	Ln（家庭全部收入 +1）	过去 12 个月总收入（元）
		待偿银行贷款	待偿银行贷款? 是 =1，否 =0	您家现在是否有其他没有还清的银行贷款? 1. 是　5. 否
		待偿其他借款	待偿亲友及民间借款? 是 =1，否 =0	您家是否因其他原因欠亲戚朋友或银行以外其他组织或个人（如民间信贷机构）的钱没有还清? 1. 是　5. 否
		尚未归还借款	尚未归还借款? 是 =1，否 =0	您家有没有借钱给亲戚朋友或者民间借贷机构，但是对方尚未还清? 1. 是　5. 否
	制度环境	不公遭遇指数	亲身经历过 =1，其他 =0 对 7 种经历加总求和后取家庭成员的平均数	您有过下列经历吗? 因贫富差距而受到不公、因户籍而受到不公、因性别而受到不公、受到政府干部不公、与政府干部发生冲突、到政府办事被拖延推诿、是否遭政府不合理收费 1. 亲身经历过　3. 见到过此类事情，但没有亲身经历过　5. 没有见到过类似的事情　79. 受访者没听懂题意

续表

变量名			变量测量	CFPS 问卷中对应的问题
控制变量	制度环境	政府评价	比之前更糟 = 1，没有成绩 = 2，没有多大成绩 = 3，有一定成绩 = 4，有很大成绩 = 5	您对去年本县/县级市/区政府工作的总体评价是什么？ 1. 有很大成绩　2. 有一定成绩　3. 没有多大成绩　4. 没有成绩　5. 比之前更糟
		社区商业氛围	小商店/小卖部/百货店数量与总人口之比	您村/居地界内有多少个小商店/小卖部/百货店？您村/居总人口是多少？
		社区流动人口比例	外来流动人口与总人口之比	您村/居总人口数值人中有多少是外来流动人口？您村/居总人口是多少？

4.1.3　描述性统计分析

剔除本章所用到的词组能力、数学能力、自我效能和社会交往能力等能力人力资本的指标变量，家户特征、家庭经济特征、家庭社会资本特征和制度环境特征等控制变量中的明显异常值和缺失值的家庭样本，最终得到本章的研究家庭样本 6669 个。其中：城镇家庭样本 3011 个、农村家庭样本 3658 个；东部地区家庭样本 2551 个、中部地区家庭样本 2192 个、西部地区家庭样本 1926 个[①]。各变量的描述性统计结果如表 4 – 2 所示。

4.1.3.1　关键被解释变量方面

我国家庭创业的参与率在 10.3%，其中，城镇、农村家庭创业参与率分别为 13.1%、8.0%，东、中、西部地区家庭创业参与率分别为 10.9%、11.0%、8.4%，这一结果与现有的研究结论基本吻合，这也充分说明在城乡融合背景下农村家庭创业参与率还有很大的空间；家庭创业收入的均值为 0.986，而城、乡家庭创业收入均值分别为 1.264、0.757，东、中、西部地区家庭创业收入均值分别为 1.057、1.060、0.794，从样本的标准差来看，城镇家庭创业

---

① 东部地区包括：北京、天津、河北、辽宁、山东、江苏、上海、浙江、福建、广东；中部地区包括：山西、吉林、黑龙江、安徽、江西、河南、湖北、湖南；西部地区包括：内蒙古、重庆、四川、贵州、云南、陕西、甘肃。后面章节中的东、中、西部地区与之相同。

表 4 - 2

变量的描述性统计分析

	变量	全体样本		城镇样本		农村样本		东部样本		中部样本		西部样本	
		均值	标准差	均值	标准差	均值	标准差	均值	标准差	均值	标准差	均值	标准差
被解释变量	创业选择	0.103	0.304	0.131	0.337	0.080	0.271	0.109	0.312	0.110	0.313	0.084	0.277
	创业收入	0.986	3.021	1.264	3.388	0.757	2.660	1.057	3.143	1.060	3.110	0.794	2.715
解释变量	词组能力	2.717	1.254	3.153	1.132	2.359	1.236	2.936	1.145	2.852	1.207	2.285	1.347
	数学能力	2.193	1.064	2.619	1.022	1.843	0.965	2.394	0.990	2.316	1.035	1.776	1.096
	自我效能	4.166	0.656	4.210	0.611	4.130	0.688	4.260	0.607	4.176	0.662	4.033	0.694
	社会交往	2.257	0.567	2.278	0.564	2.239	0.570	2.276	0.564	2.227	0.549	2.263	0.590
家户特征	户主年龄	42.972	11.778	42.841	11.433	43.081	12.055	43.117	12.079	43.087	11.764	42.513	11.431
	户主性别	0.653	0.476	0.630	0.483	0.672	0.470	0.631	0.483	0.650	0.477	0.685	0.465
	户主户口	0.723	0.448	0.471	0.499	0.930	0.255	0.672	0.470	0.676	0.468	0.838	0.369
	婚姻	0.846	0.361	0.837	0.370	0.854	0.353	0.837	0.369	0.849	0.358	0.854	0.353
	组织参与	0.163	0.370	0.215	0.411	0.121	0.326	0.163	0.370	0.167	0.373	0.166	0.373
	家庭人口规模	4.081	1.739	3.784	1.609	4.324	1.804	3.817	1.665	4.100	1.792	4.400	1.694
	老人抚养比	0.221	0.438	0.217	0.438	0.224	0.439	0.219	0.443	0.215	0.435	0.230	0.438
	未成年人抚养比	0.799	1.027	0.689	0.950	0.890	1.078	0.701	0.963	0.778	0.996	0.946	1.115

续表

变量		全体样本		城镇样本		农村样本		东部样本		中部样本		西部样本	
		均值	标准差	均值	标准差	均值	标准差	均值	标准差	均值	标准差	均值	标准差
家庭社会资本	外出就餐餐费	1.950	2.817	2.609	3.034	1.408	2.499	1.980	2.898	1.993	2.797	1.889	2.737
	邮电通信交通费	5.435	1.095	5.594	1.068	5.304	1.100	5.528	1.121	5.295	1.156	5.470	0.968
	文化娱乐费用	1.493	2.561	2.237	2.911	0.881	2.037	1.723	2.737	1.379	2.485	1.338	2.390
	人情往来费用	7.864	1.574	7.944	1.614	7.798	1.537	7.923	1.605	7.936	1.565	7.730	1.504
	家庭社会地位	3.107	0.764	3.018	0.739	3.179	0.777	3.049	0.751	3.105	0.732	3.202	0.810
家庭经济资本	家庭现金存款总额	5.001	5.199	5.907	5.338	4.255	4.959	5.873	5.265	5.073	5.200	3.498	4.821
	家庭全部纯收入	10.424	1.150	10.632	1.063	10.252	1.190	10.619	1.091	10.438	1.109	10.153	1.209
	待偿银行贷款	0.064	0.245	0.050	0.218	0.076	0.265	0.041	0.199	0.053	0.224	0.112	0.315
	待偿其他借款	0.161	0.368	0.130	0.336	0.187	0.390	0.129	0.335	0.161	0.368	0.209	0.407
	尚未归还借款	0.199	0.400	0.201	0.401	0.198	0.399	0.183	0.387	0.210	0.407	0.204	0.403
制度环境	不公遭遇指数	0.655	1.028	0.606	0.994	0.695	1.053	0.527	0.918	0.600	0.974	0.903	1.186
	政府评价	3.337	0.781	3.304	0.750	3.364	0.805	3.297	0.767	3.299	0.769	3.429	0.814
	社区商业氛围	0.005	0.010	0.007	0.015	0.004	0.003	0.004	0.005	0.005	0.006	0.008	0.017
	社区流动人口比例	0.130	0.173	0.156	0.179	0.108	0.164	0.148	0.189	0.131	0.180	0.110	0.137

参与率明显高于农村家庭，东、中部地区家庭创业参与率明显高于西部家庭，可见，家庭创业收入的城乡和地区差异较大。

4.1.3.2 关键解释变量方面

（1）认知能力方面。家庭词组能力均值为2.717，其中城镇家庭词组能力均值3.153，高于农村家庭词组能力均值的2.359；而东、中、西部地区家庭分别为2.936、2.852、2.285。家庭数学能力均值为2.193，其中，城镇家庭数学能力均值为2.619，远高于农村家庭数学能力均值的1.843，东、中、西部地区家庭分别为2.394、2.316、1.776，可见家庭数学能力的城乡差异和地区差异均较大。

（2）非认知能力方面。家庭自我效能评价均值为4.166，其中城镇家庭自我效能评价均值4.210，略高于农村家庭自我效能评价均值的4.130；东、中、西部地区家庭分别为4.260、4.176、4.033。家庭社会交往评价均值为2.257，其中，城镇家庭社会交往评价均值为2.278，也高于农村家庭社会交往评价均值的2.239；东、中、西部地区家庭分别为2.276、2.227、2.263。由此可见，城乡家庭的认知能力差距较大，而非认知能力的差距相对较小。

4.1.3.3 控制变量方面

（1）家户特征维度控制变量情况。家庭户主的平均年龄为42.972岁，其中，城镇家庭户主为42.841岁，农村家庭户主为43.081岁，而东、中、西部地区家庭分别为43.117、43.087和42.513；家庭户主的性别男性占比为65.3%，其中，城镇家庭户主为男性的占比为63.0%，农村家庭户主为男性的占比为67.2%，东、中、西部地区家庭分别为63.1%、65.0%和68.5%；家庭户主户口为农业户口的占比为72.3%，其中，城镇家庭为47.1%，农村家庭为93.0%，东、中、西部地区家庭分别为67.2%、67.6%和83.8%，这一数值也可看出我国户籍制度在城乡和地区之间的差异；家庭户主在婚的比例为84.6%，其中，城、乡家庭户主在婚比例分别为83.7%、85.4%，东、中、西部地区家庭分别为83.7%、84.9%和85.4%；家庭户主的组织参与率为16.3%，其中，城、乡家庭户主的组织参与率分别为21.5%、12.1%，东、中和西部地区家庭户主的组织参与率分别为16.3%、16.7%和16.6%，这一数值反映出当前农村各类组织建设与城镇相比有较大差距，而地区差异不明显；家庭人口规模的全国均值为 4.081 人，其中，城镇、农村家庭人口规模的均值分别为 3.784 人、4.324 人，东、中、西部地区家庭分别为 3.817 人、4.100 人和 4.400 人；家庭老人抚养比的全国均值为 0.221，其中，城、乡家庭老人抚养比的均值分别为 0.217、0.224，东、中、西部地区家庭分别为 0.219、0.215 和 0.230；家庭未成年抚养比的全国均值为 0.799，城镇和农村家庭未成年人抚养比分别为 0.689 和 0.890，而东、中、西部地区家庭分别为 0.701、0.778 和 0.946，这些数据表明农村家庭对老人和未成年人的抚养压力均高于城镇家庭，西部地区远高于东、中部地区。

（2）家庭社会资本维度控制变量情况。家庭外出就餐餐费的全国均值为 1.950，其中，城镇和农村家庭外出就餐餐费的均值分别为 2.609 和 1.408，这反映出城乡家庭生活习惯的较大差异，而东、中、西部地区家庭分别为 1.980、1.993 和 1.889；家庭邮电通信交通费的全国均值为 5.435，其中，城镇和农村家庭邮电通信交通费的均值分别为 5.594 和 5.304，东、中、西部地区家庭分别为 5.528、5.295 和 5.470；家庭文化娱乐费用的全国均值为 1.493，其中，城镇和农村家庭文化娱乐费用的均值分别为 2.237 和 0.881，而东、中、西部地区家庭分别为 1.723、1.379 和 1.338，这说明城乡和地区文化娱乐设施的发展充分不平衡；家庭人情往来费用的全国均值为 7.864，其中，城镇和农村家庭人情往来费用的均值分别为 7.944 和 7.798，而东、中、西部地区家庭分别为 7.923、7.936 和 7.730，这充分说明我国农村的人情往来比城市有更大的压力，中国的人情社会在城乡间差异较小；家庭社会地位评价的全国均值为 3.107，其中，城镇和农村家庭社会地位评价的均值分别为 3.018 和 3.179，而东、中、西部地区家庭分别为 3.049、3.105 和 3.202，可见农村家庭对自身社会地位的评价要高于城镇家庭自身社会地位的评价，西部要高于东、中部地区家庭，这可能与地方经济发展水平及社会竞争压力有关。

（3）家庭经济资本维度控制变量情况。家庭现金存款总额的全国均值为 5.001，其中，城镇和农村家庭现金存款的均值分别为 5.907 和 4.255，东、中、西部地区家庭分别为 5.873、5.073 和 3.498，这反映出城乡家庭经济基础上的较大差异，城镇家庭普遍优于农村家庭，东、中部地区远高于西部地区家庭；家庭全部纯收入的全国均值为 10.424，其中，城镇和农村家庭邮电通信交通费的均值分别为 10.632 和 10.252，东、中、西部地区家庭分别为 10.619、10.438 和 10.153；家庭有待偿银行贷款的比例全国均值为 0.064，其中，城镇和农村家庭有待偿银行贷款的比例均值分别为 0.050 和 0.076，东、中、西部地区家庭分别为 0.041、0.053 和 0.112；家庭有待偿其他借款的比例全国均值为 0.161，其中，城镇和农村家庭有待偿其他借款的比例均值分别为 0.130 和 0.187，东、中、西部地区家庭分别为 0.129、0.161 和 0.209；家庭有尚未归还借款的比例全国均值为 0.199，其中，城镇和农村家庭有尚未归还借款的比例均值分别为 0.201 和 0.198，东、中、西部地区家庭分别为 0.183、0.210 和 0.204。从后面三组借贷关系的比例可以反映出我国城乡融资方式和渠道等方面具有较大的差异。

（4）社区制度环境维度控制变量情况。不公遭遇指数的全国均值为 0.655，其中，城镇和农村家庭不公遭遇指数的均值分别为 0.606 和 0.695，东、中、西部地区家庭分别为 0.527、0.600 和 0.903，可见，制度的完善性在城乡与地区之间存在较大差异，特别是西部地区；政府评价的全国均值为 3.337，其中，城镇和农村家庭对政府评价的均值分别为 3.304 和 3.364，东、中、西部地区家庭分别为 3.297、3.299 和 3.429；社区商业氛围的全国均值为 0.005，其中，城镇和农村社区商业氛围的均值分别为 0.007 和 0.004，东、中、西部地区家庭分别为 0.004、0.005 和 0.008；社区流动人口比例的全国均值为 0.130，其中，城镇和农村社区流动人口比例的均值分别为 0.156 和 0.108，东、中、西部地区家庭分别为 0.148、0.131 和 0.110。从中进一步发现：在制度环境方面，城乡和地区之间仍有较大差异。

4.2 模型构建与实证结果

4.2.1 模型构建

由于创业选择变量为虚拟变量，本书通过构建二元 Probit 模型来考察能力人力资本对家庭创业选择的影响；同时，由于非创业者的创业收入为 0，因此创业收入是截尾变量，本书通过构建 Tobit 模型来考察能力人力资本对家庭创业收入的影响。具体模型设定如下：

$$\text{Pro}(Entrepreneur_i = 1) = \phi(\alpha_0 + \alpha_1 \times capability_i + \alpha_2 \times X_i) \qquad (4-1)$$

$$Lnincome_i = \begin{cases} Lnincome_i^* & \text{if} \quad Lnincome_i^* > 0 \\ 0 & \text{if} \quad Lnincome_i^* \leq 0 \end{cases}$$

$$Lnincome_i^* = \beta_0 + \beta_1 \times capability_i + \beta_2 \times X_i \qquad (4-2)$$

上式中，被解释变量分别为 $Entrepreneur_i$ 和 $Lnincome_i^*$，其中，$Entrepreneur_i$ 表示第 i 个家庭创业选择的虚拟变量，$Lnincome_i^*$ 表示第 i 个家庭创业收入；$capability_i$ 是核心解释变量，代表家庭能力人力资本的各指标变量，X_i 表示系列控制变量。α_0 与 β_0 为误差项，α_1 与 β_1、α_2 与 β_2 分别为待估计系数。

同时，为了验证能力人力资本各指标变量之间的调节作用，进一步引入词组能力与数学能力、自我效能与社会交往能力、认知能力与非认知能力等变量的交互项，采用 Probit（Tobit）模型分析人力资本对家庭创业选择（收入）的影响，并构建模型（4-3）。

$$\frac{Entrepreneur}{Lnincome} = a_1 + a_2 capability_i + a_3 capability_j$$

$$+ a_4(capability_i \times capability_j) + a_5 X_i + u_1 \qquad (4-3)$$

上式中，$capability_i$、$capability_j$ 分别表示能力人力资本不同的指标变量。

4.2.2 能力人力资本对家庭创业影响的实证结果

4.2.2.1 认知能力对家庭创业的影响

为考察认知能力中词组能力和数学能力对家庭创业的影响，我们在控制了所有变量的基础上，分别逐个加入关键解释变量，采用 Probit 模型和 Tobit 模型分别对家庭创业选择和创业收入进行了回归，结果如表 4-3 所示。

表4－3   **认知能力对家庭创业的影响**

变量	创业选择			创业收入		
	（1）	（2）	（3）	（4）	（5）	（6）
词组能力	0.016 *** （0.004）		0.036 *** （0.008）	1.591 *** （0.364）		3.610 *** （0.817）
数学能力		0.018 *** （0.004）	0.051 *** （0.012）		1.887 *** （0.446）	5.281 *** （1.191）
词组能力×数学能力			− 0.014 *** （0.003）			− 1.406 *** （0.338）
户主年龄	0.006 ** （0.002）	0.006 ** （0.002）	0.006 ** （0.002）	0.645 *** （0.236）	0.694 *** （0.239）	0.653 *** （0.240）
年龄平方	− 0.006 ** （0.003）	− 0.007 ** （0.003）	− 0.006 ** （0.003）	− 0.733 *** （0.278）	− 0.805 *** （0.282）	− 0.741 *** （0.283）
户主性别	− 0.027 *** （0.008）	− 0.027 *** （0.007）	− 0.027 *** （0.007）	− 2.312 *** （0.743）	− 2.276 *** （0.742）	− 2.311 *** （0.741）
户主户口	0.028 *** （0.010）	0.032 *** （0.010）	0.024 ** （0.010）	2.683 *** （0.992）	3.171 *** （1.036）	2.375 ** （1.029）
婚姻	0.008 （0.012）	0.009 （0.012）	0.009 （0.012）	0.681 （1.178）	0.796 （1.172）	0.764 （1.171）
组织参与	0.000 （0.010）	− 0.001 （0.010）	0.002 （0.010）	0.099 （0.979）	0.020 （0.992）	0.244 （0.979）
家庭人口规模	0.004 （0.003）	0.004 （0.003）	0.003 （0.003）	0.329 （0.250）	0.314 （0.247）	0.234 （0.250）
老人抚养比	− 0.032 *** （0.010）	− 0.031 *** （0.010）	− 0.031 *** （0.010）	− 3.032 *** （1.015）	− 2.894 *** （1.005）	− 2.884 *** （1.016）
未成年人抚养比	− 0.003 （0.004）	− 0.003 （0.004）	− 0.001 （0.004）	− 0.353 （0.394）	− 0.356 （0.392）	− 0.114 （0.392）
外出就餐餐费	0.004 *** （0.001）	0.004 ** （0.001）	0.004 *** （0.001）	0.413 *** （0.139）	0.404 *** （0.139）	0.425 *** （0.138）
邮电通信交通费	0.030 *** （0.005）	0.029 *** （0.005）	0.030 *** （0.005）	2.992 *** （0.492）	2.966 *** （0.494）	2.994 *** （0.491）
文化娱乐费用	0.001 （0.002）	0.001 （0.002）	0.001 （0.002）	− 0.030 （0.154）	− 0.051 （0.155）	0.010 （0.153）

续表

变量	创业选择			创业收入		
	（1）	（2）	（3）	（4）	（5）	（6）
人情往来费用	0.005 **	0.005 *	0.005 *	0.534 **	0.516 *	0.505 *
	（0.003）	（0.003）	（0.003）	（0.270）	（0.269）	（0.267）
家庭社会地位	−0.001	−0.002	−0.001	−0.144	−0.217	−0.151
	（0.005）	（0.005）	（0.005）	（0.511）	（0.508）	（0.513）
家庭现金存款总额	0.000	0.000	0.000	0.022	0.035	0.017
	（0.001）	（0.001）	（0.001）	（0.076）	（0.075）	（0.075）
家庭全部纯收入	0.025 ***	0.025 ***	0.025 ***	2.515 ***	2.495 ***	2.460 ***
	（0.005）	（0.005）	（0.005）	（0.459）	（0.460）	（0.464）
待偿银行贷款	0.066 ***	0.068 ***	0.064 ***	5.947 ***	6.153 ***	5.785 ***
	（0.012）	（0.012）	（0.012）	（1.169）	（1.168）	（1.168）
待偿其他借款	0.012	0.013	0.012	0.717	0.759	0.760
	（0.010）	（0.010）	（0.010）	（0.975）	（0.974）	（0.982）
尚未归还借款	0.043 ***	0.045 ***	0.044 ***	4.138 ***	4.286 ***	4.184 ***
	（0.008）	（0.008）	（0.008）	（0.786）	（0.787）	（0.784）
不公遭遇指数	0.005	0.006	0.005	0.389	0.437	0.382
	（0.004）	（0.003）	（0.004）	（0.346）	（0.345）	（0.346）
政府评价	−0.004	−0.004	−0.004	−0.516	−0.538	−0.560
	（0.005）	（0.005）	（0.005）	（0.486）	（0.487）	（0.492）
社区商业氛围	1.230 ***	1.253 ***	1.244 ***	120.59 ***	123.00 ***	121.534 ***
	（0.291）	（0.292）	（0.292）	（26.271）	（26.405）	（26.267）
社区流动人口比例	0.018	0.019	0.017	1.176	1.248	1.163
	（0.022）	（0.023）	（0.022）	（2.248）	（2.266）	（2.245）
省际变量	控制	控制	控制	控制	控制	控制
Pseudo R^2	0.1196	0.1193	0.125	0.0609	0.0609	0.0638
Wald chi^2/F 值	396.35	397.94	387.36	12.19	12.17	11.49
样本量	6669	6669	6669	6669	6669	6669

注：①表中报告的是各个变量的边际效应而非回归系数；②括号中的数值是标准误；③ * 、** 和 *** 分别表示在10%、5%和1%的显著性水平上显著。

　　首先，从认知能力对家庭创业影响的回归结果来看。从表 4 - 3 第（1）至（3）列报告了认知能力对家庭创业选择回归结果。第（1）列仅将家庭词组能力纳入回归，结果显示：家庭词组能力在 1% 水平上显著正向影响家庭创业选择，词组能力每提高 1 个单位，家庭选择创业的概率显著提高 1.6%，可见，家庭词组能力对家庭创业选择的具有非常显著的经济效果，假设 H1a 中"词组能力对家庭创业选择具有正向促进作用"得到验证。第（2）列仅将家庭数学能力纳入回归，结果显示：家庭数学能力同样在 1% 水平上显著正向影响家庭创业选择，且数学能力每提高 1 个单位，家庭选择创业的概率显著提高 1.8%，可见，家庭数学能力对家庭创业选择也同样具有显著的经济效果，假设 H2a 中"数学能力对家庭创业选择具有正向促进作用"得到验证。第（3）列加入词组能力和数学能力的交互项进行回归发现，词组能力和数学能力依然在 1% 水平上显著正向影响家庭创业选择，这进一步说明家庭认知能力对家庭创业具有显著的正向促进作用，假设 H1a、假设 H2a 进一步得到验证。同时，交互项的边际效应为负，且在 1% 水平上显著，词组能力和数学能力的边际效应均有较大的增加，且显著性也有较大提高。说明词组能力和数学能力对家庭创业的影响存在显著的相互补偿效应，在不同数学能力水平下，词组能力对家庭创业选择的促进作用不同，随着词组能力的提高，家庭创业选择的可能性会增加，其中低数学能力者选择创业的概率增加更快，这也充分说明这两者的交互作用对家庭创业的影响存在较大影响。

　　从表 4 - 3 第（4）至（6）列报告了认知能力对家庭创业收入回归结果。第（4）列仅将家庭词组能力纳入回归，结果显示：家庭词组能力在 1% 水平上显著正向影响家庭创业收入，词组能力每提高 1 个单位，家庭选择创业收入的边际效应显著提高 159.1%，可见，家庭词组能力对家庭创业收入的具有非常显著的经济效果，假设 H1b 中"词组能力对家庭创业收入具有正向促进作用"得到验证。第（5）列仅将家庭数学能力纳入回归，结果显示：家庭数学能力同样在 1% 水平上显著正向影响家庭创业收入，且数学能力每提高 1 个单位，家庭创业收入的边际效应显著提高 188.7%，可见，家庭数学能力对家庭创业收入也同样具有显著的经济效果，假设 H2b 中"数学能力对家庭创业收入具有正向促进作用"得到验证。第（6）列进一步加入词组能力和数学能力的交互项进行回归的结果可以看出，词组能力和数学能力对创业收入影响也同样存在显著的相互补偿作用。这一结论与其对家庭创业选择的结论基本相同。

其次，就控制变量方面的回归结果来看。家户特征、家庭社会资本、家庭经济资本和制度环境四个维度中的一些控制变量均在不同程度上对家庭创业具有一定的影响作用，限于篇幅，仅报告对家庭创业有显著影响的一些控制变量。其中，家户特征中的户主年龄、老人抚养比等变量均在不同程度上显著负向影响家庭创业选择的概率，且户主年龄对家庭创业呈现出"倒 U 型"变化趋势，其户主年龄对创业的拐点在45.8 岁左右。家庭创业的选择和收入在户主年龄小于45.8 岁时，会随着户主年龄的增加而增大；但当年龄大于45.8 岁时可能会逐渐降低家庭创业的选择和收入。家户特征中的户主性别，家庭社会资本维度中的外出就餐餐费、邮电通信交通费用、人情往来费用，家庭经济资本维度中的家庭全部纯收入、待偿银行贷款、尚未归还借款的有无和环境制度方面的社区商业氛围等变量对家庭创业选择和收入均具有显著正向影响，其中，除家庭人情往来费用和外出就餐餐费的值分别在 10%和 5% 水平上显著外，其他变量均在 1% 水平上显著。

综上所述，词组能力和数学能力等认知能力对家庭创业（选择和收入）具有显著的正向影响，且数学能力对家庭创业影响效应更大；同时，词组能力和数学能力两者共同作用于家庭创业时，可能存在一定的相互抑制作用。这也说明，家庭在创业过程中，可能对认知能力的配置上会有一定的取舍：词组能力越强的家庭，可能在数学能力方面较弱；而词组能力较弱的家庭，可能在词组能力方面较强；如果词组能力和数学能力均较强的家庭，可能不会选择创业，而会选择更好的稳定性工作。

4.2.2.2 非认知能力对家庭创业的影响

为考察非认知能力维度中自我效能和社会交往两个指标变量对家庭创业的影响，我们在控制了所有变量的基础上，分别逐个加入非认知能力的两个指标变量，采用 Probit 模型和 Tobit 模型分别对家庭创业选择和家庭创业收入进行了回归，结果如表4－4所示。

首先，非认知能力对家庭创业影响的结果分析。从表4－4第（1）列和第（4）列分别仅将家庭自我效能纳入创业选择和创业收入的回归模型中，结果显示：家庭自我效能均会正向影响家庭创业选择和家庭创业收入，但这种

表 4 - 4 非认知能力对家庭创业的影响

变量	创业选择			创业收入		
	（1）	（2）	（3）	（4）	（5）	（6）
自我效能	0.010 （0.007）		0.036 （0.023）	0.575 （0.658）		3.387 （2.271）
社会交往		- 0.012 * （0.007）	0.035 （0.043）		- 1.185 * （0.705）	3.986 （4.219）
自我效能×社会交往			- 0.012 （0.010）			- 1.258 （1.000）
户主年龄	0.007 *** （0.002）	0.006 *** （0.002）	0.006 *** （0.002）	0.729 *** （0.237）	0.719 *** （0.237）	0.723 *** （0.237）
年龄平方	- 0.008 *** （0.003）	- 0.007 *** （0.003）	- 0.007 *** （0.003）	- 0.874 *** （0.279）	- 0.862 *** （0.279）	- 0.864 *** （0.278）
户主性别	- 0.028 *** （0.008）	- 0.028 *** （0.008）	- 0.028 *** （0.008）	- 2.381 *** （0.743）	- 2.376 *** （0.742）	- 2.403 *** （0.742）
户主户口	0.020 ** （0.010）	0.020 ** （0.010）	0.020 ** （0.010）	1.923 ** （0.979）	1.923 ** （0.980）	1.912 * （0.979）
婚姻	0.008 （0.012）	0.008 （0.012）	0.007 （0.012）	0.730 （1.180）	0.734 （1.178）	0.642 （1.178）
组织参与	0.005 （0.010）	0.006 （0.010）	0.006 （0.010）	0.601 （0.974）	0.649 （0.974）	0.650 （0.974）
家庭人口规模	0.003 （0.003）	0.003 （0.003）	0.003 （0.003）	0.225 （0.249）	0.217 （0.250）	0.226 （0.249）
老人抚养比	- 0.029 *** （0.010）	- 0.029 *** （0.010）	- 0.029 *** （0.010）	- 2.722 *** （1.005）	- 2.675 *** （1.006）	- 2.687 *** （1.005）
未成年人抚养比	- 0.004 （0.004）	- 0.004 （0.004）	- 0.004 （0.004）	- 0.441 （0.397）	- 0.441 （0.396）	- 0.446 （0.397）
外出就餐餐费	0.004 *** （0.001）	0.004 *** （0.001）	0.004 *** （0.001）	0.433 *** （0.139）	0.434 *** （0.139）	0.437 *** （0.139）
邮电通信交通费	0.030 *** （0.005）	0.031 *** （0.005）	0.031 *** （0.005）	3.065 *** （0.493）	3.111 *** （0.493）	3.088 *** （0.492）

续表

变量	创业选择			创业收入		
	（1）	（2）	（3）	（4）	（5）	（6）
文化娱乐费用	0.002 （0.002）	0.002 （0.002）	0.002 （0.002）	0.059 （0.153）	0.079 （0.154）	0.077 （0.154）
人情往来费用	0.005 ** （0.003）	0.005 ** （0.003）	0.005 ** （0.003）	0.547 ** （0.271）	0.547 ** （0.272）	0.543 ** （0.271）
家庭社会地位	−0.004 （0.005）	−0.001 （0.005）	−0.002 （0.005）	−0.360 （0.512）	−0.115 （0.515）	−0.202 （0.522）
家庭现金存款总额	0.000 （0.001）	0.000 （0.001）	0.000 （0.001）	0.047 （0.075）	0.046 （0.075）	0.042 （0.075）
家庭全部纯收入	0.026 *** （0.005）	0.027 *** （0.005）	0.026 *** （0.005）	2.632 *** （0.462）	2.690 *** （0.464）	2.667 *** （0.461）
待偿银行贷款	0.068 *** （0.012）	0.069 *** （0.012）	0.068 *** （0.012）	6.207 *** （1.165）	6.235 *** （1.167）	6.210 *** （1.164）
待偿其他借款	0.014 （0.010）	0.011 （0.010）	0.013 （0.010）	0.777 （0.980）	0.627 （0.976）	0.728 （0.980）
尚未归还借款	0.045 *** （0.008）	0.045 *** （0.008）	0.045 *** （0.008）	4.315 *** （0.788）	4.317 *** （0.787）	4.330 *** （0.787）
不公遭遇指数	0.006 * （0.004）	0.005 （0.004）	0.006 * （0.004）	0.457 （0.350）	0.372 （0.348）	0.459 （0.351）
政府评价	−0.004 （0.005）	−0.003 （0.005）	−0.004 （0.005）	−0.529 （0.486）	−0.422 （0.489）	−0.461 （0.489）
社区商业氛围	1.305 *** （0.295）	1.316 *** （0.296）	1.313 *** （0.295）	128.136 *** （26.569）	129.084 *** （26.726）	128.838 *** （26.663）
社区流动人口比例	0.021 （0.022）	0.021 （0.022）	0.022 （0.022）	1.454 （2.247）	1.529 （2.243）	1.544 （2.243）
省际变量	控制	控制	控制	控制	控制	控制
Pseudo R^2	0.1162	0.1164	0.1174	0.0589	0.0592	0.0595
Wald chi^2/F 值	372.40	374.18	380.10	11.26	11.29	11.09
样本量	6669	6669	6669	6669	6669	6669

注：①表中报告的是各个变量的边际效应而非回归系数；②括号中的数值是标准误；③ * 、** 和 *** 分别表示在 10% 、5% 和 1% 的显著性水平上显著。

影响不显著。因此，假设 H3（H3a 和 H3b）"自我效能对家庭创业（选择和收入）具有正向促进作用"得到验证。第（2）列和第（5）列的回归中仅纳入家庭社会交往能力指标进行回归，结果显示：家庭社会交往能力均负向影响家庭创业选择和家庭创业收入，且均在 10% 水平上显著；家庭社会交往每提高 1 个单位，家庭创业选择的概率将降低 1.2%，而家庭创业收入将降低 118.5%。因此，假设 H4（H4a 和 H4b）"社会交往能力对家庭创业（选择和收入）具有正向促进作用"未得到验证，但这种影响为负向影响。第（3）列和第（6）列是将自我效能和社会交往能力的交互项纳入回归模型中，结果显示：交互项的边际效应为负，但不显著，同时，自我效能和社会交往能力对家庭创业影响的边际效应均有较大提高，但均变得不显著，这说明自我效能和社会交往能力的交互对家庭创业（选择和收入）影响也存在相互抑制作用，且在控制住交互项的情况下，自我效能和社会交往能力对家庭创业的影响效应均会增加。

其次，就控制变量方面的回归结果来看。家户特征、家庭社会资本、家庭经济资本和制度环境四个维度中的一些控制变量均在不同程度上对家庭创业具有一定的影响作用，其影响的效果基本与表 4-3 中类似，限于篇幅，本小节不再一一报告。

综上可见，非认知能力对家庭创业影响较为复杂。其中，自我效能对家庭创业（选择和收入）表现出一定的正向影响，但其显著性受社会交往能力的影响较大；而家庭社会交往能力则对家庭创业（选择和收入）均表现为负向影响，且在 10% 水平上显著；同时，家庭社会交往能力的负向影响要大于家庭自我效能的正向影响。在一定程度上反映出家庭在创业过程中应尽量避免由于社会交往带来的精力分散，而应将更多的时间和精力放在业务的发展方面，同时，自我效能与社会交往能力对家庭创业的影响具有不显著的相互补偿效应，家庭社会交往能力在一定程度上可以缩小由于家庭自我效能差异引起的家庭创业差异。

4.2.3　能力人力资本对家庭创业影响的城乡差异实证结果

4.2.3.1　认知能力对家庭创业影响的城乡差异

为进一步探讨由于城乡二元经济结构带来的创业影响差异，本节以城乡子样本对家庭创业选择和创业收入进行回归，回归过程中，同样在控制所有控制变量的基础上，分别将家庭词组能力、数学能力、词组能力和数学能力及其交互项等变量逐个进行回归，认知能力对城乡家庭创业选择和创业收入影响的回归结果如表 4 - 5 和表 4 - 6 所示，表 4 - 6 中的控制变量回归结果与表 4 - 5 类似，因此，表 4 - 6 中省略了汇报。

表 4 - 5　　　　　　　　　　家庭认知能力对城乡创业影响的差异

变量	创业选择					
	（1）	（2）	（3）	（4）	（5）	（6）
	城镇	农村	城镇	农村	城镇	农村
词组能力	0.009 （0.006）	0.016 *** （0.004）			0.057 *** （0.015）	0.008 （0.009）
数学能力			- 0.002 （0.008）	0.028 *** （0.005）	0.047 ** （0.022）	0.040 *** （0.012）
词组能力 × 数学能力					- 0.020 *** （0.006）	- 0.005 （0.004）
户主年龄	0.009 ** （0.004）	0.003 （0.003）	0.010 ** （0.004）	0.004 （0.003）	0.009 ** （0.004）	0.004 （0.003）
年龄平方	- 0.010 ** （0.005）	- 0.003 （0.003）	- 0.011 ** （0.005）	- 0.004 （0.003）	- 0.011 ** （0.005）	- 0.004 （0.003）
户主性别	- 0.028 ** （0.012）	- 0.028 *** （0.009）	- 0.028 ** （0.012）	- 0.028 *** （0.009）	- 0.029 ** （0.012）	- 0.028 *** （0.009）
户主户口	0.072 *** （0.015）	- 0.022 （0.016）	0.067 *** （0.015）	- 0.015 （0.016）	0.061 *** （0.015）	- 0.017 （0.016）
婚姻	- 0.005 （0.019）	0.021 （0.015）	- 0.004 （0.019）	0.022 （0.015）	- 0.003 （0.019）	0.021 （0.015）
组织参与	0.013 （0.015）	- 0.012 （0.013）	0.016 （0.016）	- 0.015 （0.013）	0.019 （0.016）	- 0.014 （0.013）
家庭人口规模	0.005 （0.005）	0.003 （0.003）	0.004 （0.005）	0.003 （0.003）	0.003 （0.005）	0.003 （0.003）

续表

变量	创业选择					
	（1）	（2）	（3）	（4）	（5）	（6）
	城镇	农村	城镇	农村	城镇	农村
老人抚养比	−0.040 ** （0.017）	−0.019 * （0.011）	−0.039 ** （0.017）	−0.019 * （0.011）	−0.039 ** （0.017）	−0.018 （0.011）
未成年人抚养比	−0.007 （0.007）	−0.002 （0.004）	−0.007 （0.007）	−0.001 （0.004）	−0.004 （0.007）	−0.000 （0.004）
外出就餐餐费	0.003 （0.002）	0.004 ** （0.002）	0.003 （0.002）	0.004 ** （0.002）	0.004 （0.002）	0.004 ** （0.002）
邮电通信交通费	0.036 *** （0.008）	0.024 *** （0.006）	0.037 *** （0.008）	0.023 *** （0.006）	0.037 *** （0.008）	0.023 *** （0.006）
文化娱乐费用	−0.000 （0.002）	0.002 （0.002）	0.000 （0.002）	0.001 （0.002）	0.001 （0.002）	0.002 （0.002）
人情往来费用	0.007 （0.004）	0.004 （0.003）	0.007 （0.005）	0.003 （0.003）	0.007 （0.004）	0.003 （0.003）
家庭社会地位	−0.000 （0.008）	−0.000 （0.006）	−0.001 （0.008）	−0.001 （0.006）	0.001 （0.008）	−0.001 （0.006）
家庭现金存款总额	−0.000 （0.001）	0.001 （0.001）	−0.000 （0.001）	0.001 （0.001）	−0.001 （0.001）	0.001 （0.001）
家庭全部纯收入	0.024 *** （0.007）	0.024 *** （0.006）	0.026 *** （0.007）	0.023 *** （0.006）	0.025 *** （0.008）	0.023 *** （0.006）
待偿银行贷款	0.103 *** （0.023）	0.046 *** （0.014）	0.104 *** （0.023）	0.047 *** （0.014）	0.102 *** （0.023）	0.046 *** （0.014）
待偿其他借款	0.002 （0.018）	0.020 * （0.011）	0.002 （0.018）	0.020 * （0.011）	0.001 （0.018）	0.020 * （0.011）
尚未归还借款	0.047 *** （0.014）	0.036 *** （0.009）	0.048 *** （0.014）	0.037 *** （0.009）	0.046 *** （0.014）	0.037 *** （0.009）
不公遭遇指数	0.006 （0.006）	0.004 （0.004）	0.006 （0.006）	0.006 （0.004）	0.006 （0.006）	0.006 （0.004）

续表

变量	创业选择					
	（1）	（2）	（3）	（4）	（5）	（6）
	城镇	农村	城镇	农村	城镇	农村
政府评价	0.002 （0.009）	− 0.010 * （0.005）	0.003 （0.009）	− 0.011 ** （0.006）	0.002 （0.009）	− 0.011 ** （0.006）
社区商业氛围	0.752 ** （0.371）	5.610 *** （1.601）	0.779 ** （0.373）	5.491 *** （1.593）	0.770 ** （0.370）	5.504 *** （1.590）
社区流动人口比例	0.082 ** （0.037）	− 0.044 （0.030）	0.083 ** （0.037）	− 0.043 （0.031）	0.079 ** （0.037）	− 0.043 （0.031）
省际变量	控制	控制	控制	控制	控制	控制
Pseudo R^2	0.1085	0.1690	0.1077	0.1766	0.1154	0.1773
Wald chi^2	202.18	256.61	202.38	260.01	207.16	260.88
样本量	3011	3658	3011	3658	3011	3658

注：①表中报告的是各个变量的边际效应而非回归系数；②括号中的数值是标准误；③ * 、
** 和 *** 分别表示在10%、5%和1%的显著性水平上显著。

表 4 - 6　　　　　家庭认知能力对城乡创业收入影响的差异

变量	创业收入					
	（1）	（2）	（3）	（4）	（5）	（6）
	城镇	农村	城镇	农村	城镇	农村
词组能力	0.414 （0.511）	2.333 *** （0.509）			3.823 *** （1.178）	1.666 （1.142）
数学能力			− 0.279 （0.613）	3.881 *** （0.605）	3.456 ** （1.691）	5.663 *** （1.548）
词组能力 × 数学能力					− 1.417 *** （0.464）	− 0.744 （0.476）
控制变量	控制	控制	控制	控制	控制	控制

变量	创业收入					
	（1）	（2）	（3）	（4）	（5）	（6）
	城镇	农村	城镇	农村	城镇	农村
Pseudo R²	0.0521	0.0906	0.0520	0.950	0.055	0.0957
F 值	6.05	10.28	6.06	10.46	6.10	10.00
样本量	3011	3658	3011	3658	3011	3658

注：①括号中的数值是标准误；②＊、＊＊和＊＊＊分别表示在10%、5%和1%的显著性水平上显著。

表4-5对创业选择回归结果表明，家庭认知能力对城乡家庭创业选择的影响差异较大，具体体现如下：表4-5第（1）（2）列的回归结果表明，家庭词组能力对城镇家庭创业选择虽表现出正向影响，但这种影响不显著，且边际效应仅有0.9%；而家庭词组能力对农村家庭创业选择则表现为显著的正向影响，且家庭词组能力每提高1个单位，农村家庭选择创业的概率的边际效应将增加1.6%。第（3）（4）列的回归结果表明，家庭数学能力对城镇家庭创业选择虽表现出不显著负向影响；而对农村家庭创业选择则表现为显著的正向影响，且家庭数学能力每提高1个单位，农村家庭选择创业的概率的边际效应将增加2.8%。第（5）（6）列加入交互项的回归结果来看，交互项的边际效应均为负，词组能力与数学能力对家庭创业的影响具有相互补偿效应，但这种影响对城镇家庭显著，对农村家庭不显著；同时，词组能力和数学能力对家庭创业选择影响的边际效应均有较大提高，且数学能力对城镇家庭创业选择影响的边际效应由负变为正，但相对于农村家庭来看，其词组能力的边际效应却有较大降低。这进一步证实数学能力对家庭创业选择具有较大影响，特别是对城镇家庭，通过词组能力一定的情况下，可以通过数学能力的提升来发挥词组能力对家庭创业选择的促进作用。

其他控制变量方面。限于篇幅，本小节仅报告控制变量对城乡家庭创业影响差异较大的变量。其中，年龄对城乡家庭创业均呈现"倒U型"变化趋势，但对城镇家庭在5%水平上显著，而农村家庭不显著；家庭户主户口、外出就餐餐费、家庭是否有待偿其他借款、家庭政府评价、社区流动人口比例等控制变量对家庭创业的影响在城乡之间具有较大的差异。

表 4 - 6 是对创业收入回归结果与表 4 - 5 家庭创业选择的回归结果对比发现，家庭认知能力对城乡家庭创业收入的影响差异与其对创业选择的影响差异基本呈现出相同的态势，仅在家庭词组能力和数学能力同时进入回归时，家庭词组能力对城镇家庭创业收入也不显著，同时，家庭词组能力与数学能力对家庭创业收入的影响也同样存在相互补偿效应，但这种效应的城乡差异在显著性上却有较大差异，其对城镇家庭显著，对农村家庭却不显著。

综上可见，假设 H1（H1a 和 H1b）和假设 H2（H2a 和 H2b）中的"城乡差异"得到验证，家庭认知能力各指标变量对城乡家庭创业虽然表现正向影响，但各指标变量的影响差异确有较大的异质性。

（1）对城镇家庭而言，词组能力对家庭创业具有正向影响，而数学能力对家庭创业具有负向影响，但这两种能力在单独影响家庭创业时均不显著；同时，词组能力对家庭创业的影响受数学能力的作用较大，且数学能力与词组能力两者之间对家庭创业影响具有显著的相互补偿效应，在不同数学能力下，词组能力对家庭创业的正向影响作用不同，随着数学能力的提升，家庭创业选择的概率和创业收入均会提高，且词组能力相对较低的家庭将提高得更快。

（2）对农村家庭而言，数学能力和词组能力对家庭创业均具有显著的正向影响，且数学能力的影响效应比词组能力的影响要大；同时，数学能力与词组能力两者之间对家庭创业影响也具有相互补偿效应，但这种效应不显著，且词组能力对家庭创业的正向影响的大部分是通过数学能力来实现。

4.2.3.2 非认知能力对家庭创业影响的城乡差异

本小节同样采取认知能力对城乡家庭创业影响差异的分析过程，对非认知能力进行了探索。在所有控制变量的基础上，分别将家庭自我效能、社会交往能力、自我效能和社会交往能力及其交互项等变量逐个进行回归，创业选择和创业收入影响差异的回归结果如表 4 - 7 所示。

表4-7   家庭非认知能力对城乡创业影响的差异

变量		(1)	(2)	(3)	(4)	(5)	(6)	(7)	(8)
		城镇	农村	城镇	农村	城镇	农村	城镇	农村
家庭非认知能力对城乡家庭创业选择的影响	自我效能	0.003 (0.012)	0.014* (0.007)			0.005 (0.012)	0.014* (0.008)	0.001 (0.038)	0.056** (0.027)
	社会交往			−0.017 (0.011)	−0.009 (0.008)	−0.017 (0.012)	−0.010 (0.008)	−0.024 (0.074)	0.066 (0.048)
	自我效能×社会交往							0.002 (0.017)	−0.019 (0.011)
	控制变量	控制	控制	控制	控制	控制	控制	控制	控制
	Pseudo R^2	0.1078	0.164	0.1086	0.1631	0.1087	0.1647	0.1087	0.1662
	Wald chi^2	203.53	241.03	203.51	237.54	204.6	240.43	205.3	247.19
家庭非认知能力对城乡家庭创业收入的影响	自我效能	−0.179 (0.902)	1.373 (0.931)			−0.07 (0.907)	1.444 (0.944)	0.281 (3.031)	6.742** (3.362)
	社会交往			−1.314 (0.919)	−1.059 (1.059)	−1.307 (0.928)	−1.153 (1.077)	−0.604 (5.893)	8.594 (6.024)
	自我效能×社会交往							−0.167 (1.384)	−2.383* (1.44)
	控制变量	控制	控制	控制	控制	控制	控制	控制	控制
	Pseudo R^2	0.052	0.086	0.0524	0.0859	0.0524	0.0865	0.0524	0.0874
	F值	6.19	9.21	6.09	9.08	6.1	9.02	6.02	9.08
样本量		3011	3658	3011	3658	3011	3658	3011	3658

注：①括号中的数值是标准误；②＊、＊＊和＊＊＊分别表示在10%、5%和1%的显著性水平上显著。

表4-7中家庭非认知能力对城乡家庭创业选择的影响的回归结果显示，非认知能力对城乡家庭创业选择的影响有差异，但影响效应的差异不显著，具体体现如下：表4-7第（1）（3）（5）（7）列为城镇家庭样本回归结果，非认知能力各指标变量对城镇家庭创业选择虽表现一定的正向或负向影响，但这种影响均不显著，且对比发现，城镇家庭创业选择受非认知能力影响较大的是社会交往能力；同时，从第（7）列的结果来看，交互项的边际效应为正，且不显著，说明自我效能与社会交往能力两者间对城镇家庭创业选择的影响具有相互促进的作用。表4-7第（2）（4）（6）（8）列为农村家庭样本

的回归结果表明，自我效能对农村家庭创业选择则表现为显著的正向影响，且在 10% 水平上显著，当家庭自我效能得分每提高 1 个单位，农村家庭选择创业的概率的边际效应将增加 1.4% 左右；但社会交往能力对家庭创业选择则表现为不显著的负向影响。从第（8）列的结果来看，交互项的边际效应为负，且不显著，同时，自我效能和社会交往能力的边际效应均有较大提高。说明自我效能与社会交往对农村家庭创业选择的影响具有相互补偿效应，通过社会交往能力的提升，可以弥补农村家庭自我效能不足而带来的家庭创业选择概率不高。

表 4－7 中家庭非认知能力对城乡家庭创业收入的影响的回归结果显示，家庭非认知能力各维度指标变量对城乡家庭创业收入的影响均不显著，且家庭非认知能力整体上对城镇家庭创业收入表现为负向影响，而对农村家庭则表现出正向影响；同时从第（7）（8）列的结果来看，自我效能与社会交往对城乡家庭创业收入的影响具有相互抑制的作用，但这种抑制性影响对城镇家庭不显著，而对农村家庭则在 10% 水平上显著；同时，发现加入交互项后，各指标变量的系数均有所提高。

其他控制变量对家庭创业的影响态势基本与前面的研究结果相同，由于受篇幅限制，不再赘述。

综上可见，假设 H3（H3a 和 H3b）和假设 H4（H4a 和 H4b）中的"城乡差异"部分得到验证。非认知能力对城乡家庭创业的影响具有显著差异，具体体现如下：

（1）城镇家庭而言，非认知能力各指标变量对家庭创业的影响均不显著，除自我效能对家庭创业选择表现不显著的正向影响外，其他各维度变量对城镇家庭均表现出不显著的负向影响；同时，城镇家庭创业选择受非认知能力影响较大的是社会交往能力，自我效能与社会交往能力两者间对家庭创业选择的影响具有相互促进的作用。

（2）农村家庭而言，自我效能对家庭创业均表现为正向影响，且对家庭创业选择的影响显著，家庭社会交往对家庭创业也都表现出不显著的负向影响；同时，自我效能与社会交往对农村家庭创业选择的影响具有相互补偿效应，通过社会交往能力的提升，可以弥补农村家庭自我效能不足而带来的家庭创业选择概率不高。

造成上述差异的原因可能是：由于城镇制度的完善性比农村要好，城镇家庭在创业过程中具有相对公平的制度环境，可以更多地集中精力于自身家庭创业管理，过强的非认知能力可能会对家庭创业带来负向影响，而农村由于相对制度的不完善和封闭性，导致农村的非认知能力对创业呈现出正向的不显著影响。

4.2.4　能力人力资本对家庭创业影响的地区差异实证结果

4.2.4.1　认知能力对家庭创业影响的地区差异

为进一步探讨由于不同地区经济环境对家庭创业影响的差异，本节将在全样本的基础上划分为东、中、西部地区三个子样本对家庭创业选择和创业收入进行回归，回归过程中，控制了除省际变量外的所有控制变量，分别将家庭词组能力、数学能力、词组能力和数学能力、词组能力与数学能力的交互项等变量逐个进行回归，回归结果分别如表4-8和表4-9所示。限于篇幅，控制变量的回归结果具有相似之处，因此，仅在表4-8中报告其结果。

表4-8的回归结果表明，家庭认知能力对东、中、西部地区家庭创业选择的影响差异较大，具体体现如下：表4-8第（1）至（6）列的回归结果表明，家庭词组能力和数学能力对东、中、西部地区家庭创业选择虽表现出正向影响，但这种影响在东部地区家庭中并不显著，而在中、西部地区家庭中却在1%水平上有显著的正向促进作用，尤其是对中部地区家庭而言，其词组能力、数学能力每提高1个单位，对其家庭选择创业的概率的边际效应将增加2.3%、2.7%。第（7）至（9）列的回归结果表明，当家庭词组能力和数学能力同时进入回归时，家庭词组能力和数学能力对家庭创业选择的影响均不显著，但从第（10）至（12）列加入家庭词组能力与数学能力的交互项的回归结果来看，交互项的边际效应均为负，词组能力与数学能力对家庭创业的影响具有相互补偿效应，但这种影响在对东、西部地区家庭在5%水平上显著，对中部地区家庭不显著，特别是对东部地区家庭而言，从第（7）（10）列的边际效应来看，均具有较大的变化，当其他因素不变的情况下，数学能力每提高1个单位，家庭创业选择概率的边际效应会降低2.2%。

其他控制变量方面。限于篇幅，本小节仅报告了控制变量对东、中、西部地区家庭创业影响差异较大的变量，而对影响态势相同的变量未报告。其中，年龄对西部地区家庭创业均呈现"倒U型"变化趋势，但对城镇家庭在

表 4 - 8　家庭认知能力对家庭创业选择影响的地区差异

变量	创业选择											
	(1) 东部	(2) 中部	(3) 西部	(4) 东部	(5) 中部	(6) 西部	(7) 东部	(8) 中部	(9) 西部	(10) 东部	(11) 中部	(12) 西部
词组能力	0.006 (0.006)	0.023*** (0.007)	0.016*** (0.006)				0.003 (0.008)	0.015 (0.009)	0.012 (0.009)	0.049*** (0.017)	0.036** (0.017)	0.027** (0.011)
数学能力				0.007 (0.007)	0.027*** (0.009)	0.018*** (0.007)	0.004 (0.010)	0.016 (0.011)	0.007 (0.011)	0.072*** (0.025)	0.050* (0.025)	0.035** (0.017)
词组能力×数学能力										-0.022*** (0.007)	-0.011 (0.007)	-0.010** (0.005)
户主年龄	0.006 (0.004)	0.003 (0.004)	0.009** (0.004)	0.006 (0.004)	0.004 (0.004)	0.010** (0.004)	0.034 (0.024)	0.020 (0.025)	0.070** (0.031)	0.032 (0.024)	0.019 (0.025)	0.071*** (0.031)
年龄平方	-0.007 (0.005)	-0.003 (0.005)	-0.010** (0.005)	-0.007 (0.005)	-0.004 (0.005)	-0.011** (0.005)	-0.041 (0.029)	-0.019 (0.029)	-0.077** (0.036)	-0.038 (0.029)	-0.017 (0.030)	-0.078** (0.036)
户主性别	-0.025** (0.012)	-0.025* (0.014)	-0.019 (0.013)	-0.025** (0.012)	-0.025* (0.014)	-0.018 (0.013)	-0.151** (0.074)	-0.147* (0.081)	-0.138 (0.100)	-0.159** (0.075)	-0.148* (0.081)	-0.141 (0.101)
户主户口	0.043*** (0.016)	0.036** (0.017)	0.004 (0.020)	0.044*** (0.017)	0.042** (0.018)	0.007 (0.021)	0.266*** (0.102)	0.248** (0.105)	0.049 (0.158)	0.224** (0.101)	0.215** (0.104)	-0.000 (0.159)
婚姻	0.018 (0.020)	0.008 (0.022)	0.001 (0.019)	0.018 (0.020)	0.012 (0.021)	0.002 (0.018)	0.108 (0.117)	0.060 (0.126)	0.008 (0.138)	0.122 (0.118)	0.065 (0.126)	0.013 (0.139)
组织参与	0.011 (0.017)	-0.007 (0.018)	-0.011 (0.017)	0.010 (0.017)	-0.008 (0.018)	-0.012 (0.017)	0.061 (0.102)	-0.055 (0.106)	-0.094 (0.127)	0.089 (0.101)	-0.037 (0.106)	-0.085 (0.127)

续表

变量	创业选择											
	(1)	(2)	(3)	(4)	(5)	(6)	(7)	(8)	(9)	(10)	(11)	(12)
	东部	中部	西部	东部	中部	西部	东部	中部	西部	东部	中部	西部
家庭人口规模	0.004 (0.004)	0.007* (0.004)	0.003 (0.004)	0.004 (0.004)	0.007 (0.004)	0.003 (0.004)	0.026 (0.025)	0.042* (0.025)	0.024 (0.031)	0.015 (0.025)	0.038 (0.025)	0.017 (0.031)
老人抚养比	-0.040** (0.017)	-0.034* (0.018)	-0.027 (0.017)	-0.040** (0.017)	-0.031* (0.017)	-0.024 (0.017)	-0.241** (0.102)	-0.194* (0.103)	-0.197 (0.127)	-0.235** (0.103)	-0.186* (0.103)	-0.190 (0.129)
未成年人抚养比	0.007 (0.006)	-0.017** (0.009)	-0.003 (0.006)	0.007 (0.006)	-0.017** (0.009)	-0.003 (0.006)	0.044 (0.037)	-0.098* (0.050)	-0.025 (0.044)	0.058 (0.037)	-0.085* (0.049)	-0.009 (0.045)
外出就餐费	0.002 (0.002)	0.005** (0.002)	0.004 (0.002)	0.002 (0.002)	0.005** (0.002)	0.004 (0.002)	0.014 (0.014)	0.031** (0.014)	0.026 (0.017)	0.015 (0.014)	0.031** (0.014)	0.030* (0.017)
邮电通信交通费用	0.034*** (0.007)	0.022** (0.009)	0.032*** (0.008)	0.034*** (0.007)	0.021** (0.009)	0.031*** (0.008)	0.204*** (0.045)	0.126** (0.051)	0.236*** (0.064)	0.205*** (0.045)	0.129** (0.051)	0.231*** (0.064)
文化娱乐费用	0.000 (0.003)	0.001 (0.003)	-0.001 (0.003)	-0.000 (0.003)	0.000 (0.003)	-0.001 (0.003)	-0.000 (0.015)	0.000 (0.017)	-0.010 (0.020)	0.005 (0.015)	0.004 (0.017)	-0.004 (0.020)
人情往来费用	0.004 (0.004)	0.004 (0.005)	0.006 (0.005)	0.004 (0.004)	0.004 (0.005)	0.006 (0.005)	0.025 (0.025)	0.024 (0.028)	0.043 (0.037)	0.024 (0.025)	0.023 (0.028)	0.042 (0.037)
家庭社会地位	-0.009 (0.008)	0.009 (0.009)	0.006 (0.009)	-0.009 (0.008)	0.008 (0.009)	0.005 (0.009)	-0.055 (0.047)	0.053 (0.055)	0.043 (0.067)	-0.067 (0.047)	0.058 (0.055)	0.044 (0.067)
家庭现金存款总额	-0.000 (0.001)	0.002 (0.001)	-0.000 (0.001)	-0.000 (0.001)	0.002* (0.001)	-0.000 (0.001)	-0.002 (0.007)	0.013 (0.008)	-0.002 (0.010)	-0.003 (0.007)	0.013* (0.008)	-0.004 (0.010)
家庭全部纯收入	0.033*** (0.008)	0.018** (0.008)	0.020*** (0.007)	0.033*** (0.008)	0.018** (0.007)	0.020*** (0.008)	0.199*** (0.047)	0.103** (0.044)	0.150*** (0.056)	0.202*** (0.048)	0.105** (0.044)	0.148*** (0.057)

续表

变量	创业选择											
	(1)	(2)	(3)	(4)	(5)	(6)	(7)	(8)	(9)	(10)	(11)	(12)
	东部	中部	西部	东部	中部	西部	东部	中部	西部	东部	中部	西部
待偿银行贷款	0.100*** (0.023)	0.073*** (0.024)	0.036** (0.017)	0.101*** (0.023)	0.078*** (0.024)	0.039** (0.017)	0.602*** (0.141)	0.440*** (0.138)	0.275** (0.130)	0.604*** (0.142)	0.437*** (0.139)	0.257*** (0.130)
待偿其他借款	0.009 (0.018)	0.042** (0.017)	-0.009 (0.016)	0.009 (0.018)	0.042** (0.017)	-0.009 (0.016)	0.055 (0.107)	0.246*** (0.099)	-0.067 (0.119)	0.062 (0.108)	0.245*** (0.100)	-0.069 (0.120)
尚未归还借款	0.050*** (0.014)	0.045*** (0.014)	0.034** (0.014)	0.051*** (0.014)	0.049*** (0.014)	0.035** (0.014)	0.303*** (0.083)	0.273*** (0.085)	0.258** (0.105)	0.303*** (0.084)	0.273*** (0.085)	0.266** (0.105)
不公遭遇指数	0.001 (0.006)	-0.002 (0.007)	0.013*** (0.005)	0.002 (0.006)	-0.001 (0.007)	0.013*** (0.005)	0.009 (0.039)	-0.007 (0.039)	0.100*** (0.037)	0.006 (0.039)	-0.010 (0.039)	0.098*** (0.037)
政府评价	-0.001 (0.008)	-0.009 (0.009)	0.005 (0.008)	-0.002 (0.008)	-0.009 (0.009)	0.005 (0.007)	-0.010 (0.049)	-0.053 (0.052)	0.039 (0.057)	-0.013 (0.050)	-0.054 (0.053)	0.034 (0.057)
社区商业氛围	0.833 (1.093)	1.234 (0.837)	0.909*** (0.282)	0.844 (1.098)	1.297 (0.834)	0.928*** (0.284)	5.079 (6.578)	7.202 (4.881)	6.807*** (2.096)	3.188 (6.609)	7.087 (4.861)	7.402*** (2.130)
社区流动人口比例	-0.014 (0.034)	0.016 (0.036)	0.051 (0.043)	-0.014 (0.034)	0.016 (0.036)	0.050 (0.043)	-0.084 (0.202)	0.095 (0.212)	0.379 (0.325)	-0.117 (0.206)	0.094 (0.211)	0.394 (0.322)
Pseudo R^2	0.1139	0.0993	0.1382	0.1139	0.0991	0.1370	0.1140	0.1008	0.1386	0.1219	0.1032	0.1432
Wald chi²	154.75	129.00	124.60	155.93	130.71	123.06	155.77	131.50	125.11	151.47	120.64	126.58
样本量	2551	2192	1926	2551	2192	1926	2551	2192	1926	2551	2192	1926

注：①表中报告的是各个变量的边际效应而非回归系数；②括号中的数值是标准误；③ *、 ** 和 *** 分别表示在 10%、5% 和 1% 的显著性水平上显著。

表4-9 家庭认知能力对家庭创业收入影响的地区差异

变量	创业收入											
	(1)	(2)	(3)	(4)	(5)	(6)	(7)	(8)	(9)	(10)	(11)	(12)
	东部	中部	西部	东部	中部	西部	东部	中部	西部	东部	中部	西部
词组能力	0.611 (0.594)	2.163*** (0.673)	1.754** (0.684)				0.372 (0.781)	1.340 (0.869)	1.148 (1.053)	5.104*** (1.784)	3.216** (1.634)	3.113** (1.281)
数学能力				0.742 (0.716)	2.519*** (0.805)	2.038** (0.812)	0.466 (0.942)	1.552 (1.047)	1.001 (1.264)	7.406*** (2.538)	4.428* (2.418)	4.553** (1.972)
词组能力×数学能力										-2.247*** (0.732)	-0.945 (0.668)	-1.287** (0.569)
控制变量	控制	控制	控制	控制	控制	控制	控制	控制	控制	控制	控制	控制
Pseudo R^2	0.0594	0.0507	0.0723	0.0594	0.0507	0.0720	0.0595	0.0516	0.0726	0.0640	0.0526	0.0753
F值	9.31	7.29	8.64	9.04	7.28	8.40	9.00	7.10	8.33	8.41	6.27	8.44
样本量	2551	2192	1926	2551	2192	1926	2551	2192	1926	2551	2192	1926

注：①括号中的数值是标准误；②*、**和***分别表示在10%、5%和1%的显著性水平上显著。

5%水平上显著，而在东、中部地区家庭中均不显著；家庭户主性别和家庭老人抚养比对东、中部地区家庭具有显著负向影响，而对西部地区家庭的影响则不显著；家庭户主户口对东、中部地区家庭有显著的正向影响，而对西部地区家庭的影响则不显著；未成年人抚养比对中部地区家庭具有显著的负向影响，但对东、西部地区家庭的影响则不显著；外出就餐餐费、代偿民间借款对中部地区家庭具有显著的正向影响，而对东、西部地区家庭的影响则不显著；不公遭遇和社区商业氛围对西部地区家庭创业选择具有显著的正向影响，但对东、中部地区家庭的影响则不显著。

表4-8和表4-9比较来看，表4-9中家庭认知能力对家庭创业收入影响与表4-8中对家庭创业选择影响的回归结果基本呈现出相同的差异态势，因此，本小节不再赘述。

综上所述，假设H1（H1a和H1b）和假设H2（H2a和H2b）中的"地区差异"得到验证。家庭认知能力对东、中、西部地区家庭创业影响也同样具有较大差异。其中，词组能力和数学能力对中、西部地区家庭创业具有显著的正向促进作用，而对东部地区家庭创业影响则不显著。造成这种差异的原因，主要由于东部地区的市场化程度较高、经济开放程度较高、信息获取途径相对较多等导致认知能力对创业影响的作用弱化，而中、西部地区与东部地区的这种优势则反差较大，导致中、西部地区家庭的认知能力对家庭创业的促进作用得到了强化。而从词组能力与数学能力的交互项对东、中、西部地区家庭创业的影响来看，交互项均具有负向调节作用，但这种调节作用在中部地区家庭中不显著，而对东、西部地区家庭的调节作用较为显著，特别是对东部家庭的负向调节作用更大，一定程度上也说明，在其他变量保持不变的情况下，数学能力的提高，对东部家庭创业选择概率的抑制作用更大，或者说东部地区家庭认知能力越强，越可能选择其他职业而不会选择创业。

4.2.4.2 非认知能力对家庭创业影响的地区差异

采用与认知能力对不同地区家庭创业影响探讨类似方法，我们进一步讨论了非认知能力对不同地区家庭创业的影响差异。在控制所有控制变量的基础上，分别将家庭自我效能、社会交往能力、自我效能和社会交往能力、自我效能和社会交往能力的交互项等变量逐个进行回归，家庭非认知能力对家庭创业选择以及对家庭创业收入的影响差异回归结果如表4-10所示。

表4-10 家庭非认知能力对家庭创业影响的地区差异

变量		(1) 东部	(2) 中部	(3) 西部	(4) 东部	(5) 中部	(6) 西部	(7) 东部	(8) 中部	(9) 西部	(10) 东部	(11) 中部	(12) 西部
家庭非认知能力对家庭创业选择的影响	自我效能	0.022* (0.011)	0.015 (0.012)	-0.000 (0.011)				0.022* (0.012)	0.016 (0.012)	0.001 (0.011)	0.049 (0.039)	0.006 (0.038)	0.024 (0.033)
	社会交往				-0.006 (0.011)	-0.012 (0.013)	-0.017 (0.012)	-0.008 (0.012)	-0.014 (0.013)	-0.017 (0.012)	0.044 (0.072)	-0.034 (0.075)	0.025 (0.058)
	自我效能×社会交往										-0.012 (0.017)	0.005 (0.018)	-0.011 (0.014)
	控制变量	控制	控制	控制	控制	控制	控制	控制	控制	控制	控制	控制	控制
	Pseudo R^2	0.1153	0.0931	0.1311	0.1136	0.0926	0.1332	0.1156	0.0938	0.1332	0.1158	0.0939	0.1338
	Wald chi^2	156.69	119.14	115.12	154.24	120.23	115.61	156.45	119.33	115.92	158.65	119.75	117.47
家庭非认知能力对家庭创业收入的影响	自我效能	1.574 (1.074)	0.947 (1.060)	-0.567 (1.273)				1.638 (1.090)	1.023 (1.067)	-0.414 (1.282)	5.192 (3.655)	-0.496 (3.310)	2.444 (4.046)
	社会交往				-0.617 (1.087)	-0.974 (1.223)	-1.881 (1.458)	-0.741 (1.103)	-1.060 (1.234)	-1.835 (1.468)	6.319 (6.743)	-4.086 (6.571)	3.358 (7.050)
	自我效能×社会交往										-1.648 (1.576)	0.716 (1.539)	-1.325 (1.731)
	控制变量	控制	控制	控制	控制	控制	控制	控制	控制	控制	控制	控制	控制
	Pseudo R^2	0.0597	0.0471	0.0693	0.0593	0.0470	0.0701	0.0599	0.0473	0.0702	0.0601	0.0474	0.0705
	F值	9.43	6.59	7.65	9.34	6.66	7.79	9.06	6.35	7.46	8.87	6.12	7.28
样本量		2551	2192	1926	2551	2192	1926	2551	2192	1926	2551	2192	1926

注：①括号中的数值是标准误；②*、**和***分别表示在10%、5%和1%的显著性水平上显著。

从表 4-10 的回归结果来看，非认知能力对东、中、西部地区家庭创业的影响虽呈现出一定的差异，但这些差异除了自我效能在东部地区家庭创业选择中具有显著（10% 水平上）的正向影响外，其他的影响均不显著。因此，可知家庭非认知能力对不同地区家庭创业影响可能不存在显著性差异。

综上所述，假设 H3（H3a 和 H3b）和假设 H4（H4a 和 H4b）中的"地区差异"仅在 H3a 得到验证，其余假设均没有得到显著验证。所以，非认知能力对家庭创业影响的地区差异并不显著。同时，结合前面自我效能在东、中、西部地区家庭均值分别为 4.260、4.176 和 4.033，而社会交往能力在东、中、西部地区家庭均值分别为 2.276、2.227 和 2.263，可见自我效能与社会交往能力自身的地区差异也并不显著，因此，非认知能力对家庭创业影响的地区差异主要由于自我效能和社会交往能力自身的地区差异并不显著造成。

4.3 稳健性检验

4.3.1 新样本数据检验

参照李涛、朱俊兵和伏霖（2017）的做法，对之前的回归结论进行稳健性检验。本章利用 CFPS 面访问卷中访员对受访者的回答配合程度和可信程度给予 1~7 的评价得分，我们在总样本中去掉了那些家庭配合程度和可信程度在"3"之下的样本，即保留那些访员对受访者的家庭配合和可信评价在一般及以上的家庭样本，在这个新的样本基础上进行相应的回归分析，结果如表 4-11 所示。

表 4-11　　　　能力人力资本对家庭创业影响的稳健性检验

变量		创业选择			创业收入		
		（1）	（2）	（3）	（4）	（5）	（6）
认知能力对家庭创业的影响	词组能力	0.015 *** (0.004)		0.010 * (0.005)	1.521 *** (0.376)		0.921 * (0.514)
	数学能力		0.018 *** (0.005)	0.010 (0.006)		1.817 *** (0.458)	1.104 * (0.629)

变量		创业选择			创业收入		
		(1)	(2)	(3)	(4)	(5)	(6)
认知能力对家庭创业的影响	控制变量	控制	控制	控制	控制	控制	控制
	Pseudo R^2	0.1183	0.1180	0.1189	0.0598	0.0598	0.0602
	Wald chi^2/F 值	374.93	376.84	380.41	11.36	11.38	11.30
非认知能力对家庭创业的影响	自我效能	0.011 (0.007)		0.012* (0.007)	0.661 (0.677)		0.754 (0.683)
	社会交往		-0.013* (0.007)	-0.014* (0.007)		-1.236* (0.725)	-1.295* (0.733)
	控制变量	控制	控制	控制	控制	控制	控制
	Pseudo R^2	0.1152	0.1154	0.1162	0.0580	0.0583	0.0585
	Wald chi^2/F 值	353.52	355.52	353.69	10.57	10.61	10.38
样本量		6419	6419	6419	6419	6419	6419

注：①括号中的数值是标准误；②*、**和***分别表示在10%、5%和1%的显著性水平上显著。

从新样本回归结果与前面的分析结果对照来看，在考虑了家庭回答配合度和可信度的基础上，新样本的回归结果与之前总样本的回归结果基本一致，这在一定程度上说明已有的研究结论基本比较稳定。限于篇幅，采用新样本对其他回归进行稳健性检验的结果没有汇报，但整体结果基本与前面的回归结果一致。因此，我们的研究结论基本可靠。

4.3.2 采用工具变量进行检验

以上回归结果中虽然尽量控制了省份、户主特征、家庭特征和制度环境特征等变量对创业的影响，但可能还是存在一些遗漏变量和反向因果变量会影响能力人力资本与家庭创业之间的关系。这会导致能力人力资本的关键解释变量可能存在一定的内生性问题，若确实如此，那么上述结果可能存在一定偏差。因此，本书参照周洋等（2017）等做法，采用家庭2010年的认知能力作为工具变量对上述结果的偏差进行纠正，因为2010年的认知能力能比较好地满足工具变量的相关性和外生性条件。因此，我们利用 CFPS 数据库中 2010 年的相关变量指标与 2014 年的相应变量进行有效匹配后得到样本 6106 个，对上述回归采用了 IV Probit 模型和 IV Tobit 模型进行二阶段回归检验结果如表 4－12 所示。

表 4－12　　　　　　　　认知能力对家庭创业的影响内生性检验结果

变量	创业选择		创业收入	
	2010 年	2014 年	2010 年	2014 年
词组能力	0.118 *** (0.035)		1.966 *** (0.558)	
数学能力		0.145 *** (0.034)		2.361 *** (0.546)
控制变量	控制	控制	控制	控制

	变量	词组能力	数学能力
第一阶段回归结果	2010 年词组能力	0.679 *** (0.010)	
	2010 年数学能力		0.787 *** (0.008)
	F 值	212.51	455.90

注：①表中报告的是各个变量的回归系数；②括号中的数值是稳健标准误；③ *、** 和 *** 分别表示在 10%、5% 和 1% 的显著性水平上显著。

表 4－12 报告了 2010 年词组能力和数学能力进行工具变量模型估计结果。从表中可以看出，第一阶段回归的系数均在 1% 水平上显著为正，这表明 2010 年的词组能力、数学能力对 2014 年的的词组能力、数学能力产生了显著的正影响。同时，在第一阶段回归结果中，词组能力和数学能力的 F 值分别为 212.51 和 455.90。这充分说明工具变量选取的合理性，也进一步说明 2010 年词组能力、数学能力对 2014 年的词组能力、数学能力均具有较强的解释能力。

4.4 结 果 讨 论

4.4.1 研究结论

本章基于第 3 章中能力人力资本对家庭创业的影响机制，采用 Probit 模型分别检验了认知能力与非认知能力对家庭创业选择的影响效应，采用 Tobit 模型分别检验了认知能力与非认知能力对家庭创业收入的影响效应，同时，还对城、乡子样本和东、中、西部地区子样本进行了分类回归，并在稳健性和内生性检验的基础上，大部分的假设得到了数据较好的支持，有少部分未得到数据的验证（具体参见表 4－13）。

表 4－13　　　　　能力人力资本对家庭创业的影响研究假设汇总

假设	内容	是否验证
H1	词组能力对家庭创业具有正向促进作用，且会表现出一定的城乡差异和地区差异	是
H1a	词组能力对家庭创业选择具有正向促进作用，且会表现出一定的城乡差异和地区差异	是
H1b	词组能力对家庭创业收入具有正向促进作用，且会表现出一定的城乡差异和地区差异	是
H2	数学能力对家庭创业具有正向促进作用，且会表现出一定的城乡差异和地区差异	是
H2a	数学能力对家庭创业选择具有正向促进作用，且会表现出一定的城乡差异和地区差异	是
H2b	数学能力对家庭创业收入具有正向促进作用，且会表现出一定的城乡差异和地区差异	是
H3	自我效能对家庭创业可能存在正向促进作用，且会表现出一定的城乡差异和地区差异	部分验证
H3a	自我效能对家庭创业选择可能存在正向促进作用，且会表现出一定的城乡差异和地区差异	部分验证

假设	内容	是否验证
H3b	自我效能对家庭创业收入可能存在正向促进作用，且会表现出一定的城乡差异和地区差异	部分验证
H4	社会交往能力对家庭创业可能具有正向促进作用，且会表现出一定的城乡差异和地区差异	是
H4a	社会交往能力对家庭创业选择可能具有正向促进作用，且会表现出一定的城乡差异和地区差异	是
H4b	社会交往能力对家庭创业收入可能具有正向促进作用，且会表现出一定的城乡差异和地区差异	是

针对上述假设检验结果，本章得到的主要结论如下：

（1）词组能力和数学能力等认知能力对家庭创业（选择和收入）具有显著的正向促进作用，且数学能力对家庭创业作用效应更大；词组能力和数学能力两者之间对家庭创业影响存在显著的相互补偿效应，数学能力能有效缩小因词组能力差异引起的家庭创业差异。

（2）自我效能和社会交往能力等非认知能力对家庭创业影响较为复杂。其中，自我效能对家庭创业（选择和收入）表现出一定的正向影响，但其显著性受社会交往能力的影响较大；而家庭社会交往能力则对家庭创业（选择和收入）均表现为显著负向影响，且家庭社会交往能力的负向影响要大于家庭自我效能的正向影响；自我效能与社会交往能力对家庭创业的影响具有不显著的相互补偿效应，家庭社会交往能力在一定程度上可以缩小由于家庭自我效能差异引起的家庭创业差异；同时，家庭非认知能力对家庭创业具有不显著的负向影响。

（3）能力人力资本各指标变量对家庭创业影响的城乡差异主要表现为以下几个方面：

第一，词组能力对城乡家庭创业具有正向影响，但对城镇家庭不显著，而对农村家庭显著；数学能力对城镇家庭创业具有不显著的负向影响，而对农村家庭创业均具有显著的正向影响；城镇家庭创业主要受词组能力的影响，而农村家庭则主要受数学能力的影响；数学能力与词组能力两者之间对家庭创业影响的相互补偿效应，对城镇家庭显著，而在农村家庭则不显著。

第二，自我效能对城镇家庭创业选择表现不显著的正向影响，而对农村家庭则表现为显著的正向影响；自我效能与社会交往能力两者间对城镇家庭创业选择的影响具有相互促进的作用，而对农村家庭创业选择则有相互抑制的作用，同时，两者交互作用对城乡家庭创业收入的影响为相互抑制，但这种抑制影响对城镇家庭不显著，而对农村家庭显著。

第三，认知能力对城乡家庭创业具有正向影响，但这种影响对城镇家庭不显著，而对农村家庭则显著；非认知能力对城镇家庭创业具有负向影响，而对农村家庭则具有正向影响。造成上述差异的主要原因可能在于与创业、就业信息资源要素获取的便利性上，由于认知能力对创业信息、资源等要素获取的差异上，城镇家庭相对农村家庭而言，在创业要素信息获取上具有先天的优势，因此使得其影响不显著，而农村家庭则恰恰相反。对于城镇家庭而言，由于非认知能力越强，越有可能获取更好的就业机会，从而弱化其创业意识；但对农村家庭而言，非认知能力越强，其越有可能把握更多的创业机会与资源，从而强化其创业意愿。

（4）能力人力资本各指标变量对家庭创业的地区差异主要表现为：词组能力和数学能力对中、西部地区家庭创业具有显著的正向促进作用，而对东部地区家庭创业影响则不显著；同时，数学能力与词组能力的交互项对东、中、西部地区家庭创业均具有负向调节作用，但这种调节作用在中部地区家庭中不显著，而对东、西部地区家庭的调节作用较为显著。而自我效能和社会交往能力对家庭创业影响的地区差异并不显著。

4.4.2　研究启示

根据能力人力资本对家庭创业影响的实证结果，结合前面的文献综述与假设，对家庭能力人力资本积累的改善有以下研究启示：

首先，根据由词组能力与数学能力构成的认知能力对家庭创业所产生的显著性积极影响，因此，在升学考试成绩中应强化逻辑思维能力、解决问题能力等方面的认知能力训练，提升人们的认知积累，特别是在学校教育中应改变传统的应试教育模式，更多的注意语言能力、推理能力、计算能力、空间能力和解决问题能力的培养。同时，社会机构及市场应强化相关信息披露、拓宽信息渠道，以提高创业过程中的信息可获性，并加强创业政策宣传，提高居民创业参与意愿。

其次，非认知能力中的自我效能对家庭创业也同样具有积极作用，因此，随着人们生活压力增大、市场经济环境变化，应强化人们心理疏导、实施精准有效的帮扶计划，并强化家庭的创业信心。非认知能力中的社会交往能力对家庭创业具有显著的、消极的影响，因此，应进一步完善相关创业政策与制度，特别要强化创业中的公平、公正和公开，政府应简政放权、减少干预，塑造良好的政商关系，让更多创业者将主要精力投入创业管理中。

再其次，对教育主管部门而言，毕业生升学选拔中既要注重智商水平（认知能力）的考核，也要注重非认知能力的培养，着重与大五人格的相关维度关联。通常，学生在 15～20 岁期间的智商水平已经基本稳定，而非认知能力却正处于提升的关键节点，因此，中职后的教育更应关注非认知能力培养在教育教学中的地位，更多围绕职业精神、人际技能、责任感、压力管理等方面的非认知能力课程展开教学。

最后，从公共政策长远性来看，深入推进城乡与区域教育的均衡发展战略。在注重农村（边远地区）的基础教育（认知能力）时，更应关注其品格的塑造与养成，也要充分激发新生劳动力的创业潜能、促进新生代劳动力异地自主创业的长期战略。同时，在完成正规教育后，要进一步优化和开拓多样化的创业技能培训，注重引导和加强创业意识的人格品质的塑造，充分释放与培育异地（移民）创业的动能，继而实现城乡移民创业层次的跃升和创业结构的优化。

第 5 章

技能人力资本对家庭创业
影响的实证研究

　　有关技能人力资本对家庭创业的影响，现有文献更多利用教育年限来对技能人力资本进行测量，这在一定程度上忽视了"干中学"这一重要变量。本章在前面文献综述的基础上，首先，在数据来源、变量选择与处理说明的基础上，对关键变量进行描述性统计分析，以全面分析家庭创业中相关指标变量的发展现状；其次，构建了本章的实证模型，分别采用 Probit 模型和 Tobit 模型论证了教育年限与工作经验对家庭创业选择和创业收入的影响；再其次，采用全样本数据对相关研究假设进行实证检验与分析，还采用城、乡子样本和东、中、西部地区子样本对城乡差异和地区差异进行了全面的分析；最后，进一步对样本进行删选和匹配，分别采用新样本和工具变量对技能人力资本各维度指标变量对家庭创业影响结果的稳健性和内生性进行了检验，并对本章进行梳理总结。

5.1 数据、变量及其描述性统计分析

5.1.1 数据来源

本章采用了第 4 章中第 4.1.1 节中相同的 CFPS 数据库。在变量选择上将能力人力资本的相关指标变量换成了技能人力资本的指标变量。其中教育年限、工作经验和个人特征等变量等数据主要来自成人问卷，而创业状态、家户特征、家庭社会资本、家庭经济资本、制度环境中的主观制度评价等数据主要来自家庭问卷，制度环境中社区商业氛围和社区流动人口比例等数据的主要来自社区问卷，最后通过三份问卷的数据进行匹配。

同时，根据研究的需要，参考现有文献的做法，对原始数据还做了如下处理：第一，删除了年龄在 16 岁以下、65 岁以上（女性 60 岁以上）的家庭成员样本数据；第二，删除现在仍在上学的家庭成员样本数据。

5.1.2 变量选择与数据说明

5.1.2.1 被解释变量

本章的被解释变量与第 4 章一样，主要从家庭创业选择、家庭创业收入两个创业变量直接采用表 4 - 1 的定义进行测量。

5.1.2.2 解释变量

以技能人力资本为本章的解释变量，分别用教育年限和工作经验两个指标变量测量。"教育"采用家庭平均受教育年限来测量，"工作经验"采用家庭成员曾经有过工作经验的占比（曾经工作过的成员数/家庭成员数）进行测量。受教育年限变量以"受访者已完成的受教育年限（插补）"（cfps2014eduy_im）数据进行测量，工作经验变量以"受访者是否曾经工作过？"数据来衡量，这些指标均来自成人问卷数据，具体见表 5 - 1 所示。同时考虑到受教育

年限和工作经验的非线性影响，本章还分别引进了"家庭平均受教育年限的平方/100"和"工作经验的平方"。

表 5 - 1

表 5 - 1　　　　　　主要变量定义及 CFPS 问卷中对应的问题

变量名			变量测量	CFPS 问卷中对应的问题
解释变量（人力资本）	技能人力资本	教育年限	家庭成员受教育年限的平均值	受访者已完成的受教育年限（插补）
		工作经验	是 =1，否 =0 曾经工作过的成员数/家庭成员数	受访者是否曾经工作过？1. 是　5. 否

5.1.2.3　控制变量

控制变量与第 4 章中采用的控制变量相同，主要也包括了家户特征变量、家庭社会资本和经济资本变量、制度环境变量和各省际虚拟变量，其度量也采用了表4 - 1的测量方法进行取值。

5.1.3　描述性统计分析

剔除本章所用到的教育年限和工作经验等技能人力资本变量、家户特征、家庭经济特征、家庭社会资本特征和制度环境特征等控制变量缺失的样本，得到本章的研究样本6597 个。其中城、乡样本分别为2980 个、3617 个；东、中、西部家庭样本分别为 2527 个、2168 个、1902 个。最后的并对各变量描述性统计分析如表5 - 2所示。

由于该样本仅在第 4 章样本的基础上增加了技能人力资本变量，且样本总数变化不大，各变量的基本情况与表4 - 1 基本相同，限于篇幅，本章仅报告技能人力资本各变量情况。家庭平均受教育年限为 7.84 年，其中，城、乡家庭平均受教育年限分别为 9.35 年、6.60 年，可见我国平均教育年限还不到 8 年，而城乡平均受教育年限相差近 2.75 年，东、中、西部地区家庭平均教育年限分别为 8.647 年、8.244 年、6.243 年，这在一定程度上反映我国城乡和地区教育的差异，同时我国教育水平仍有很大提升空间；家庭成年人曾

表 5－2　变量的描述性统计分析

变量		全体样本 均值	全体样本 标准差	城镇样本 均值	城镇样本 标准差	农村样本 均值	农村样本 标准差	东部样本 均值	东部样本 标准差	中部样本 均值	中部样本 标准差	西部样本 均值	西部样本 标准差
被解释变量	创业选择	0.103	0.304	0.131	0.338	0.079	0.270	0.110	0.312	0.110	0.313	0.084	0.277
被解释变量	创业收入	0.986	3.020	1.270	3.396	0.751	2.649	1.063	3.150	1.052	3.099	0.792	2.711
解释变量	教育年限	7.844	3.712	9.350	3.595	6.604	3.329	8.647	3.368	8.244	3.577	6.243	3.903
解释变量	工作经验	0.771	0.330	0.734	0.352	0.802	0.307	0.776	0.328	0.749	0.339	0.785	0.322
家户特征	户主年龄	42.991	11.797	42.833	11.462	43.121	12.065	43.151	12.104	43.101	11.780	42.533	11.448
家户特征	户主性别	0.653	0.476	0.631	0.483	0.671	0.470	0.632	0.482	0.649	0.477	0.683	0.465
家户特征	户主户口	0.724	0.447	0.473	0.499	0.931	0.254	0.674	0.469	0.676	0.468	0.838	0.369
家户特征	婚姻	0.846	0.361	0.837	0.369	0.853	0.354	0.838	0.368	0.849	0.358	0.853	0.354
家户特征	组织参与情况	0.164	0.370	0.215	0.411	0.121	0.326	0.163	0.369	0.168	0.374	0.166	0.373
家户特征	家庭人口规模	4.079	1.740	3.784	1.609	4.323	1.805	3.816	1.664	4.100	1.795	4.397	1.693
家户特征	老人抚养比	0.212	0.425	0.208	0.425	0.216	0.426	0.211	0.431	0.206	0.420	0.221	0.425
家户特征	未成年人抚养比	0.789	1.013	0.683	0.943	0.877	1.059	0.692	0.948	0.771	0.990	0.932	1.097
家庭社会资本	外出就餐费	1.953	2.818	2.612	3.034	1.411	2.500	1.984	2.899	2.000	2.799	1.885	2.734
家庭社会资本	邮电通信交通费	5.433	1.094	5.593	1.070	5.302	1.096	5.523	1.124	5.300	1.148	5.466	0.970
家庭社会资本	文化娱乐费用	1.492	2.560	2.239	2.912	0.876	2.033	1.721	2.734	1.385	2.490	1.333	2.387

续表

	变量	全体样本		城镇样本		农村样本		东部样本		中部样本		西部样本	
		均值	标准差	均值	标准差	均值	标准差	均值	标准差	均值	标准差	均值	标准差
家庭社会资本	人情往来费用	7.861	1.577	7.942	1.617	7.793	1.540	7.925	1.609	7.929	1.565	7.725	1.506
	家庭社会地位	3.108	0.764	3.016	0.738	3.184	0.776	3.049	0.753	3.104	0.732	3.205	0.810
家庭经济资本	家庭现金存款总额	5.007	5.199	5.910	5.336	4.263	4.962	5.878	5.263	5.068	5.200	3.515	4.827
	家庭全部纯收入	10.424	1.149	10.629	1.062	10.254	1.190	10.618	1.092	10.436	1.106	10.156	1.208
	待偿银行贷款	0.064	0.245	0.050	0.218	0.076	0.265	0.041	0.199	0.053	0.223	0.112	0.315
	待偿其他借款	0.160	0.367	0.131	0.338	0.184	0.388	0.129	0.336	0.160	0.367	0.208	0.406
	尚未归还借款	0.200	0.400	0.201	0.401	0.199	0.400	0.184	0.388	0.210	0.408	0.205	0.404
制度环境	不公遭遇指数	0.650	1.019	0.605	0.992	0.687	1.039	0.528	0.919	0.591	0.963	0.896	1.170
	政府评价	3.335	0.780	3.305	0.747	3.361	0.805	3.296	0.765	3.299	0.769	3.428	0.811
	社区商业氛围	0.005	0.010	0.007	0.015	0.004	0.003	0.004	0.005	0.005	0.006	0.008	0.017
	社区流动人口比例	0.129	0.172	0.156	0.178	0.107	0.163	0.146	0.188	0.131	0.179	0.109	0.137

经参加过工作的占比均值为 77.1%，其中，城、乡家庭成员曾经工作的占比分别为 73.4%、80.2%，东、中、西部地区家庭成员曾经工作的占比分别为 77.6%、74.9% 和 78.5%，这与农村和西部家庭成员受教育年限较低，更早步入社会参加工作，而相对东部地区的就业机会较大等有关。

5.2 模型构建及实证结果

5.2.1 模型构建

由于创业选择变量为虚拟变量，本章通过构建二元 Probit 模型来考察技能人力资本对创业选择的影响；同时，由于非创业者的创业收入为 0，因此创业收入是截尾变量，本章同样通过构建 Tobit 模型来考察技能人力资本对创业收入的影响。具体模型设定如下：

$$\text{Pro}(Entrepreneur_i = 1) = \phi(\alpha_0 + \alpha_1 \times skills_i + \alpha_2 \times X_i) \quad (5-1)$$

$$\text{Ln}income_i = \begin{cases} \text{Ln}income_i^* & \text{if} \quad \text{Ln}income_i^* > 0 \\ 0 & \text{if} \quad \text{Ln}income_i^* \leqslant 0 \end{cases}$$

$$\text{Ln}income_i^* = \beta_0 + \beta_1 \times skills_i + \beta_2 \times X_i \quad (5-2)$$

上式中，被解释变量分别为 $Entrepreneur_i$ 和 $\text{Ln}income_i^*$，其中，$Entrepreneur_i$ 表示第 i 个样本家庭创业选择的虚拟变量，$\text{Ln}income_i^*$ 表示第 i 个样本家庭创业收入；$skills_i$ 核心解释变量，代表家庭技能人力资本的各指标变量，X_i 表示系列控制变量。α_0 与 β_0 为误差项，α_1 与 β_1、α_2 与 β_2 分别为待估计系数。

同时，为了验证技能人力资本各指标变量之间的调节作用，进一步引入教育年限与工作经验等变量的交互项，采用 Probit 模型和 Tobit 模型分析技能人力资本对家庭创业选择和创业收入的影响，并构建模型（5-3）。

$$\frac{Entrepreneur}{\text{Ln}income} = a_1 + a_2 edu + a_3 aveverwork + a_4(edu \times aveverwork) + a_5 X_i + u_1 \quad (5-3)$$

上式中，edu 和 $aveverwork$ 分别表示教育年限和工作经验。

5.2.2 技能人力资本对家庭创业影响的实证结果

为分析我国家庭间不同水平的教育年限与工作经验等技能人力资本对家庭创业的具体影响，本小节在控制家户特征、家庭社会资本、家庭经济资本和制度环境特征等控制变量的基础上，对家庭技能人力资本各指标变量分别纳入回归模型。同时，考虑到教育年限与工作经验与家庭创业之间可能存在非线性的关系，所以本小节分别将教育年限与工作经验的平方项纳入回归模型中。因此，回归过程中将家庭教育年限、教育年限平方、工作经验、工作经验平方等指标变量等逐个和全部依次进行回归，结果如表 5 - 3 和表 5 - 4 所示。其中，表 5 - 3 是家庭创业选择的 Probit 回归结果，表 5 - 4 是家庭创业收入的 Tobit 回归结果。

表 5 - 3　　　　　　　　　技能人力资本对家庭创业选择的影响

变量	创业选择					
	（1）	（2）	（3）	（4）	（5）	（6）
教育年限	0.002 （0.001）	0.019 *** （0.004）			0.019 *** （0.004）	0.022 *** （0.006）
教育年限平方		- 0.111 *** （0.024）			- 0.111 *** （0.024）	- 0.112 *** （0.024）
工作经验			0.019 * （0.012）	0.131 *** （0.050）	0.129 ** （0.051）	0.163 ** （0.066）
工作经验平方				- 0.096 ** （0.042）	- 0.093 ** （0.042）	- 0.094 ** （0.042）
教育年限 × 工作经验						- 0.004 （0.004）
户主年龄	0.007 *** （0.002）	0.007 *** （0.002）	0.007 *** （0.002）	0.007 *** （0.002）	0.006 *** （0.002）	0.007 *** （0.002）
年龄平方	- 0.008 *** （0.003）	- 0.008 *** （0.003）	- 0.008 *** （0.003）	- 0.008 *** （0.003）	- 0.007 *** （0.003）	- 0.007 *** （0.003）

续表

变量	创业选择					
	（1）	（2）	（3）	（4）	（5）	（6）
户主性别	-0.028 ***	-0.029 ***	-0.028 ***	-0.029 ***	-0.029 ***	-0.029 ***
	（0.008）	（0.008）	（0.008）	（0.008）	（0.008）	（0.008）
户主户口	0.026 **	0.017	0.020 *	0.020 **	0.016	0.016
	（0.011）	（0.011）	（0.010）	（0.010）	（0.011）	（0.011）
婚姻	0.006	0.006	0.005	0.006	0.006	0.006
	（0.012）	（0.012）	（0.012）	（0.012）	（0.012）	（0.012）
组织参与情况	0.004	0.009	0.007	0.007	0.008	0.008
	（0.010）	（0.010）	（0.010）	（0.010）	（0.010）	（0.010）
家庭人口规模	0.004	0.002	0.004	0.002	0.001	0.001
	（0.003）	（0.003）	（0.003）	（0.003）	（0.003）	（0.003）
老人抚养比	-0.029 ***	-0.029 ***	-0.029 ***	-0.026 **	-0.026 **	-0.026 **
	（0.010）	（0.010）	（0.010）	（0.011）	（0.011）	（0.011）
未成年人抚养比	-0.004	-0.001	-0.004	-0.002	0.001	0.001
	（0.004）	（0.004）	（0.004）	（0.004）	（0.004）	（0.004）
外出就餐餐费	0.004 ***	0.004 ***	0.004 ***	0.004 ***	0.004 ***	0.004 ***
	（0.001）	（0.001）	（0.001）	（0.001）	（0.001）	（0.001）
邮电通信交通费	0.030 ***	0.030 ***	0.030 ***	0.030 ***	0.030 ***	0.030 ***
	（0.005）	（0.005）	（0.005）	（0.005）	（0.005）	（0.005）
文化娱乐费用	0.002	0.002	0.002	0.002	0.002	0.002
	（0.002）	（0.002）	（0.002）	（0.002）	（0.002）	（0.002）
人情往来费用	0.005 *	0.005 **	0.005 *	0.005 *	0.005 **	0.005 **
	（0.003）	（0.003）	（0.003）	（0.003）	（0.003）	（0.003）
家庭社会地位	-0.002	-0.001	-0.003	-0.003	-0.001	-0.001
	（0.005）	（0.005）	（0.005）	（0.005）	（0.005）	（0.005）
家庭现金存款总额	0.000	0.000	0.000	0.000	0.000	0.000
	（0.001）	（0.001）	（0.001）	（0.001）	（0.001）	（0.001）
家庭全部纯收入	0.026 ***	0.025 ***	0.026 ***	0.026 ***	0.025 ***	0.025 ***
	（0.005）	（0.005）	（0.005）	（0.005）	（0.005）	（0.005）

续表

变量	创业选择					
	（1）	（2）	（3）	（4）	（5）	（6）
待偿银行贷款	0.069 *** （0.012）	0.067 *** （0.012）	0.070 *** （0.012）	0.070 *** （0.012）	0.068 *** （0.012）	0.068 *** （0.012）
待偿其他借款	0.012 （0.010）	0.012 （0.010）	0.013 （0.010）	0.012 （0.010）	0.012 （0.010）	0.013 （0.010）
尚未归还借款	0.045 *** （0.008）	0.044 *** （0.008）	0.045 *** （0.008）	0.045 *** （0.008）	0.044 *** （0.008）	0.044 *** （0.008）
不公遭遇指数	0.006 （0.004）	0.006 （0.004）	0.005 （0.004）	0.005 （0.004）	0.005 （0.004）	0.005 （0.004）
政府评价	−0.004 （0.005）	−0.004 （0.005）	−0.004 （0.005）	−0.004 （0.005）	−0.004 （0.005）	−0.004 （0.005）
社区商业氛围	1.281 *** （0.295）	1.298 *** （0.293）	1.319 *** （0.295）	1.333 *** （0.292）	1.328 *** （0.290）	1.334 *** （0.289）
社区流动人口比例	0.024 （0.023）	0.024 （0.023）	0.024 （0.023）	0.025 （0.023）	0.025 （0.023）	0.025 （0.023）
省际变量	控制	控制	控制	控制	控制	控制
Pseudo R^2	0.1185	0.1244	0.1185	0.1197	0.1262	0.1265
Wald chi^2	390.52	382.49	383.98	382.04	384.18	385.79
样本量	6597	6597	6597	6597	6597	6597

注：①括号中的数值是标准误；②*、** 和 *** 分别表示在 10%、5% 和 1% 的显著性水平上显著。

表 5 - 4　　　　　技能人力资本对家庭创业收入的影响

变量	创业收入					
	（1）	（2）	（3）	（4）	（5）	（6）
教育年限	0.221 （0.137）	1.789 *** （0.419）			1.791 *** （0.420）	2.052 *** （0.580）
教育年限平方		−10.086 *** （2.434）			−10.115 *** （2.444）	−10.187 *** （2.445）

续表

变量	创业收入					
	（1）	（2）	（3）	（4）	（5）	（6）
工作经验			2.280* （1.171）	10.736** （5.051）	10.457** （5.065）	13.361** （6.627）
工作经验平方				−7.232* （4.160）	−6.902* （4.162）	−7.035* （4.180）
教育年限×工作经验						−0.313 （0.428）
控制变量	控制	控制	控制	控制	控制	控制
Pseudo R²	0.0603	0.0629	0.0604	0.0608	0.0638	0.0639
F 值	11.88	11.63	11.72	11.44	11.29	11.09
样本量	6597	6597	6597	6597	6597	6597

注：①括号中的数值是标准误；②*、**和***分别表示在10%、5%和1%的显著性水平上显著。

首先，我们对关键的解释变量进行逐一分析。表5-3中第（1）列只加入家庭平均教育年限时发现，家庭平均教育年限对家庭创业选择具有正向影响，但不显著。第（2）列当把家庭平均教育年限、平均教育年限的平方同时进入回归时发现，家庭平均受教育年限对家庭创业选择的概率具有显著的正向影响，家庭平均教育年限每提高1年，家庭选择创业概率的边际效应显著提高1.9%，具有非常显著的经济效果；同时，家庭平均受教育年限的平方则显著负向影响家庭选择创业，随着家庭平均受教育年限的增加，选择创业先增后减，呈现出"倒U型"变化特征，具体表现为：家庭教育年限的一次项和家庭创业选择的相关系数为正，家庭教育年限的二次项和家庭创业选择的相关系数为负；通过二次函数方程分析，发现家庭选择创业的受教育年限拐点在8.67年左右，家庭教育年限在8.67年以下时，家庭创业选择与教育年限呈正相关关系，当家庭平均教育年限增加至8.67年以后，随着教育年限的提高，教育年限与家庭创业选择呈负相关关系。因此，假设H5a中的"教育年限对家庭创业选择具有正向促进作用"得到验证，且呈现出"倒U

型"影响。

表 5 – 3 中第（3）列是只加入工作经验的回归结果，曾经工作过的家庭比曾经没有工作过的家庭选择创业的概率要高 1.9%，且在 10% 水平上显著，这说明家庭成员的"干中学"确实对家庭创业选择存在影响，且这种影响在一定程度上与受教育年限相当。因此，假设 H6a"工作经验对家庭创业选择具有正向促进作用"得到验证。第（4）列将家庭工作经验和工作经验的平方项全部纳入回归，发现家庭工作经验对家庭创业选择依然为显著的正向影响，且影响概率的边际效应明显增加（从 1.9% 增大到 13.1%），且工作经验的平方则显著负向影响家庭创业选择，所以，工作经验对家庭创业选择的影响也呈现出"倒 U 型"影响，且家庭工作经验的占比拐点在 0.68 左右，也就是当家庭成员有工作经验的人员占比一旦超过 0.68 时，随着工作经验人员占比的增加，工作经验将负向影响家庭创业，这可能由于工作经验一旦超过一定极限，家庭成员对行业、岗位的了解程度越深入会带来风险意识的增加和追求稳定工作的意愿增强，从而不会选择创业。因此，假设 H6a 中的"工作经验对家庭创业选择具有正向促进作用"得到验证，且也呈现出"倒 U 型"影响。

第（5）列当教育年限、工作经验及其平方项同时进入回归时，其对家庭创业的影响依然不变，可见，教育年限与工作经验的"倒 U 型"影响结果比较稳健，因此，假设 H5a 和假设 H6a 进一步得到验证；第（6）列在加入教育年限与工作经验的交互项后，交互项影响的边际效应为负，但这种影响不显著。

表 5 – 4 是家庭创业收入的回归结果显示，家庭技能人力资本各指标变量对家庭创业收入与对家庭创业选择影响的态势基本相同，但影响的边际效应均更大。家庭平均受教育年限对家庭创业收入的影响呈现出"倒 U 型"特征，其拐点在 8.87 年左右，家庭平均受教育年限每增加 1 年，家庭创业收入的边际效应将提高 178.9%，家庭工作经验对家庭创业收入影响也呈现出显著的"倒 U 型"特征，其拐点在 0.74 左右，家庭工作经验每增加 0.1，家庭创业收入的边际效应将提高 107.36%。因此，假设 H5b（H6b）"教育年限（工作经验）对家庭创业收入具有正向促进作用"得到验证，且呈"倒 U 型"影响。同时，从第（5）列的回归结果也进一步证实了这种影响依然稳健。

其次，就控制变量方面的回归结果来看。家户特征中的户主年龄也呈现出"倒 U 型"变化趋势，其户主年龄对创业选择（收入）的拐点在 43.7 岁（42.4 岁）左右。一方面，家庭户主年龄小于 43 岁时，选择创业的概率和创业的收入会随着户主年龄的增加而增加；另一方面，当年龄大于 43 岁时可能会逐渐降低创业选择和创业收入。这说明户主在 43 岁前可能更多地考虑家庭财富的积累，一旦跨越这个年龄后，他们可能更多地考虑追求稳定的生活状态，而不会冒险创业。户主的性别、老人抚养比、未成年人抚养比、家庭对政府评价等变量均在不同程度上负向影响家庭创业，其中户主性别和老人抚养比均在 1% 水平上显著。另外，家庭的社会资本和经济资本层面的控制变量对家庭创业具有显著的正向影响，其中，家庭社会资本（外出就餐餐费、邮电通信交通费、人情往来费用）、家庭经济资本（家庭全部纯收入、待偿银行贷款、尚未归还借款）和环境制度方面的社区商业氛围等变量对家庭创业的概率均具有显著正向影响，且均在 1% 水平上显著；其他变量在一定程度上呈现出不太显著的正向影响。

综上可知，教育年限（工作经验）对家庭创业均呈现出显著的"倒 U 型"态势，即技能人力资本对家庭创业具有显著的"倒 U 型"影响，这一结论与现有文献的研究结论基本一致，说明家庭技能人力资本对家庭创业的影响存在一个临界值，当家庭技能人力资本低于该临界值时，技能人力资本的提升有助于家庭创业，但一旦超越这个临界值后，技能人力资本对家庭创业的影响反而表现出抑制作用。

5.2.3 技能人力资本对家庭创业影响的城乡差异实证结果

为进一步探讨由于城乡二元经济结构带来的创业影响差异，本节以城乡子样本对家庭创业选择和创业收入进行回归，回归过程中，同样在控制所有控制变量的基础上，采用与上小节类似的思路分别将一些指标变量逐个或全部进行回归，回归结果分别如表 5 - 5 和表 5 - 6 所示。

表 5-5　家庭技能人力资本对城乡创业选择影响的差异

变量	创业选择											
	(1)	(2)	(3)	(4)	(5)	(6)	(7)	(8)	(9)	(10)	(11)	(12)
	城镇	农村	城镇	农村	城镇	农村	城镇	农村	城镇	农村	城镇	农村
教育年限	-0.005 ** (0.002)	0.007 *** (0.002)	0.022 *** (0.007)	0.005 (0.005)					0.022 *** (0.007)	0.005 (0.005)	0.028 *** (0.010)	0.002 (0.006)
教育年限平方			-0.162 *** (0.039)	0.015 (0.031)					-0.164 *** (0.040)	0.017 (0.031)	-0.164 *** (0.040)	0.020 (0.030)
工作经验					0.010 (0.018)	0.036 ** (0.016)	0.228 *** (0.077)	0.006 (0.067)	0.231 *** (0.078)	0.005 (0.067)	0.309 *** (0.105)	-0.018 (0.074)
工作经验平方							-0.189 *** (0.065)	0.026 (0.054)	-0.186 *** (0.065)	0.027 (0.053)	-0.190 *** (0.065)	0.026 (0.053)
教育年限×工作经验											-0.008 (0.007)	0.003 (0.005)
户主年龄	0.011 ** (0.004)	0.005 * (0.003)	0.011 ** (0.004)	0.005 * (0.003)	0.010 ** (0.004)	0.004 (0.003)	0.055 ** (0.022)	0.036 * (0.021)	0.057 ** (0.022)	0.037 * (0.021)	0.057 *** (0.022)	0.037 * (0.021)
年龄平方	-0.013 *** (0.005)	-0.005 (0.003)	-0.013 ** (0.005)	-0.005 (0.003)	-0.011 ** (0.005)	-0.005 (0.003)	-0.065 ** (0.026)	-0.040 (0.025)	-0.069 *** (0.026)	-0.039 (0.026)	-0.069 *** (0.026)	-0.038 (0.026)
户主性别	-0.030 ** (0.012)	-0.028 *** (0.009)	-0.032 ** (0.012)	-0.028 *** (0.009)	-0.030 ** (0.012)	-0.029 *** (0.009)	-0.126 ** (0.064)	-0.233 *** (0.072)	-0.140 ** (0.065)	-0.222 *** (0.072)	-0.137 ** (0.065)	-0.221 *** (0.072)

续表

变量	创业选择											
	(1)	(2)	(3)	(4)	(5)	(6)	(7)	(8)	(9)	(10)	(11)	(12)
	城镇	农村	城镇	农村	城镇	农村	城镇	农村	城镇	农村	城镇	农村
户主户口	0.057*** (0.016)	-0.011 (0.016)	0.052*** (0.015)	-0.011 (0.016)	0.068*** (0.015)	-0.026 (0.016)	0.333*** (0.075)	-0.086 (0.124)	0.253*** (0.079)	0.037 (0.130)	0.250*** (0.079)	0.036 (0.130)
婚姻	-0.007 (0.019)	0.019 (0.015)	-0.006 (0.019)	0.020 (0.015)	-0.007 (0.019)	0.017 (0.015)	-0.011 (0.098)	0.104 (0.118)	-0.007 (0.099)	0.110 (0.118)	-0.007 (0.099)	0.105 (0.117)
组织参与情况	0.023 (0.016)	-0.011 (0.013)	0.029* (0.016)	-0.012 (0.013)	0.016 (0.015)	-0.003 (0.013)	0.069 (0.079)	-0.008 (0.099)	0.129 (0.081)	-0.069 (0.101)	0.128 (0.081)	-0.068 (0.101)
家庭人口规模	0.003 (0.005)	0.003 (0.003)	0.000 (0.005)	0.004 (0.003)	0.005 (0.005)	0.004 (0.003)	0.012 (0.024)	0.035 (0.022)	-0.004 (0.025)	0.043* (0.022)	-0.004 (0.025)	0.043* (0.022)
老人抚养比	-0.037** (0.018)	-0.018 (0.011)	-0.037** (0.018)	-0.019 (0.011)	-0.038** (0.018)	-0.016 (0.012)	-0.194** (0.093)	-0.164* (0.095)	-0.192** (0.094)	-0.189* (0.096)	-0.191** (0.094)	-0.187* (0.096)
未成年人抚养比	-0.006 (0.007)	-0.001 (0.004)	-0.003 (0.007)	-0.002 (0.004)	-0.006 (0.007)	-0.004 (0.004)	0.004 (0.036)	-0.012 (0.035)	0.021 (0.036)	0.002 (0.035)	0.020 (0.036)	0.002 (0.035)
外出餐费	0.003 (0.002)	0.004* (0.002)	0.004* (0.002)	0.004** (0.002)	0.003 (0.002)	0.005*** (0.002)	0.021* (0.012)	0.032** (0.013)	0.026** (0.012)	0.029** (0.013)	0.026** (0.012)	0.029** (0.013)
邮电通信交通费	0.038*** (0.008)	0.022*** (0.006)	0.039*** (0.008)	0.022*** (0.006)	0.037*** (0.008)	0.024*** (0.006)	0.168*** (0.042)	0.174*** (0.047)	0.177*** (0.042)	0.166*** (0.047)	0.176*** (0.042)	0.166*** (0.047)

续表

变量	创业选择											
	(1)	(2)	(3)	(4)	(5)	(6)	(7)	(8)	(9)	(10)	(11)	(12)
	城镇	农村	城镇	农村	城镇	农村	城镇	农村	城镇	农村	城镇	农村
文化娱乐费用	0.002 (0.002)	0.002 (0.002)	0.002 (0.002)	0.002 (0.002)	0.000 (0.002)	0.003* (0.002)	-0.003 (0.013)	0.019 (0.015)	0.007 (0.013)	0.009 (0.015)	0.007 (0.013)	0.008 (0.015)
人情往来费用	0.007 (0.005)	0.003 (0.003)	0.008* (0.005)	0.003 (0.003)	0.007 (0.005)	0.003 (0.003)	0.026 (0.023)	0.036 (0.022)	0.031 (0.023)	0.029 (0.022)	0.030 (0.023)	0.029 (0.022)
家庭社会地位	-0.001 (0.008)	-0.000 (0.006)	-0.000 (0.008)	-0.000 (0.006)	-0.000 (0.008)	-0.001 (0.006)	0.013 (0.041)	-0.021 (0.048)	0.022 (0.042)	-0.013 (0.049)	0.021 (0.042)	-0.014 (0.049)
家庭现金存款总额	-0.000 (0.001)	0.001 (0.001)	-0.000 (0.001)	0.001 (0.001)	-0.000 (0.001)	0.001 (0.001)	-0.001 (0.006)	0.011 (0.007)	-0.001 (0.006)	0.008 (0.007)	-0.001 (0.006)	0.008 (0.007)
家庭全部纯收入	0.028*** (0.008)	0.024*** (0.006)	0.029*** (0.008)	0.024*** (0.006)	0.025*** (0.007)	0.025*** (0.006)	0.099*** (0.036)	0.220*** (0.048)	0.115*** (0.038)	0.203*** (0.047)	0.116*** (0.038)	0.202*** (0.047)
待偿银行贷款	0.105*** (0.023)	0.047*** (0.013)	0.103*** (0.023)	0.047*** (0.014)	0.105*** (0.023)	0.051*** (0.014)	0.561*** (0.119)	0.342*** (0.105)	0.559*** (0.119)	0.325*** (0.106)	0.562*** (0.119)	0.327*** (0.106)
待偿其他借款	0.001 (0.018)	0.020* (0.011)	0.002 (0.018)	0.020* (0.011)	0.002 (0.018)	0.021* (0.011)	0.029 (0.092)	0.156* (0.085)	0.028 (0.094)	0.161* (0.086)	0.030 (0.094)	0.159* (0.086)
尚未归还借款	0.048*** (0.014)	0.037*** (0.009)	0.046*** (0.014)	0.037*** (0.009)	0.048*** (0.014)	0.038*** (0.009)	0.273*** (0.071)	0.314*** (0.074)	0.264*** (0.071)	0.308*** (0.075)	0.269*** (0.072)	0.308*** (0.074)

续表

创业选择

变量	(1)城镇	(2)农村	(3)城镇	(4)农村	(5)城镇	(6)农村	(7)城镇	(8)农村	(9)城镇	(10)农村	(11)城镇	(12)农村
不公遭遇指数	0.005 (0.006)	0.006 (0.004)	0.005 (0.006)	0.006 (0.004)	0.006 (0.006)	0.005 (0.004)	0.031 (0.031)	0.017 (0.032)	0.028 (0.031)	0.033 (0.032)	0.027 (0.031)	0.033 (0.032)
政府评价	0.003 (0.009)	−0.011** (0.005)	0.004 (0.009)	−0.011* (0.005)	0.002 (0.009)	−0.010* (0.006)	0.036 (0.044)	−0.078* (0.042)	0.044 (0.045)	−0.084** (0.042)	0.044 (0.045)	−0.084** (0.042)
商业氛围	0.846** (0.377)	5.665*** (1.585)	0.845** (0.374)	5.665*** (1.586)	0.813** (0.375)	6.036*** (1.601)	4.869*** (1.711)	35.441*** (11.107)	5.178*** (1.704)	35.243*** (11.223)	5.182*** (1.703)	35.184*** (11.237)
流动人口	0.083** (0.037)	−0.039 (0.031)	0.081** (0.037)	−0.040 (0.031)	0.085** (0.038)	−0.038 (0.031)	0.233 (0.175)	−0.418* (0.228)	0.211 (0.175)	−0.434* (0.230)	0.221 (0.174)	−0.432* (0.230)
Pseudo R^2	0.1111	0.1740	0.1204	0.1741	0.1087	0.1669	0.1121	0.1670	0.1241	0.1771	0.1249	0.1774
Wald chi^2	204.87	253.96	217.16	255.36	207.80	241.06	209.66	245.33	222.09	262.21	224.13	266.59
样本量	2980	3617	2980	3617	2980	3617	2980	3617	2980	3617	2980	3617

注：①括号中的数值是标准误；②*，**和***分别表示在10%，5%和1%的显著性水平上显著。

表5－6   家庭技能人力资本对城乡创业收入影响的差异

变量	创业收入							
	（1）	（2）	（3）	（4）	（5）	（6）	（7）	（8）
	城镇	农村	城镇	农村	城镇	农村	城镇	农村
教育年限	－0.436 ** (0.176)	0.936 *** (0.205)	1.486 *** (0.567)	0.665 (0.582)				
教育年限平方			－11.369 *** (3.076)	1.940 (3.882)				
工作经验					1.152 (1.43)	4.968 ** (2.116)	17.855 *** (6.104)	－5.370 (8.422)
工作经验平方							－14.403 *** (5.114)	8.719 (6.768)
控制变量	控制	控制	控制	控制	控制	控制	控制	控制
Pseudo R²	0.0538	0.0932	0.0575	0.0932	0.0526	0.0889	0.0542	0.0893
F 值	6.24	10.19	6.69	10.06	6.27	9.46	6.38	9.65
样本量	2980	3617	2980	3617	2980	3617	2980	3617

注：①括号中的数值是标准误；②*、**和***分别表示在10%、5%和1%的显著性水平上显著。

表5－5对创业选择回归结果表明，家庭技能人力资本对城乡家庭创业选择的影响差异较大，具体体现如下：

第（1）（2）列的回归结果表明，家庭受教育年限对城镇家庭创业选择表现为显著的负向影响，且在5%水平上显著，家庭教育年限每增加1个单位，城镇家庭选择创业概率的边际效应将下降0.5%；而对农村家庭创业选择则表现为显著的正向影响，且在1%水平上显著，家庭教育年限每增加1个单位，农村家庭选择创业概率的边际效应则上升0.7%。第（3）（4）列是加入家庭受教育年限平方的回归结果，结果表明，城镇家庭教育年限对其创业选择表现为显著的"倒U型"影响态势，且教育年限的拐点为6.8年，而对农村家庭创业选择则表现为不显著的"U型"影响态势，说明农村家庭更多的是教育年限的直接影响。

第 (5) (6) 列的回归结果表明，家庭工作经验对城乡家庭创业选择的概率均表现为正向显著影响，但对城镇家庭的影响不显著，而对农村家庭创业选择则在 5% 水平上显著，且有工作经验的家庭比没有工作经验的家庭，创业选择概率的边际效应要高出 3.6%。第 (7) (8) 列是进一步加入家庭工作经验平方的回归结果表明，城镇家庭工作经验对其创业选择表现为显著的"倒 U 型"影响态势，而对农村家庭创业选择则表现为不显著的"U 型"影响态势。

第 (9) (10) 列将教育年限与工作经验及其平方项同时进入回归时，其各指标变量的边际效应和显著性基本没变，说明前面的研究结论均比较稳健，教育年限和工作经验对城镇家庭创业选择依然保持"倒 U 型"影响态势，而对农村家庭依然保持正向的影响；第 (11) (12) 列加入教育年限与工作经验的交互项后，虽然交互项对城乡家庭创业选择影响均不显著，但对城镇家庭创业影响则表现为负向，而对农村家庭创业影响则表现为正向，这说明教育年限与工作经验对农村家庭创业选择具有一定的促进影响。

表 5-6 对创业收入的回归结果显示，教育年限与工作经验对城镇家庭创业收入的影响态势，基本类似于城乡家庭创业选择的影响，仅在各指标变量的边际效应大小上稍有变化，因此，限于篇幅，不再赘述。

限于篇幅，本小节仅报告城乡影响差异较大，且显著的相关控制变量对家庭创业的影响，主要体现在户主的年龄、户口、组织参与情况，老人抚养比、政府评价和社区流动人口比例等控制变量上。户主年龄对城镇家庭创业表现为显著的"倒 U 型"影响；而对农村家庭创业选择为显著的"U 型"影响态势，对农村家庭创业收入为显著的"倒 U 型"影响，且在 10% 水平上显著。户主户口对城镇家庭创业具有显著的正向影响，且在 1% 水平上显著；而对农村家庭创业则表现为不显著的负向影响。户主的组织参与对城镇家庭具有显著的正向影响，且在 10% 水平上显著；而对农村家庭创业则表现为不显著的负向影响。家庭老人抚养比对城镇家庭创业选择在 5% 水平上表现为显著的负向影响，对其创业收入则为不显著的负向影响；而对农村家庭创业选择表现为不显著的负向影响，对其创业收入则在 10% 水平上有显著的负向影响。家庭成员的政府工作评价对城镇家庭表现为不显著的正向影响，而对农村家庭则表现为 5% 水平上的显著负向影响。社区流动人口比例对城镇家庭表现出 10% 水平上的正向影响，而对农村家庭则不显著的负向影响。

综上所述，假设 H5（H5a、H5b）和假设 H6（H6a、H6b）中的家庭教育年限与教育经验对家庭创业影响的"城乡差异"得到验证。城镇家庭的教育年限与工作经验对家庭创业（选择和收入）均具有显著的"倒 U 型"影响，其教育年限和工作经验均存在一个极限值，一旦超越这个极限后，对家庭创业选择的概率和创业收入将开始逐渐下降；而农村家庭的教育年限与工作经验对家庭创业（选择和收入）均具有显著的正向影响，且教育年限与工作经验的平方项的影响则不显著的"U 型"影响态势，因此，对农村家庭而言，教育年限的增加和工作经验成员占比越大都有利于家庭创业。造成这种差异的主要原因可能由于城镇家庭相对营商环境较好、就业机会较多、市场信息来源较广，家庭成员可以更早涉足创业，同时由于创业的风险使得一些教育水平和工作经验较好的家庭成员更愿意寻求稳定的高收入工作，从而出现这种"倒 U 型"影响态势；而对农村家庭而言，在营商环境、就业机会、政策把握和市场信息相对处于劣势，同时，农村家庭整体的教育年限水平普遍低于城镇家庭，因此，家庭创业过程中可能受限于教育水平较低、工作经验不足，加之家庭经济基础不强，导致创业动力不足，而是更多的家庭成员选择外出打工以更好弥补家庭生活的经济来源，而随着教育水平和工作经验的积累，一旦发现打工不如自己创业的经济效益更好时，逐步就会产生创业的动力，这也恰好验证了当下越来越多的农民工返乡创业的事实。

5.2.4　技能人力资本对家庭创业影响的地区差异实证结果

为进一步探讨由于不同地区人们技能差异对家庭创业影响，本节将在全样本的基础上划分为东、中、西部地区三个子样本对家庭创业选择和创业收入进行回归，回归过程中，同样在控制所有控制变量的基础上，分别将家庭教育年限、教育年限平方、工作经验、工作经验平方等变量逐个进行回归，回归结果分别如表 5-7、表 5-8 和表 5-9 所示。限于篇幅，控制变量的回归结果具有相似之处，因此，仅在表 5-7 中报告部分结果。

表 5 - 7　　　　　　　　　教育年限对家庭创业选择影响的地区差异

变量	创业选择					
	（1）	（2）	（3）	（4）	（5）	（6）
	东部	中部	西部	东部	中部	西部
教育年限	-0.003 (0.002)	0.004 (0.003)	0.005 ** (0.002)	0.016 ** (0.008)	0.029 *** (0.009)	0.016 *** (0.006)
教育年限平方				-0.110 *** (0.043)	-0.152 *** (0.049)	-0.089 ** (0.039)
户主年龄	0.007 (0.004)	0.006 (0.004)	0.010 ** (0.004)	0.006 (0.004)	0.006 (0.004)	0.010 ** (0.004)
年龄平方	-0.008 * (0.005)	-0.007 (0.005)	-0.011 ** (0.005)	-0.007 (0.005)	-0.006 (0.005)	-0.011 ** (0.005)
户主性别	-0.027 ** (0.012)	-0.026 * (0.014)	-0.019 (0.013)	-0.028 ** (0.012)	-0.027 ** (0.014)	-0.020 (0.013)
户主户口	0.035 ** (0.017)	0.033 * (0.018)	0.010 (0.021)	0.029 * (0.017)	0.024 (0.018)	-0.001 (0.021)
婚姻	0.018 (0.020)	0.004 (0.021)	0.002 (0.018)	0.019 (0.020)	0.004 (0.021)	0.002 (0.019)
组织参与	0.017 (0.017)	-0.002 (0.018)	-0.010 (0.017)	0.021 (0.017)	0.005 (0.018)	-0.008 (0.017)
家庭人口规模	0.004 (0.004)	0.008 * (0.004)	0.004 (0.004)	0.002 (0.004)	0.005 (0.004)	0.002 (0.004)
老人抚养比	-0.039 ** (0.017)	-0.026 (0.018)	-0.027 (0.018)	-0.040 ** (0.017)	-0.023 (0.018)	-0.026 (0.018)
未成年人抚养比	0.008 (0.006)	-0.022 ** (0.009)	-0.003 (0.006)	0.011 * (0.006)	-0.018 ** (0.009)	-0.000 (0.006)
外出就餐餐费	0.003 (0.002)	0.006 ** (0.003)	0.003 (0.002)	0.003 (0.002)	0.006 ** (0.002)	0.004 * (0.002)
邮电通信交通费	0.035 *** (0.007)	0.021 ** (0.009)	0.031 *** (0.008)	0.035 *** (0.007)	0.022 ** (0.009)	0.030 *** (0.008)
文化娱乐费用	0.001 (0.003)	0.001 (0.003)	-0.001 (0.003)	0.002 (0.003)	0.003 (0.003)	-0.000 (0.003)

续表

变量	创业选择					
	(1)	(2)	(3)	(4)	(5)	(6)
	东部	中部	西部	东部	中部	西部
人情往来费用	0.005 (0.004)	0.003 (0.005)	0.006 (0.005)	0.005 (0.004)	0.003 (0.005)	0.006 (0.005)
家庭社会地位	−0.009 (0.008)	0.010 (0.009)	0.005 (0.009)	−0.009 (0.008)	0.012 (0.009)	0.006 (0.009)
家庭现金存款总额	−0.000 (0.001)	0.002 (0.001)	0.000 (0.001)	−0.000 (0.001)	0.002 (0.001)	−0.000 (0.001)
家庭全部纯收入	0.034 *** (0.008)	0.019 ** (0.008)	0.019 ** (0.008)	0.036 *** (0.008)	0.019 ** (0.008)	0.019 ** (0.008)
待偿银行贷款	0.101 *** (0.023)	0.079 *** (0.024)	0.040 ** (0.017)	0.100 *** (0.023)	0.076 *** (0.024)	0.037 ** (0.017)
待偿其他借款	0.007 (0.018)	0.041 ** (0.017)	−0.007 (0.016)	0.009 (0.018)	0.040 ** (0.017)	−0.007 (0.016)
尚未归还借款	0.050 *** (0.014)	0.049 *** (0.014)	0.034 ** (0.014)	0.049 *** (0.014)	0.048 *** (0.014)	0.035 ** (0.014)
不公遭遇指数	0.002 (0.006)	−0.000 (0.007)	0.013 *** (0.005)	0.002 (0.006)	−0.000 (0.007)	0.013 ** (0.005)
政府评价	0.001 (0.008)	−0.011 (0.009)	0.005 (0.007)	0.001 (0.008)	−0.011 (0.009)	0.004 (0.008)
社区商业氛围	0.823 (1.106)	1.512 * (0.832)	0.931 *** (0.287)	0.643 (1.114)	1.520 * (0.825)	1.014 *** (0.288)
社区流动人口比例	−0.012 (0.034)	0.026 (0.036)	0.055 (0.043)	−0.018 (0.034)	0.033 (0.036)	0.060 (0.043)
Pseudo R^2	0.1157	0.0959	0.1385	0.1204	0.1039	0.1442
Wald chi^2	155.65	127.92	125.94	156.47	117.97	124.06
样本量	2572	2168	1902	2572	2168	1902

注：①括号中的数值是标准误；②*、**和***分别表示在10%、5%和1%的显著性水平上显著。

表 5 – 8 　　　　　　　　工作经验对家庭创业选择影响的地区差异

变量	创业选择					
	（1）	（2）	（3）	（4）	（5）	（6）
	东部	中部	西部	东部	中部	西部
工作经验	0.001 （0.019）	0.033 （0.021）	0.026 （0.020）	0.129 （0.082）	0.108 （0.092）	0.101 （0.089）
工作经验平方				−0.110 （0.068）	−0.065 （0.076）	−0.064 （0.073）
控制变量	控制	控制	控制	控制	控制	控制
Pseudo R^2	0.1149	0.0959	0.1352	0.1163	0.0964	0.1359
Wald chi^2	155.09	121.03	116.83	154.44	121.16	116.58
样本量	2527	2168	1902	2527	2168	1902

注：①括号中的数值是标准误；②＊、＊＊和＊＊＊分别表示在10％、5％和1％的显著性水平上显著。

表 5 – 7 显示的是教育年限和教育年限平方进入模型的回归结果，家庭技能人力资本对东、中、西部地区家庭创业选择的影响差异并不大，具体体现如下：第（1）至（3）列的回归结果表明，教育年限对西部地区家庭创业选择具有显著的正向影响，但对东、中部地区家庭创业选择的影响不显著；当进一步加入教育年限的平方进行回归时，第（4）至（6）列的结果显示，家庭教育年限对东、中、西部地区家庭创业选择均表现出显著的"倒 U 型"影响，但从教育年限的拐点来看，却存在较大差异，东、中、西部地区家庭教育年限的拐点分别为 7.07 年、9.39 年和 9.20 年，这可能与东部地区的商业氛围较好、经济相对较发达，家庭创业起步较早有关系；而那些教育年限较高的家庭，可能更多地在就业中具有较好的优势会选择更好的工作。

表 5 – 8 显示的是工作经验和工作经验进入回归的结果，第（1）至（6）列的回归结果显示，工作经验对东、中、西部地区家庭创业的影响均不显著，且影响态势基本相同。

其他控制变量方面。限于篇幅，本小节仅分析控制变量对东、中、西部地区家庭创业影响差异较大的变量，而对影响态势相同的变量没有报告。其中，年龄对西部地区家庭创业均呈现"倒 U 型"变化趋势，且在5％水平上显

表5—9

技能人力资本对家庭创业收入影响的地区差异

变量	创业收入											
	(1)	(2)	(3)	(4)	(5)	(6)	(7)	(8)	(9)	(10)	(11)	(12)
	东部	中部	西部	东部	中部	西部	东部	中部	西部	东部	中部	西部
教育年限	-0.202 (0.213)	0.339 (0.236)	0.498* (0.257)	1.552** (0.753)	2.559*** (0.854)	1.652** (0.675)						
教育年限平方				-10.488** (4.106)	-13.567*** (4.618)	-8.645* (4.585)						
工作经验							0.910 (1.846)	3.490* (1.931)	2.583 (2.479)	10.035 (7.842)	9.231 (8.549)	8.271 (10.489)
工作经验平方										-7.832 (6.457)	-4.897 (7.061)	-4.857 (8.687)
控制变量	控制	控制	控制	控制	控制	控制	控制	控制	控制	控制	控制	控制
Pseudo R²	0.0602	0.0491	0.0725	0.0627	0.0529	0.0746	0.0600	0.0494	0.0710	0.0604	0.0496	0.0712
F值	9.46	7.07	8.64	9.19	6.4	8.36	9.37	6.83	7.91	8.98	6.57	7.60
样本量	2527	2168	1902	2527	2168	1902	2527	2168	1902	2527	2168	1902

注：①括号中的数值是标准误；②*、**和***分别表示在10%、5%和1%的显著性水平上显著。

著，而在东、中部地区家庭中均不显著；家庭户主性别和家庭老人抚养比对东、中部地区家庭具有显著的负向影响，而对西部家庭的影响则不显著；家庭户主户口对东、中部地区家庭有显著的正向影响，而对西部地区家庭的影响则不显著；未成年人抚养比对中部地区家庭具有显著的负向影响，但对东、西部地区家庭的影响则不显著；外出就餐餐费、代偿其他借款对中部地区家庭具有显著的正向影响，而对东、西部地区家庭的影响则不显著；不公遭遇指数和社区商业氛围对西部地区家庭创业选择具有显著的正向影响，但对东、中部地区家庭的影响则不显著。

表 5-7、表 5-8 和表 5-9 比较来看，技能人力资本对家庭创业收入的影响与对家庭创业选择影响态势基本相同，仅工作经验对中部家庭创业收入呈现出显著的正向影响。

综上所述，假设 H5（H5a、H5b）和假设 H6（H6a、H6b）中的家庭教育年限与工作经验对家庭创业影响的"地区差异"得到验证。技能人力资本对东、中、西部地区家庭创业也呈现出一定的差异，特别是对西部地区家庭与东、中部地区家庭的影响差异更显著，主要表现为：教育年限对家庭创业的影响，虽在东、中、西部地区家庭中均具有显著的"倒 U 型"态势，但对西部地区家庭创业还具有显著的正向影响，且东部地区家庭教育年限的拐点要低于中、西部地区家庭 2 年左右，可见对西部地区家庭而言，教育的促进作用更显著。造成这种差异的主要原因可能是西部地区由于整体的教育水平较低，同时创业环境比中、东部地区相对较差，创业过程中更需要较高的教育水平来对创业机会、制度环境进行有效的识别和把握；而相对东部地区来讲，整体的营商环境较好，创业机会较多，导致家庭成员可以以较低的教育水平就涉足创业，反而那些教育年限较高的家庭成员可能由于就业机会较好，同时为避免创业的风险所导致的会选择一些更稳定工作，从而出现了"倒 U 型"态势。

5.3　稳健性检验

5.3.1　新样本检验

本章的稳健性检验与上一章的思路相同，采用了访员对受访者的家庭配合和可信评价在一般及以上的家庭样本作为新的样本进行相应的回归分析，结果如表 5-10 所示。从稳健性检验结果中可以发现，技能人力资本中的教育年限维度对家庭创业的正向影响虽不显著，但当教育年限平方进入回归后，其对家庭创业的"倒 U 型"影响却很显著，且稳健。工作经验维度对家庭创业的影响不显著，但在城乡家庭创业中确表现出显著差异。在间接效应的稳健性回归结果中也并没有表现出较大差异，只是在影响强度上有些变化。限于篇幅，采用新样本对城乡差异和间接影响等回归的稳健性检验结果没有报告，但整体的结果基本与前面的回归结果一致。因此，本章的研究结论具有稳健性。

表 5-10 技能人力资本对家庭创业的影响稳健性检验结果

变量	创业选择				创业收入			
	(1)	(2)	(3)	(4)	(5)	(6)	(7)	(8)
教育年限	0.002 (0.001)	0.020*** (0.004)		0.020*** (0.004)	0.213 (0.140)	1.738*** (0.438)		1.746*** (0.439)
教育年限平方		-0.112*** (0.025)		-0.112*** (0.025)		-9.729*** (2.506)		-9.806*** (2.517)
工作经验			0.017 (0.012)	0.018 (0.012)			2.165* (1.196)	2.256* (1.208)
控制变量	控制	控制	控制	控制	控制	控制	控制	控制
Pseudo R²	0.1174	0.1232	0.1173	0.1238	0.0594	0.0618	0.0595	0.0622
Wald chi²/F 值	372.74	365.88	365.52	368.66	11.20	10.97	11.04	10.89

注：①括号中的数值是标准误；②*、**和***分别表示在10%、5%和1%的显著性水平上显著。

5.3.2 工具变量检验

以上回归结果中虽然尽量控制了省份、户主特征、家庭特征和制度环境特征等变量对创业的影响，但也可能还是存在一些遗漏变量和反向因果变量会影响技能人力资本与家庭创业之间的关系。因此，为解决可能存在的一些结论偏差，参照现有文献的做法，采用"同一地区除样本家庭外的其他家庭平均教育年限值"来作为教育年限的工具变量。本章认为该变量既满足工具变量的相关性条件，也满足工具变量的外生性条件：一方面，同一地区除样本家庭外的家庭平均教育年限值，反映了该地区的整体知识资本水平，一定程度上与样本家庭的教育年限水平高度相关；另一方面，该变量仅代表其他家庭的平均教育年限水平，对样本家庭创业活动没有直接影响，因此，满足外生性要求。表 5 – 11 中汇报了采用工具变量估计的结果。

表 5 – 11   教育年限对家庭创业的影响内生性检验结果

变量		创业选择	创业收入
教育年限		0. 166 *** （0. 074）	2. 159 * （1. 168）
教育年限平方		– 1. 163 *** （0. 519）	– 16. 428 ** （8. 159）
控制变量		控制	控制
变量		教育年限	教育年限平方
第一阶段回归结果	地区其他家庭教育年限平均值	0. 842 *** （0. 068）	0. 292 *** （0. 010）
	地区其他家庭教育年限平均值平方	– 2. 328 *** （0. 420）	0. 236 *** （0. 065）
F 值		123. 87	134. 20

注：①表中报告的是各个变量的回归系数；②括号中的数值是稳健标准误；③ * 、 ** 和 *** 分别表示在 10% 、5% 和 1% 的显著性水平上显著。

表 5 – 11 报告了采用地区其他家庭教育年限平均值进行工具变量估计结果。第一阶段回归的系数均在 1% 水平上显著为正，且地区其他家庭教育年限均值每增加 1 年，家庭教育年限将增加 0. 842 年，这表明地区其他家庭教育年限平均值对家庭教育年限产生了显著的正影响。同时，第一阶段回归结果中，教育年限和教育年限平方的 F 值分别为 123. 87 和 134. 20。这充分说明工具变量选取的合理性，也进一步说明 2010 年词组能力、数学能力对 2014 年的词组能力、数学能力均具有较强的解释能力。

5.4 结果讨论

5.4.1 研究结论

本章基于第 3.3 节中技能人力资本对家庭创业的影响机制分析，采用 Probit 模型分别检验了教育年限与工作经验对家庭创业选择的影响效应，采用 Tobit 模型分别检验了教育年限与工作经验对家庭创业收入的影响效应，同时，对城乡家庭子样本和东、中、西部地区家庭子样本分别进行回归。最后，通过稳健性和内生性检验，进一步证实研究结论基本可靠。大部分的假设得到了数据较好的支持，有少部分未得到数据的验证（参见表 5－12）。

表 5－12　　　　　　技能人力资本对家庭创业的影响研究假设汇总

假设	内容	是否验证
H5	教育年限对家庭创业具有较大的影响，可能这种影响也呈现"倒 U 型"作用，且会表现出一定的城乡差异和地区差异	是
H5a	教育年限对家庭创业选择可能具有较大的影响，可能这种影响也呈现"倒 U 型"作用，且会表现出一定的城乡差异和地区差异	是
H5b	教育年限对家庭创业收入可能具有较大的影响，可能这种影响也呈现"倒 U 型"作用，且会表现出一定的城乡差异和地区差异	是
H6	工作经验对家庭创业可能具有正向促进作用，会表现出一定的城乡差异和地区差异	是
H6a	工作经验对家庭创业选择可能具有正向促进作用，且会表现出一定的城乡差异和地区差异	是
H6b	工作经验对家庭创业收入可能具有正向促进作用，且会表现出一定的城乡差异和地区差异	是

针对上述假设检验结果，本章得到的主要结论如下：

（1）教育年限、工作经验对家庭创业（选择和收入）起到正向促进作用，但平方项为负数，说明教育年限、工作经验对家庭创业（选择和收入）影响呈现"倒 U 型"关系，即随着教育年限、工作经验超过最优临界值之后，家庭创业（选择和收入）反而受到约束；同时，教育年限与工作经验对家庭创业的影响具有相互补偿效应，工作经验可以缩小家庭由于教育年限差异带来的家庭创业（选择和收入）的影响差异。

（2）技能人力资本对家庭创业（选择和收入）影响的城乡差异主要表现如下：教育年限、工作经验对城镇家庭创业（选择和收入）呈现显著的"倒 U 型"影响，但对农村则为"U 型"，且不显著，而教育年限与工作经验对农村家庭创业均具有显著的正向影响；同时，教育年限与工作经验的交互项对城乡家庭创业影响均不显著，而对农村家庭创业则具有相互促进的影响。

（3）技能人力资本对家庭创业的地区差异主要表现为：教育年限对家庭创业的影响，虽在东、中、西部地区家庭中均具有显著的"倒 U 型"态势，但对西部地区家庭创业还具有显著的正向影响，且东部地区家庭教育年限的拐点要低于中、西部地区家庭 2 年左右，可见对西部家庭而言，教育的促进作用更显著。

5.4.2　研究启示

根据技能人力资本对家庭创业影响的实证结果，结合前面的文献综述与假设，对家庭技能人力资本积累有以下研究启示：

首先，落实义务教育，强化中职教育，引导高等教育。根据教育年限对家庭创业的影响呈现出的拐点在 9 年左右，东部地区（经济发达地区）的拐点出现在 7 年左右，农村地区的拐点基本不显著，而造成这种城乡与地区差异的主要原因在于就业环境和创业的市场信息，对于城市和经济发达地区的家庭，一旦进入高中或中职后更多地会选择较为稳定的工作进行就业；而对于农村和中、西部地区家庭而言，受教育年限越长，在创业选择时更能把握好创业要素的相关信息。因此，全面贯彻落实 9 年义务教育，有条件的地区需要强化中职教育、不断引导高等教育对中国家庭创业将会产生积极的影响。

其次，积极引导择业，倡导"干中学"工作经验的积累。随着家庭受教育年限的提升，家庭成员在择业上可能产生路径依赖，限于就业的岗位或职业的更高标准，不利于其就业，特别是探索式创新创业。因此，在家庭择业与就业时，应采用发散性思维，适当打破固有的路径依赖，积极进行择业与就业。家庭应意识到工作经验对人力资本提升的促进作用，工作经验应被视为特殊的经历，对个人乃至家庭的长远发展影响深远。家庭成员要在工作中，通过"干中学"的方式全面提升人力资本积累，包括不断地更新与丰富自身经验、知识、技能积累，增强把握创业机遇、适应市场环境变化的动态能力和优化与完善家庭成员的社会网络关系等。

最后，优化教育资源配置，开放就业平台，确保教育与就业公平。由于城乡与地区教育资源配置的不合理，导致人口向优质教育资源的中心城市与经济发达地区迁移，进而造成住房、就业、社会公共服务、医疗等一系列社会问题。解决农村和经济不发达地区学校与师资不足、教育水平不高等问题可以通过教育信息化手段，通过"互联网＋教育"的方式实现优质教育资源的共享。同时，可以考虑从取得或消除户籍制度壁垒方面来缩小城乡与地区要素资源约束上的差异，充分搭建好各类就业平台，如市场信息平台、法律保障和维权平台、就业服务平台等，让更多劳动者能在开放的平台中拥有公平的参与机会和发展机会，为其就业创造更好的条件。

第 6 章

健康人力资本对家庭创业影响的实证研究

　　本章在前面文献综述的基础上，首先，从主观的健康评价和客观的健康评价两个维度对健康资本进行测量，并对主要变量进行了描述性统计，分析我国家庭目前健康人力资本现状；其次，构建了本章的实证模型，分别采用 Probit 模型和 To-bit 模型分别论证了健康评价与健康指数对家庭创业选择和创业收入的影响；再次，采用全样本数据对相关研究假设进行实证检验与分析，还采用城、乡子样本和东、中、西部地区子样本对城乡差异和地区差异进行了全面的分析；最后，进一步对样本进行删选和匹配，分别采用新样本和工具变量对健康人力资本各指标变量对家庭创业影响结果的稳健性和内生性进行了检验，并对本章研究结论进行了梳理总结。

6.1　数据、变量及其描述性统计分析

6.1.1　数据来源

　　本章采用了与前面章节相同的 CFPS 数据库，

在变量选择上转换为健康人力资本的指标变量。其中，健康评价、健康指数、个人特征等变量数据主要来自成人问卷，而创业状态、家户特征、社会资本、经济资本制度环境中的主观制度评价等数据主要来源家庭问卷，制度环境中社区商业氛围和社区流动人口比例等数据主要来源社区问卷，最后通过对三份问卷的数据进行匹配。在进行内生性检验时，我们还采用了2010年的健康评价、健康指数与2014年的数据进行了匹配，得到了本章健康人力资本的工具变量。

同时，根据研究的需要，参考现有文献的做法，对原始数据还做了如下处理：第一，删除了年龄在16岁以下、65岁以上（女性60岁以上）的家庭成员样本数据；第二，删除现在仍在上学的家庭成员样本数据；第三，删除了本章所需关键变量有明显异常值和缺失值的家庭成员样本数据。

6.1.2 变量选择与数据说明

6.1.2.1 被解释变量

与前面类似，本章仍以家庭创业选择与家庭创业收入作为被解释变量，这两个创业的指标变量直接采用表4－1的定义进行测量。

6.1.2.2 解释变量

本章以健康人力资本作为关键的解释变量，主要用健康评价和健康指数两个维度测量，健康评价指标在一定程度上综合反映了家庭成员心理和生理两方面的健康状况；身体质量指数（BMI）作为中长期指标，用来衡量个人体重是否符合标准，人体的胖瘦与其健康状况之间并没有必然联系，本章将BMI作为健康辅助指标（邓力源等，2018）。其中，健康评价采用家庭成员对自身身体状况的1~5分主观评价指标来衡量，最终对家庭劳动力人员的自我评价进行了加总后取平均值，该值越大，说明家庭健康的主观评价越好；健康指数采用BMI指数来衡量，最终同样对家庭成员的身体质量指数进行了加总平均，在此基础上结合世界卫生组织规定BMI值的正常标准①，对家庭健康指数在正常标准范围内的定义为"1"，否则定义为"0"，具体定义及

---

① 世界卫生组织规定BMI值的正常标准是18.5~24.9。

CFPS 问卷中对应的问题见表 6 – 1 所示。

表 6 – 1　　　　　　　　主要变量定义及 CFPS 问卷中对应的问题

变量名			变量测量	CFPS 问卷中对应的问题
解释变量（人力资本）	健康人力资本	健康评价	不健康 = 1，一般 = 2，比较健康 = 3，很健康 = 4，非常健康 = 5	您认为您自身身体状况如何？1. 非常健康　2. 很健康　3. 比较健康　4. 一般　5. 不健康
		健康指数	家庭平均健康指数 = AVBMI 正常 = 1，否则 = 0	您现在的身高是多少厘米？
				您现在的体重是多少斤？

6.1.2.3　控制变量

控制变量主要包括了家户特征变量、家庭社会资本和经济资本变量、制度环境变量和各省际虚拟变量。这些变量在表 4 – 1 定义的基础上采用家庭平均值进行测量。

6.1.3　描述性统计分析

剔除本章所用到的健康评价和健康指数等健康资本变量、家户特征、家庭经济特征、家庭社会资本特征和制度环境特征等控制变量缺失的样本，得到本章的研究样本 6673 个。其中：城镇样本 3012 个、农村样本 3661 个；东部家庭样本 2552 个、中部家庭样本 2193 个、西部家庭样本 1928 个。各变量的描述性统计结果如表 6 – 2 所示。

由于样本量仅在前面研究基础上稍有变化，对关键被解释变量和所有控制的描述基本相同，因此，本小节省略汇报，仅就关键解释变量进行了描述。家庭健康评价值为 3.069，其中城镇家庭健康评价值为 3.074，略高于农村家庭健康评价值 3.065，可见我国家庭健康主观评价值基本均在一般水平；东部地区家庭健康评价值 3.134，中部地区家庭健康评价值 3.076，西部地区家庭健康评价值 2.992，可见，西部与东、中部家庭健康评价存在较大差异。家庭健康指数均值为 0.753，其中，城、乡家庭健康指数均值分别为 0.735、0.779，这可能与农村家庭成员的体力劳动量有关；东、中、西部地区家庭健

表6-2 变量的描述性统计分析

	变量	全体样本		城镇样本		农村样本		东部样本		中部样本		西部样本	
		均值	标准差	均值	标准差	均值	标准差	均值	标准差	均值	标准差	均值	标准差
被解释变量	创业选择	0.103	0.304	0.130	0.337	0.080	0.271	0.109	0.312	0.110	0.313	0.084	0.277
	创业收入	0.986	3.020	1.264	3.387	0.757	2.659	1.056	3.142	1.059	3.109	0.793	2.714
解释变量	健康评价	3.069	0.960	3.074	0.906	3.065	1.002	3.134	0.947	3.076	0.959	2.992	0.966
	健康指数	0.753	0.431	0.735	0.441	0.769	0.422	0.724	0.447	0.742	0.438	0.808	0.394
家户特征	户主年龄	42.978	11.779	42.847	11.436	43.085	12.054	43.124	12.083	43.086	11.762	42.524	11.433
	户主性别	0.653	0.476	0.630	0.483	0.672	0.470	0.631	0.483	0.650	0.477	0.685	0.465
	户主户口	0.723	0.448	0.471	0.499	0.930	0.255	0.672	0.470	0.676	0.468	0.838	0.369
	婚姻	0.846	0.361	0.837	0.370	0.854	0.353	0.837	0.369	0.849	0.358	0.854	0.353
	组织参与情况	0.163	0.370	0.214	0.411	0.121	0.326	0.163	0.369	0.166	0.373	0.166	0.372
	家庭人口规模	4.081	1.739	3.785	1.608	4.324	1.803	3.817	1.664	4.100	1.792	4.400	1.693
	老人抚养比	0.221	0.439	0.217	0.438	0.224	0.439	0.219	0.443	0.215	0.434	0.230	0.438
	未成年人抚养比	0.800	1.028	0.689	0.950	0.892	1.079	0.702	0.963	0.779	0.996	0.948	1.115
家庭社会资本	外出就餐费	1.949	2.817	2.608	3.034	1.407	2.498	1.979	2.898	1.992	2.797	1.886	2.736
	邮电通信交通费	5.434	1.096	5.593	1.068	5.303	1.101	5.527	1.122	5.294	1.156	5.469	0.968
	文化娱乐费用	1.492	2.560	2.236	2.911	0.880	2.037	1.722	2.736	1.378	2.485	1.336	2.389

续表

变量		全体样本		城镇样本		农村样本		东部样本		中部样本		西部样本	
		均值	标准差	均值	标准差	均值	标准差	均值	标准差	均值	标准差	均值	标准差
家庭社会资本	人情往来费用	7.864	1.574	7.944	1.614	7.798	1.537	7.923	1.605	7.936	1.564	7.730	1.503
	家庭社会地位	3.106	0.765	3.017	0.740	3.179	0.778	3.048	0.752	3.105	0.733	3.201	0.812
家庭经济资本	家庭现金存款总额	4.999	5.198	5.908	5.338	4.252	4.958	5.870	5.265	5.070	5.200	3.499	4.821
	家庭全部纯收入	10.423	1.150	10.632	1.063	10.251	1.191	10.618	1.092	10.438	1.109	10.153	1.208
	待偿银行贷款	0.064	0.245	0.050	0.218	0.076	0.265	0.041	0.199	0.053	0.224	0.112	0.315
	待偿其他借款	0.161	0.368	0.130	0.336	0.187	0.390	0.129	0.335	0.161	0.368	0.210	0.407
	尚未归还借款	0.199	0.400	0.201	0.400	0.198	0.399	0.183	0.387	0.210	0.407	0.204	0.403
制度环境	不公遭遇指数	0.655	1.028	0.607	0.996	0.695	1.053	0.527	0.917	0.600	0.974	0.904	1.188
	政府评价	3.336	0.782	3.304	0.751	3.363	0.805	3.297	0.767	3.300	0.769	3.428	0.815
	社区商业氛围	0.005	0.010	0.007	0.015	0.004	0.003	0.004	0.005	0.005	0.006	0.008	0.017
	社区流动人口比例	0.130	0.173	0.156	0.179	0.108	0.164	0.147	0.189	0.131	0.180	0.110	0.137

康指数均值分别为 0.724、0.742 和 0.808，足见西部地区家庭健康指数远高于东、中部地区家庭，且从其标准差来看，西部地区家庭健康指数也明显小于东、中部地区家庭。

6.2 模型构建与实证结果

6.2.1 模型构建

由于创业选择变量为虚拟变量，本书通过构建二元 Probit 模型来考察健康人力资本对创业选择的影响；同样，考虑到非创业者的创业收入为 0，因此创业收入是截尾变量，本书通过构建 Tobit 模型来考察健康人力资本对创业收入的影响。具体模型设定如下：

$$\mathrm{Pro}(Entrepreneur_i = 1) = \phi(\alpha_0 + \alpha_1 \times health_i + \alpha_2 \times X_i) \quad (6-1)$$

$$\mathrm{Ln}income_i = \begin{cases} \mathrm{Ln}income_i^* & \text{if} \quad \mathrm{Ln}income_i^* > 0 \\ 0 & \text{if} \quad \mathrm{Ln}income_i^* \leq 0 \end{cases}$$

$$\mathrm{Ln}income_i^* = \beta_0 + \beta_1 \times health_i + \beta_2 \times X_i \quad (6-2)$$

上式中，被解释变量分别为 $Entrepreneur_i$ 和 $\mathrm{Ln}income_i^*$，其中，$Entrepreneur_i$ 表示第 i 个样本的家庭创业选择，$\mathrm{Ln}income_i^*$ 表示第 i 个样本的家庭创业收入；$health_i$ 核心解释变量，代表家庭健康人力资本的各指标变量，X_i 表示系列控制变量。α_0 与 β_0 为误差项，α_1 与 β_1、α_2 与 β_2 分别为待估计系数。

同时，为了验证健康人力资本各指标变量之间的调节作用，进一步引入健康评价与健康指数等变量的交互项，采用 Probit 模型和 Tobit 模型分析健康人力资本对家庭创业选择和创业收入的影响，并构建模型（6-3）。

$$\frac{Entrepreneur}{\mathrm{Ln}income} = a_1 + a_2 hea\_eval + a_3 hea\_inde$$
$$+ a_4(hea\_eval \times hea\_ind) + a_5 X_i + u_1 \quad (6-3)$$

上式中，hea_eval 和 hea_inde 分别表示健康评价和健康指数。

6.2.2 健康人力资本对家庭创业影响的实证结果

为分析家庭间不同健康评价与健康指数等健康人力资本对家庭创业选择

的具体影响，本章同样在控制家户特征、家庭社会资本、家庭经济资本和制
度环境特征等控制变量的基础上，依次对家庭健康人力资本各指标变量对家
庭创业选择和创业收入分别进行 Probit 回归和 Tobit 回归，回归结果如表6－3
和表6－4所示，同时，由于在创业收入和创业选择回归中的控制变量相同，
且控制变量回归的影响类似，因此，在表6－4中也没有报告控制变量。

表6－3　　　　　　　　家庭健康人力资本对创业选择的影响

变量	创业选择			
	（1）	（2）	（3）	（4）
健康评价	0.008 * （0.004）		0.008 ** （0.004）	0.012 * （0.007）
健康指数		－ 0.025 *** （0.008）	－ 0.026 *** （0.008）	－ 0.007 （0.027）
健康评价 × 健康指数				－ 0.006 （0.008）
户主年龄	0.006 *** （0.002）	0.006 *** （0.002）	0.006 *** （0.002）	0.006 *** （0.002）
年龄平方	－ 0.007 *** （0.003）	－ 0.007 *** （0.003）	－ 0.007 ** （0.003）	－ 0.007 ** （0.003）
户主性别	－ 0.028 *** （0.008）	－ 0.028 *** （0.008）	－ 0.029 *** （0.008）	－ 0.029 *** （0.008）
户主户口	0.020 ** （0.010）	0.021 ** （0.010）	0.021 ** （0.010）	0.021 ** （0.010）
婚姻	0.009 （0.012）	0.008 （0.012）	0.008 （0.012）	0.009 （0.012）
组织参与情况	0.006 （0.010）	0.005 （0.010）	0.005 （0.010）	0.005 （0.010）
家庭人口规模	0.003 （0.003）	0.003 （0.003）	0.003 （0.003）	0.003 （0.003）
老人抚养比	－ 0.029 *** （0.010）	－ 0.031 *** （0.010）	－ 0.031 *** （0.010）	－ 0.031 *** （0.010）

变量	创业选择			
	（1）	（2）	（3）	（4）
未成年人抚养比	- 0.004 (0.004)	- 0.005 (0.004)	- 0.005 (0.004)	- 0.006 (0.004)
外出就餐餐费	0.004 *** (0.001)	0.004 *** (0.001)	0.004 *** (0.001)	0.004 *** (0.001)
邮电通信交通费	0.030 *** (0.005)	0.030 *** (0.005)	0.030 *** (0.005)	0.030 *** (0.005)
文化娱乐费用	0.002 (0.002)	0.002 (0.002)	0.002 (0.002)	0.002 (0.002)
人情往来费用	0.005 ** (0.003)	0.005 ** (0.003)	0.005 ** (0.003)	0.005 ** (0.003)
家庭社会地位	- 0.004 (0.005)	- 0.003 (0.005)	- 0.004 (0.005)	- 0.004 (0.005)
家庭现金存款总额	0.000 (0.001)	0.001 (0.001)	0.000 (0.001)	0.000 (0.001)
家庭全部纯收入	0.026 *** (0.005)	0.026 *** (0.005)	0.026 *** (0.005)	0.026 *** (0.005)
待偿银行贷款	0.069 *** (0.013)	0.067 *** (0.013)	0.067 *** (0.013)	0.067 *** (0.012)
待偿其他借款	0.013 (0.010)	0.012 (0.010)	0.014 (0.010)	0.014 (0.010)
尚未归还借款	0.045 *** (0.008)	0.045 *** (0.008)	0.045 *** (0.008)	0.045 *** (0.008)
不公遭遇指数	0.006 (0.004)	0.005 (0.004)	0.005 (0.004)	0.005 (0.004)
政府评价	- 0.004 (0.005)	- 0.003 (0.005)	- 0.004 (0.005)	- 0.004 (0.005)
社区商业氛围	1.318 *** (0.296)	1.308 *** (0.295)	1.315 *** (0.295)	1.312 *** (0.294)

续表

变量	创业选择			
	（1）	（2）	（3）	（4）
社区流动人口比例	0.021 （0.023）	0.022 （0.023）	0.021 （0.023）	0.020 （0.022）
省际变量	控制	控制	控制	控制
Pseudo R^2	0.1155	0.1168	0.1177	0.1187
Wald chi^2	377.13	384.13	389.98	395.39
样本量	6673	6673	6673	6673

注：①括号中的数值是标准误；②＊、＊＊和＊＊＊分别表示在10%、5%和1%的显著性水平上显著。

表6-4   **健康人力资本对家庭创业收入的影响**

变量	创业收入			
	（1）	（2）	（3）	（4）
健康评价	0.720＊ （0.408）		0.760＊ （0.406）	1.220＊ （0.713）
健康指数		−2.344＊＊＊ （0.804）	−2.396＊＊＊ （0.805）	−0.201 （2.733）
健康评价×健康指数				−0.668 （0.830）
户主年龄	0.729＊＊＊ （0.237）	0.710＊＊＊ （0.238）	0.711＊＊＊ （0.237）	0.707＊＊＊ （0.237）
年龄平方	−0.860＊＊＊ （0.279）	−0.854＊＊＊ （0.280）	−0.842＊＊＊ （0.280）	−0.841＊＊＊ （0.280）
户主性别	−2.438＊＊＊ （0.745）	−2.442＊＊＊ （0.743）	−2.517＊＊＊ （0.744）	−2.506＊＊＊ （0.743）
户主户口	1.940＊＊ （0.979）	1.997＊＊ （0.976）	1.995＊＊ （0.974）	1.998＊＊ （0.973）
婚姻	0.765 （1.180）	0.725 （1.180）	0.724 （1.178）	0.752 （1.178）

续表

变量	创业收入			
	(1)	(2)	(3)	(4)
组织参与情况	0.641 (0.974)	0.571 (0.972)	0.609 (0.972)	0.606 (0.972)
家庭人口规模	0.197 (0.249)	0.278 (0.249)	0.262 (0.249)	0.264 (0.249)
老人抚养比	−2.689 *** (1.007)	−2.822 *** (1.003)	−2.832 *** (1.004)	−2.885 *** (1.001)
未成年人抚养比	−0.424 (0.398)	−0.552 (0.403)	−0.553 (0.401)	−0.562 (0.399)
外出就餐餐费	0.430 *** (0.139)	0.432 *** (0.139)	0.425 *** (0.138)	0.423 *** (0.138)
邮电通信交通费	3.052 *** (0.494)	3.043 *** (0.495)	3.013 *** (0.496)	3.021 *** (0.495)
文化娱乐费用	0.053 (0.153)	0.060 (0.153)	0.062 (0.152)	0.072 (0.152)
人情往来费用	0.532 ** (0.271)	0.535 ** (0.273)	0.524 * (0.271)	0.536 ** (0.271)
家庭社会地位	−0.370 (0.505)	−0.306 (0.505)	−0.429 (0.507)	−0.446 (0.505)
家庭现金存款总额	0.048 (0.075)	0.058 (0.075)	0.056 (0.075)	0.055 (0.075)
家庭全部纯收入	2.631 *** (0.461)	2.641 *** (0.465)	2.629 *** (0.461)	2.648 *** (0.461)
待偿银行贷款	6.213 *** (1.166)	6.083 *** (1.169)	6.077 *** (1.168)	6.103 *** (1.168)
待偿其他借款	0.798 (0.978)	0.721 (0.976)	0.844 (0.979)	0.840 (0.977)
尚未归还借款	4.284 *** (0.789)	4.298 *** (0.790)	4.283 *** (0.789)	4.279 *** (0.788)

续表

变量	创业收入			
	（1）	（2）	（3）	（4）
不公遭遇指数	0.433 （0.348）	0.360 （0.349）	0.422 （0.349）	0.433 （0.348）
政府评价	−0.555 （0.487）	−0.453 （0.488）	−0.504 （0.487）	−0.494 （0.485）
社区商业氛围	128.729 *** （26.552）	128.308 *** （26.629）	128.962 *** （26.571）	129.147 *** （26.591）
社区流动人口比例	1.445 （2.257）	1.538 （2.254）	1.468 （2.251）	1.413 （2.238）
省际变量	控制	控制	控制	控制
Pseudo R^2	0.0586	0.0592	0.0596	0.0602
F 值	11.38	11.65	11.63	11.58
样本量	6673	6673	6673	6673

注：①括号中的数值是标准误；②＊、＊＊和＊＊＊分别表示在10%、5%和1%的显著性水平上显著。

表6-3是健康人力资本对家庭创业选择影响的回归结果。第（1）列只加入家庭健康评价指标，回归结果表明，家庭健康评价在1%水平上显著正向影响家庭创业选择，家庭健康评价每提高1个单位，家庭创业选择的概率的边际效应显著提高0.8%，在一定程度上也说明健康评价对家庭创业选择同样具有显著的经济效果，因此，假设 H7a 中"健康评价对家庭创业选择具有正向促进作用"得到验证。第（2）列只加入家庭健康指数的回归结果显示：家庭健康指数在1%水平上显著负向影响家庭创业选择，因此，假设 H8a 中"健康指数对家庭创业具有正向促进作用"未得到验证；同时，健康指数正常的家庭比不正常的家庭，在选择创业的概率上要降低2.5%，这充分说明创业家庭的由于创业带来的各方面压力，健康指数可能更多趋于不正常范围。第（3）列将家庭健康评价变量和健康指数同时纳入回归，发现家庭健康评价和健康指数对家庭创业选择的边际效应及显著性未出现较大变化，这说明健康人力资本对家庭创业选择的边际效应相对比较稳健。第（4）列

是在（3）的基础上进一步纳入健康评价与健康指数两者的交互项，回归结果显示，交互项的边际效应为负，且不显著；同时，健康评价与健康指数的边际效应均有所增加。这说明健康评价与健康指数两者间对家庭创业选择具有相互补偿效应，健康评价可以缩小由于健康指数差异引起的家庭创业选择的概率差异。

表6-4是健康人力资本对家庭创业收入影响的回归结果。第（1）列仅将家庭健康评价纳入回归，发现家庭健康评价在10%水平上显著正向影响家庭创业收入，且家庭健康评价每提高1个单位，家庭创业收入的边际效应将提高72%，因此，假设H7b中"健康评价对家庭创业收入具有正向促进作用"得到验证。第（2）列仅将家庭健康指数纳入回归，发现家庭健康指数在1%水平上显著负向影响家庭创业收入，因此，假设H8b中"健康指数对家庭创业收入具有正向促进作用"未通过验证；同时，健康指数不正常的家庭与正常家庭相比，不正常家庭的创业收入的边际效应相应会增加234.4%，这可能说明家庭在创业过程中，创业者更多精力投入创业而忽视了自己的健康。第（3）列将家庭健康评价和家庭健康指数两个变量同时纳入回归模型，发现这两个变量对家庭创业收入的影响态势基本没变，前面的研究结论比较稳健。第（4）列在第（3）列的基础上进一步纳入健康评价与健康指数两者的交互项，回归结果显示，交互项的边际效应为负，且不显著；同时，健康评价与健康指数的边际效应均有所增加。说明健康评价与健康指数两者间对家庭创业收入也具有相互补偿效应。

表6-3和表6-4中，控制变量对家庭创业选择和创业收入影响态势基本类似，仅在影响强度上不同，因此，本小节将其合并报告。家户特征中的户主年龄在1%水平上呈现出"倒U型"变化趋势，同样说明家庭创业会随着户主年龄的增加而增大；但当年龄增加到一定程度时可能会逐渐下降。户主的性别、老人抚养比、未成年人抚养比、家庭地位、家庭对政府评价等变量均在不同程度上负向影响家庭创业，其中户主性别和老人抚养比均在1%水平上显著。另外，家庭外出就餐费用、邮电通信交通费用、文化娱乐费用、家庭全部纯收入、待偿银行贷款、尚未归还借款以及社区商业氛围等变量对家庭创业均具有显著正向影响，且均在1%水平上显著；其他变量在一定程度上对家庭创业呈现出不太显著的正向影响。

综上可见，假设H7（H7a和H7b）中"健康评价对家庭创业具有正向促进作用"得到验证,而 H8(H8a 和 H8b)中"健康指数对家庭创业可能具有正向促进作用"并未得到验证,但检验发现健康指数对家庭创业却有显著的负向抑制作用。健康评价对家庭创业(选择和收入)具有显著的正向影响,但健康指数对家庭创业(选择和收入)却表现为显著负向影响;同时,健康评价与健康指数两者的交互项对家庭创业影响的边际效应为负,且不显著,且健康评价与健康指数的边际效应均有所增加,说明健康评价与健康指数两者间对家庭创业具有相互补偿效应,健康评价可以缩小由于健康指数差异引起的家庭创业的影响差异。

6.2.3 健康人力资本对家庭创业影响的城乡差异实证结果

为进一步探讨由于城乡二元经济结构带来的创业影响差异,本节以城乡子样本对家庭创业选择和创业收入进行回归,回归过程中,同样控制所有控制变量,分别将家庭主观健康评价、家庭客观健康指数和家庭健康人力资本的所有变量逐个进行回归,健康人力资本对家庭创业选择和创业收入影响的回归结果分别如表 6 - 5、表 6 - 6 和表 6 - 7 所示,由于控制变量呈现的结果基本相同,因此,表 6 - 6 和表 6 - 7 中均没有报告控制变量的回归结果。

表 6 - 5　　　　　　　家庭健康人力资本对城乡创业选择影响的差异

变量	创业选择			
	城镇	农村	城镇	农村
	(1)	(2)	(3)	(4)
健康评价	0.013 * (0.007)	0.004 (0.005)		
健康指数			- 0.017 (0.013)	- 0.023 ** (0.010)
户主年龄	0.009 ** (0.004)	0.004 (0.003)	0.010 ** (0.004)	0.004 (0.003)
年龄平方	- 0.011 ** (0.005)	- 0.005 (0.003)	- 0.011 ** (0.005)	- 0.004 (0.003)

续表

变量	创业选择			
	城镇	农村	城镇	农村
	（1）	（2）	（3）	（4）
户主性别	− 0. 029 **	− 0. 029 ***	− 0. 029 **	− 0. 029 ***
	（0. 012）	（0. 009）	（0. 012）	（0. 009）
户主户口	0. 068 ***	− 0. 029 *	0. 069 ***	− 0. 028 *
	（0. 015）	（0. 016）	（0. 015）	（0. 016）
婚姻	− 0. 004	0. 022	− 0. 005	0. 021
	（0. 019）	（0. 015）	（0. 019）	（0. 015）
组织参与情况	0. 016	− 0. 006	0. 016	− 0. 007
	（0. 015）	（0. 013）	（0. 015）	（0. 013）
家庭人口规模	0. 004	0. 002	0. 005	0. 002
	（0. 005）	（0. 003）	（0. 005）	（0. 003）
老人抚养比	− 0. 039 **	− 0. 016	− 0. 040 **	− 0. 017
	（0. 017）	（0. 011）	（0. 017）	（0. 011）
未成年人抚养比	− 0. 007	− 0. 003	− 0. 008	− 0. 004
	（0. 007）	（0. 004）	（0. 007）	（0. 004）
外出就餐餐费	0. 003	0. 005 ***	0. 003	0. 004 ***
	（0. 002）	（0. 002）	（0. 002）	（0. 002）
邮电通信交通费	0. 036 ***	0. 024 ***	0. 037 ***	0. 024 ***
	（0. 008）	（0. 006）	（0. 008）	（0. 006）
文化娱乐费用	0. 000	0. 003	0. 000	0. 003
	（0. 002）	（0. 002）	（0. 002）	（0. 002）
人情往来费用	0. 007	0. 004	0. 007	0. 004
	（0. 004）	（0. 003）	（0. 005）	（0. 003）
家庭社会地位	− 0. 003	− 0. 002	− 0. 001	− 0. 002
	（0. 008）	（0. 006）	（0. 008）	（0. 006）
家庭现金存款总额	− 0. 000	0. 001	− 0. 000	0. 001
	（0. 001）	（0. 001）	（0. 001）	（0. 001）
家庭全部纯收入	0. 025 ***	0. 025 ***	0. 026 ***	0. 025 ***
	（0. 007）	（0. 006）	（0. 007）	（0. 006）

续表

变量	创业选择			
	城镇	农村	城镇	农村
	（1）	（2）	（3）	（4）
待偿银行贷款	0.102 *** (0.023)	0.051 *** (0.014)	0.102 *** (0.023)	0.050 *** (0.014)
待偿其他借款	0.004 (0.018)	0.021 * (0.011)	0.002 (0.018)	0.020 * (0.011)
尚未归还借款	0.048 *** (0.014)	0.038 *** (0.009)	0.048 *** (0.014)	0.037 *** (0.009)
不公遭遇指数	0.008 (0.006)	0.005 (0.004)	0.006 (0.006)	0.004 (0.004)
政府评价	0.002 (0.009)	− 0.010 * (0.005)	0.003 (0.009)	− 0.009 (0.005)
社区商业氛围	0.792 ** (0.372)	5.949 *** (1.605)	0.782 ** (0.373)	5.973 *** (1.595)
社区流动人口比例	0.081 ** (0.037)	− 0.042 (0.030)	0.083 ** (0.037)	− 0.041 (0.030)
省际变量	控制	控制	控制	控制
Pseudo R^2	0.1092	0.1630	0.1084	0.1652
Wald chi^2	207.25	240.99	205.90	242.67

注：①括号中的数值是标准误；②＊、＊＊和＊＊＊分别表示在10%、5%和1%的显著性水平上显著。

表 6 - 6　　　家庭健康人力资本间的交互对城乡创业选择影响的差异

变量	创业选择			
	城镇	农村	城镇	农村
	（1）	（2）	（3）	（4）
健康评价	0.014 ** (0.007)	0.004 (0.005)	0.017 (0.012)	0.011 (0.008)
健康指数	− 0.020 (0.013)	− 0.024 ** (0.010)	− 0.005 (0.046)	0.008 (0.030)

续表

变量	创业选择			
	城镇	农村	城镇	农村
	(1)	(2)	(3)	(4)
健康评价×健康指数			−0.004 (0.014)	−0.010 (0.009)
控制变量	控制	控制	控制	控制
Pseudo R²	0.1096	0.1643	0.1100	0.1662
Wald chi²	210.31	243.44	213.54	248.45
样本量	3012	3661	3012	3661

注：①括号中的数值是标准误；②＊、＊＊和＊＊＊分别表示在10%、5%和1%的显著性水平上显著。

表6-7 健康人力资本对家庭创业收入影响的城乡差异

变量	创业收入							
	城镇	农村	城镇	农村	城镇	农村	城镇	农村
	(1)	(2)	(3)	(4)	(5)	(6)	(7)	(8)
健康评价	0.863 (0.552)	0.622 (0.588)			0.904 (0.553)	0.650 (0.584)	1.440 (1.009)	1.405 (0.938)
健康指数			−1.275 (1.050)	−2.815＊＊ (1.207)	−1.373 (1.054)	−2.846＊＊ (1.208)	1.064 (3.764)	0.749 (3.808)
健康评价×健康指数							−0.762 (1.166)	−1.116 (1.128)
控制变量	控制	控制	控制	控制	控制	控制	控制	控制
Pseudo R²	0.0523	0.0852	0.0521	0.0862	0.0526	0.0865	0.0529	0.0876
F 值	6.16	9.06	6.15	9.26	6.15	9.19	6.16	9.24
样本量	3012	3661	3012	3661	3012	3661	3012	3661

注：①括号中的数值是标准误；②＊、＊＊和＊＊＊分别表示在10%、5%和1%的显著性水平上显著。

表 6 - 5 是健康评价和健康指数分别对创业选择回归结果。家庭健康人力资本对城乡家庭创业选择的影响差异较大，具体体现如下：第（1）（2）列仅健康评价进入回归时，结果表明，家庭健康评价对城乡家庭创业选择表现为正向影响，但其显著性各有差异，对城镇家庭在 10% 水平上显著，而对农村家庭则不显著，可见，假设 H7a 中健康评价对家庭创业具有正向促进作用的"城乡差异"得到验证。第（3）（4）列仅将家庭健康指数加入回归，结果表明，家庭健康指数对城乡家庭创业均表现为负向影响，但对城镇家庭不显著，而对农村家庭则在 5% 水平上显著，可见，假设 H8a 中"健康指数对家庭创业会表现出一定的城乡差异"得到验证。

控制变量对家庭创业选择影响的城乡差异，仅报告差异显著的相关控制变量。其中，户主年龄的影响在城镇家庭中为显著的"倒 U 型"态势，而在农村家庭中则不显著；户主户口的影响在城镇家庭中为显著正向，而在农村家庭中为显著负向；老人抚养比的影响在城镇家庭中为显著负向，而在农村家庭中则不显著；外出就餐餐费的影响在城镇家庭中不显著，在农村家庭中则为显著正向；社区流动人口比例的影响在城镇家庭为显著正向，在农村家庭则为不显著负向。

表 6 - 6 是健康评价和健康指数及其交互项对家庭创业选择影响回归的结果。结果表明，第（1）（2）列中，健康评价与健康指数同时进入回归与单个进入回归的影响结果变化不大，说明家庭健康人力资本对家庭创业选择的影响结果比较稳健；同时，对城镇家庭而言，家庭健康评价每增加 1 个单位，家庭创业选择概率的边际效应相应会提高 1.4%，对农村家庭而言，健康指数正常的家庭比不正常的家庭在创业选择概率的边际效应会降低 2.3%。第（3）（4）列将健康评价与健康指数的交互项纳入回归，结果显示：交互项对城乡家庭创业选择影响的边际效应均为负，同时，健康评价和健康指数的边际效应均有所增加，但都不显著，这证实交互项的作用对家庭创业选择有较大影响。

表 6 - 7 的回归结果表明，从城镇家庭样本来看，家庭健康评价对家庭创业收入具有正向影响，而家庭健康指数对创业收入具有负向影响，但均不显著。从农村家庭样本来看，健康评价与健康指数对家庭创业收入的影响基本与城镇家庭相同，但其影响强度确各有差异，特别是健康指数对家庭创业收

入具有显著的负向影响，且在 5% 水平上显著，且对农村家庭而言，健康指数不正常的家庭比正常的家庭对创业收入影响的边际效应要增加 284.6%。同时，健康评价与健康指数的交互项对家庭创业收入的影响呈现出与对家庭创业选择类似的影响态势。相关控制变量对城乡家庭创业差异的影响基本与前面的研究结论一致，限于篇幅，本小节省略汇报。

综上可知，假设 H7（H7a 和 H7b）和假设 H8（H8a 和 H8b）中"健康人力资本对家庭创业会表现出一定的城乡差异"得到验证。健康人力资本对城乡家庭子样本的影响有与全样本类似的结论，但具有一些显著性差异，具体表现为：对城镇家庭而言，健康评价对家庭创业选择具有显著的正向影响，健康评价对家庭创业的影响较大；而对农村家庭而言，健康指数对家庭创业具有显著的负向影响，健康指数对家庭创业的影响较大；同时健康评价与健康指数两者的交互项对城乡家庭创业影响的边际效应为负，且不显著，这也说明健康评价与健康指数两者间对城乡家庭创业也具有相互补偿效应。这两者差异可能是由于城乡医疗水平、城乡居民的健康意识的差异造成的，对城镇居民来讲，由于健全的医疗机构和较为全面的健康知识，所以对健康状况的评估可能相对比较准确，同时平时注意身体的锻炼，虽然创业带来一定的压力，导致身体质量指数不正常，但整体的影响并不显著；而对农村居民来讲，由于缺乏完善的医疗服务，可能更多的通过自身一些健康指数对其健康状况作出判断，同时，由于对身体质量指数并不会引起重视，导致了身体质量指数的进一步恶化。

6.2.4 健康人力资本对家庭创业影响的地区差异实证结果

为进一步探讨由于不同地区人们健康差异对家庭创业的影响，本节将在全样本的基础上划分为东、中、西部地区三个子样本对家庭创业选择和创业收入进行回归，回归过程中，同样在控制所有控制变量的基础上，分别将健康评价、健康指数及其交互项等变量逐个进行回归，回归结果分别如表 6 - 8 和表 6 - 9 所示，限于篇幅，控制变量的回归结果具有相似之处，因此，仅在表 6 - 8 中报告部分结果。

表6-8 健康人力资本对家庭创业选择影响的地区差异

变量	创业选择											
	东部	中部	西部	东部	中部	西部	东部	中部	西部	东部	中部	西部
	(1)	(2)	(3)	(4)	(5)	(6)	(7)	(8)	(9)	(10)	(11)	(12)
健康评价	-0.003 (0.007)	0.021*** (0.007)	0.010 (0.007)				-0.003 (0.007)	0.021*** (0.007)	0.010 (0.007)	-0.001 (0.011)	0.023* (0.013)	0.028** (0.013)
健康指数				-0.036*** (0.013)	-0.031** (0.015)	-0.001 (0.016)	-0.036** (0.013)	-0.031** (0.015)	-0.002 (0.016)	-0.029 (0.045)	-0.021 (0.050)	0.070 (0.048)
健康评价×健康指数										-0.002 (0.014)	-0.003 (0.015)	-0.023 (0.014)
户主年龄	0.006 (0.004)	0.005 (0.004)	0.009** (0.004)	0.005 (0.004)	0.005 (0.004)	0.009** (0.004)	0.028 (0.024)	0.023 (0.025)	0.068** (0.031)	0.028 (0.024)	0.023 (0.025)	0.068** (0.031)
年龄平方	-0.007 (0.005)	-0.005 (0.005)	-0.010 (0.005)	-0.007 (0.005)	-0.005 (0.005)	-0.011** (0.005)	-0.036 (0.029)	-0.023 (0.029)	-0.076** (0.036)	-0.036 (0.029)	-0.023 (0.029)	-0.076** (0.036)
户主性别	-0.025** (0.012)	-0.026* (0.014)	-0.021 (0.013)	-0.026** (0.012)	-0.028** (0.014)	-0.020 (0.013)	-0.173** (0.075)	-0.180** (0.081)	-0.155 (0.101)	-0.173** (0.074)	-0.179** (0.081)	-0.154 (0.101)
户主户口	0.040** (0.016)	0.022 (0.016)	-0.005 (0.019)	0.041** (0.016)	0.025 (0.016)	-0.006 (0.019)	0.262*** (0.097)	0.152 (0.096)	-0.019 (0.145)	0.262*** (0.097)	0.152 (0.096)	-0.018 (0.145)

续表

| 变量 | 创业选择 | | | | | | | | | | | |
---	东部 (1)	中部 (2)	西部 (3)	东部 (4)	中部 (5)	西部 (6)	东部 (7)	中部 (8)	西部 (9)	东部 (10)	中部 (11)	西部 (12)
婚姻	0.019** (0.020)	0.008 (0.022)	0.005 (0.018)	0.016 (0.019)	0.010 (0.022)	0.004 (0.019)	0.091 (0.118)	0.036 (0.128)	0.007 (0.137)	0.091 (0.118)	0.036 (0.128)	0.008 (0.137)
组织参与情况	0.012 (0.017)	-0.000 (0.018)	-0.006 (0.017)	0.012 (0.017)	-0.001 (0.017)	-0.007 (0.017)	0.075 (0.101)	-0.009 (0.103)	-0.056 (0.129)	0.075 (0.101)	-0.009 (0.103)	-0.055 (0.129)
家庭人口规模	0.004 (0.004)	0.005 (0.004)	0.001 (0.004)	0.005 (0.004)	0.007 (0.004)	0.001 (0.004)	0.030 (0.025)	0.033 (0.026)	0.016 (0.030)	0.030 (0.025)	0.033 (0.026)	0.015 (0.030)
老人抚养比	-0.039** (0.017)	-0.029* (0.017)	-0.022 (0.017)	-0.041** (0.017)	-0.031* (0.017)	-0.022 (0.017)	-0.249** (0.103)	-0.173* (0.103)	-0.167 (0.127)	-0.250** (0.102)	-0.172* (0.103)	-0.169 (0.126)
未成年人抚养比	0.007 (0.006)	-0.017** (0.008)	-0.005 (0.006)	0.005 (0.006)	-0.020** (0.009)	-0.005 (0.006)	0.042 (0.038)	-0.105** (0.051)	-0.043 (0.048)	0.042 (0.038)	-0.105** (0.051)	-0.043 (0.047)
外出就餐餐费	0.002 (0.002)	0.005** (0.002)	0.004* (0.002)	0.002 (0.002)	0.006** (0.002)	0.004* (0.002)	0.012 (0.014)	0.031** (0.015)	0.029* (0.017)	0.012 (0.014)	0.031** (0.015)	0.030* (0.018)
邮电通信交通费	0.035*** (0.007)	0.022** (0.009)	0.031*** (0.008)	0.034*** (0.007)	0.022** (0.009)	0.031*** (0.008)	0.212*** (0.045)	0.127** (0.052)	0.233*** (0.063)	0.212*** (0.045)	0.126** (0.052)	0.233*** (0.064)

续表

变量	创业选择											
	东部	中部	西部	东部	中部	西部	东部	中部	西部	东部	中部	西部
	(1)	(2)	(3)	(4)	(5)	(6)	(7)	(8)	(9)	(10)	(11)	(12)
文化娱乐费用	0.000 (0.003)	0.002 (0.003)	0.000 (0.003)	0.001 (0.003)	0.002 (0.003)	−0.000 (0.003)	0.003 (0.015)	0.013 (0.017)	−0.003 (0.020)	0.004 (0.015)	0.013 (0.017)	−0.003 (0.020)
人情往来费用	0.004 (0.004)	0.004 (0.005)	0.005 (0.005)	0.004 (0.004)	0.004 (0.005)	0.007 (0.005)	0.023 (0.024)	0.026 (0.029)	0.041 (0.037)	0.023 (0.024)	0.026 (0.029)	0.041 (0.037)
家庭社会地位	−0.009 (0.008)	0.005 (0.009)	0.002 (0.009)	−0.011 (0.008)	0.008 (0.009)	0.003 (0.009)	−0.075 (0.048)	0.031 (0.055)	0.007 (0.066)	−0.075 (0.048)	0.031 (0.055)	0.007 (0.066)
家庭现金存款总额	−0.000 (0.001)	0.003* (0.001)	0.000 (0.001)	−0.000 (0.001)	0.003** (0.001)	0.000 (0.001)	−0.001 (0.007)	0.016** (0.008)	0.001 (0.010)	−0.001 (0.007)	0.016** (0.008)	0.001 (0.010)
家庭全部纯收入	0.033*** (0.008)	0.020*** (0.007)	0.022*** (0.008)	0.033*** (0.008)	0.020*** (0.008)	0.022*** (0.008)	0.208*** (0.047)	0.120*** (0.044)	0.155*** (0.057)	0.208*** (0.047)	0.120*** (0.044)	0.155*** (0.057)
待偿银行贷款	0.101*** (0.023)	0.079*** (0.024)	0.040** (0.017)	0.099*** (0.023)	0.075*** (0.024)	0.040** (0.017)	0.592*** (0.142)	0.458*** (0.140)	0.290** (0.130)	0.591*** (0.142)	0.459*** (0.140)	0.291** (0.130)
待偿其他借款	0.008 (0.018)	0.048*** (0.017)	−0.008 (0.016)	0.009 (0.018)	0.044*** (0.017)	−0.008 (0.016)	0.049 (0.109)	0.278*** (0.099)	−0.072 (0.119)	0.049 (0.109)	0.278*** (0.099)	−0.070 (0.120)

续表

变量	创业选择											
	东部	中部	西部	东部	中部	西部	东部	中部	西部	东部	中部	西部
	(1)	(2)	(3)	(4)	(5)	(6)	(7)	(8)	(9)	(10)	(11)	(12)
尚未归还借款	0.050*** (0.014)	0.050*** (0.014)	0.035** (0.014)	0.051*** (0.014)	0.049* (0.014)	0.035** (0.014)	0.317*** (0.083)	0.292*** (0.085)	0.254** (0.106)	0.317*** (0.083)	0.292*** (0.085)	0.253** (0.106)
不公遭遇指数	0.001 (0.007)	0.001 (0.007)	0.012** (0.005)	0.002 (0.006)	-0.002 (0.007)	0.012** (0.005)	0.012 (0.039)	-0.001 (0.039)	0.089** (0.037)	0.012 (0.039)	-0.001 (0.038)	0.089** (0.037)
政府评价	-0.001 (0.008)	-0.010 (0.009)	0.005 (0.007)	0.000 (0.008)	-0.009 (0.009)	0.005 (0.007)	0.002 (0.050)	-0.058 (0.052)	0.034 (0.057)	0.002 (0.050)	-0.058 (0.052)	0.035 (0.056)
社区商业氛围	0.797 (1.093)	1.522* (0.836)	0.977*** (0.287)	0.825 (1.087)	1.465* (0.844)	0.967*** (0.289)	4.434 (6.604)	8.690* (4.941)	7.441*** (2.128)	4.415 (6.605)	8.679* (4.941)	7.440*** (2.127)
社区流动人口比例	-0.014 (0.034)	0.018 (0.036)	0.050 (0.043)	-0.008 (0.033)	0.015 (0.036)	0.051 (0.043)	-0.015 (0.203)	0.165 (0.213)	0.367 (0.326)	-0.015 (0.203)	0.163 (0.212)	0.370 (0.326)
Pseudo R^2	0.1136	0.0970	0.1334	0.1180	0.0949	0.1314	0.1181	0.0999	0.1334	0.1181	0.0999	0.1352
Wald chi²	154.33	129.98	121.27	161.59	125.61	115.62	161.63	135.21	121.65	162.98	135.44	124.13
样本量	2552	2193	1928	2552	2193	1928	2552	2193	1928	2552	2193	1928

注：①括号中的数值是标准误；②*、**和***分别表示在10%、5%和1%的显著性水平上显著。

表 6-9 健康人力资本对家庭创业收入影响的地区差异

变量	创业收入											
	(1)东部	(2)中部	(3)西部	(4)东部	(5)中部	(6)西部	(7)东部	(8)中部	(9)西部	(10)东部	(11)中部	(12)西部
健康评价	-0.079 (0.667)	1.550** (0.668)	1.297 (0.801)				-0.068 (0.662)	1.550** (0.662)	1.278 (0.805)	-0.003 (1.060)	1.956* (1.187)	3.890** (1.700)
健康指数				-3.750*** (1.203)	-2.732** (1.347)	1.183 (1.966)	-3.750*** (1.203)	-2.734** (1.345)	1.062 (1.972)	-3.420 (4.219)	-0.761 (4.627)	11.363* (6.307)
健康评价 × 健康指数										-0.104 (1.290)	-0.621 (1.402)	-3.302* (1.883)
控制变量	控制	控制	控制	控制	控制	控制	控制	控制	控制	控制	控制	控制
Pseudo R^2	0.0592	0.0485	0.0705	0.0620	0.0482	0.0695	0.0620	0.0498	0.0706	0.0620	0.0499	0.0719
Wald chi^2/F 值	9.32	7.11	8.18	10.07	7.04	7.71	9.67	7.20	7.85	9.37	6.96	7.63
样本量	2552	2193	1928	2552	2193	1928	2552	2193	1928	2552	2193	1928

注：①括号中的数值是标准误；②*、**和***分别表示在10%、5%和1%的显著性水平上显著。

　　表 6 - 8 的回归结果显示，家庭健康人力资本对东、中、西部地区家庭创业选择的影响差异并不大，具体体现如下：健康评价仅对中部地区家庭创业选择有显著正向影响，其对东、西部地区家庭均不显著；且当中部地区家庭的健康评价每提高 1 个单位，家庭创业选择概率将提升 2.1% 。健康指数对东、中部地区家庭创业选择呈现显著的负向影响，但对西部地区家庭的影响则不显著；且对东、中部地区家庭健康指数每提高 1 个单位，家庭创业选择概率将分别降低 3.6% 、3.1% 。健康评价和健康指数同时进入回归时，健康评价和健康指数对家庭创业选择影响态势基本没变，这也说明健康评价和健康指数对东、中、西部地区家庭创业选择影响比较稳健，但当交互项进入回归后，各指标变量的显著性和边际效应均发生了变化，这也充分说明健康评价和健康指数的交互项对家庭创业选择具有较大的影响。

　　其他控制变量方面。限于篇幅，本小节仅分析控制变量对东、中、西部地区家庭创业选择影响差异较大的变量，而对影响态势相同的变量没有报告。其中，年龄对西部地区家庭创业选择在 5% 水平上显著呈现"倒 U 型"变化趋势，对东、中部地区家庭则不显著，其他的户主性别、户主户口、未成年人抚养比、外出就餐餐费、待偿其他借款、不公正遭遇指数以及社区商业氛围对东、中、西部地区家庭创业选择的影响在作用方向和影响强度方面均有较大差异。

　　表 6 - 8 和表 6 - 9 的回归结果比较来看，健康人力资本对家庭创业收入的影响与对家庭创业选择的影响基本呈现出相同的态势，仅在各指标变量的边际效应上有所提高。具体体现如下：表 6 - 9 的回归结果表明，健康评价仅对中部地区家庭创业收入有显著正向影响，其对东、西部地区家庭均不显著；且当中部地区家庭的健康评价每提高 1 个单位，家庭创业收入将提升 155.0% 。健康指数对东、中部地区家庭创业收入呈现显著的负向影响，但对西部地区家庭的影响则不显著；且对东、中部地区家庭健康指数每提高 1 个单位，家庭创业收入将分别降低 375.0% 、273.2% 。当健康评价和健康指数同时进入回归时，健康评价和健康指数对家庭创业收入影响态势基本没变，这也说明健康评价和健康指数对东、中、西部地区家庭创业收入影响比较稳健，但当交互项进入回归后，各指标变量的显著性和边际效应均发生了变化，这也充分说明健康评价和健康指数的交互项对家庭创业收

入具有较大的影响。

同时，限于篇幅，本小节同样没有报告控制变量对家庭创业收入的影响。

综上比较来看，假设 H7（H7a 和 H7b）和假设 H8（H8a 和 H8b）中"健康人力资本对家庭创业会表现出一定的地区差异"得到验证。家庭健康人力资本对家庭创业影响的地区差异主要体现如下：对中部地区家庭而言，健康评价越高，家庭创业选择的可能性越大，其相应的创业收入也越高；健康指数越高，家庭创业选择的可能性越小，其对应的创业收入也越低。对东部地区家庭而言，健康评价与家庭创业之间呈现出不显著的负向影响；健康指数的影响与在中部地区类似。对西部地区家庭而言，健康评价与健康指数对家庭创业均呈现出不显著的正向影响，但健康评价与健康指数的交互对家庭创业收入却呈现出显著的相互抑制作用，说明对西部地区来讲，在其他条件不变的情况下，健康指数或健康评价的提升，其家庭创业收入均会降低。这些差异可能主要由于各地区医疗水平、健康状况、健康意识上的差异所造成的，对东、中部地区居民来讲，由于相对健全的医疗机构和较为全面的健康知识，所以在对健康状况的评估一般根据医院的诊断结果进行判断，可能相对比较准确；而对西部地区居民来讲，由于缺乏完善的医疗服务，可能更多的通过自身一些健康指数对其健康状况作出判断，所以两者对家庭创业的影响效应基本相同。

6.3 稳健性检验

6.3.1 新样本检验

本章的稳健性检验与上一章的思路相同，采用了访员对受访者的家庭配合和可信评价在一般及以上的家庭样本作为新的样本进行相应的回归分析，结果如表 6 - 10 所示。

从稳健性检验结果中可以发现，健康人力资本中的健康评价维度对家庭创业具有显著的正向影响，但健康指数维度对家庭创业却具有显著的负向影响，且在城乡家庭创业中却表现出显著差异。在间接效应的稳健性回

表 6 – 10　　　　　健康人力资本对家庭创业影响的稳健性检验结果

变量	创业选择			创业收入		
	（1）	（2）	（3）	（4）	（5）	（6）
健康评价	0.009** （0.004）		0.009** （0.004）	0.782* （0.422）		0.831** （0.420）
健康指数		− 0.027*** （0.008）	− 0.028*** （0.008）		− 2.554*** （0.814）	− 2.615*** （0.815）
控制变量	控制	控制	控制	控制	控制	控制
Pseudo R^2	0.1178	0.1193	0.1204	0.0595	0.0602	0.0607
Wald chi^2/F 值	372.48	377.65	389.14	11.19	11.44	11.56
样本量	6348	6348	6348	6348	6348	6348

注：①括号中的数值是标准误；②*、**和***分别表示在10%、5%和1%的显著性水平上显著。

归结果中也并没有表现出较大差异，只是在影响强度上有些变化。限于篇幅，采用新样本对城乡家庭创业影响等其他回归的稳健性检验结果没有汇报，但整体的结果基本与前面的回归结果一致。因此，本章的研究结论具有稳健性。

6.3.2　工具变量检验

以上回归结果中虽然尽量控制了省份、户主特征、家庭特征和制度环境特征等变量对创业的影响，但也可能还是存在一些遗漏变量和反向因果变量会影响健康人力资本与家庭创业之间的关系。这会导致健康人力资本的关键解释变量可能存在一定的内生性问题，若确实如此，那么上述结果可能存在一定偏差。因此，本章参照邓力源等（2018）类似做法，采用2010年健康人力资本指标来表示2014年健康人力资本指标对内生性偏差进行检验。因此，我们利用CFPS数据库中2010年的相关变量指标与2014年的相应变量进行有效匹配后得到样本6119个，对上述回归采用了IV Probit模型和IV Tobit模型进行二阶段回归检验结果如表6 – 11所示。

表 6 - 11　　　　　　　健康人力资本对家庭创业的影响内生性检验结果

变量		创业选择		创业收入	
		2010 年	2014 年	2010 年	2014 年
健康评价		0.155 ** (0.074)		2.317 ** (1.161)	
健康指数			-0.338 *** (0.110)		-5.525 *** (1.726)
控制变量		控制	控制	控制	控制
变量		健康评价		健康指数	
第一阶段 回归结果	2010 年健康评价	0.440 *** (0.014)			
	2010 年健康指数			0.494 *** (0.012)	
F 值		40.09		41.99	

注：①表中报告的是各个变量的回归系数；②括号中的数值是稳健标准误；③ * 、 ** 和 *** 分别表示在 10%、5% 和 1% 的显著性水平上显著。

表 6 - 11 报告了 2010 年健康评价和健康指数进行工具变量模型估计结果。第一阶段回归的系数均在 1% 水平上显著为正，这表明 2010 年的健康评价、健康指数对 2014 年的健康评价、健康指数产生了显著的正影响。同时，第一阶段回归结果中，健康评价、健康指数的 F 值分别为 40.09 和 41.99。这充分说明工具变量选取的合理性，也进一步说明 2010 年健康人力资本对 2014 年的健康人力资本均具有较强的解释能力。

6.4　结果讨论

6.4.1　研究结论

本章基于第 3 章中健康人力资本对家庭创业的影响机制，采用 Probit 模型分别检验了健康评价和健康指数对家庭创业选择的影响效应，采用 Tobit 模型分别检验了健康评价和健康指数对家庭创业收入的影响效应，并对城乡子样本进行了分类回归；最后，在稳健性检验的基础上，得到研究结论基本可靠。大部分的假设得到了数据较好的支持，有少部分未得到数据的验证（参见表6-12）。

表 6-12　　　　　　健康人力资本对家庭创业的影响研究假设汇总

假设	内容	是否验证
H7	健康评价对家庭创业可能具有正向促进作用，且会表现出一定的城乡差异和地区差异	是
H7a	健康评价对家庭创业选择可能具有正向促进作用，且会表现出一定的城乡差异和地区差异	是
H7b	健康评价对家庭创业收入可能具有正向促进作用，且会表现出一定的城乡差异和地区差异	是
H8	健康指数对家庭创业可能具有正向促进作用，且会表现出一定的城乡差异和地区差异	负向影响，但差异存在
H8a	健康指数对家庭创业选择可能具有正向促进作用，且会表现出一定的城乡差异和地区差异	负向影响，但差异存在
H8b	健康指数对家庭创业收入可能具有正向促进作用，且会表现出一定的城乡差异和地区差异	负向影响，但差异存在

针对上述假设检验结果，本章得到的主要结论如下：

（1）健康评价对家庭创业（选择和收入）呈现出显著的正向影响，但健康指数对家庭创业（选择和收入）则呈现出显著的负向影响；同时，健康评价与健康指数两者间对家庭创业具有相互补偿效应。

（2）健康人力资本对家庭创业影响的城乡差异主要表现为：健康评价对城镇家庭创业选择具有显著的促进作用，但对农村家庭的促进作用则不显著；健康指数对家庭创业具有抑制作用，但对城镇家庭不显著，而对农村家庭则显著；对城镇家庭创业作用较大的是健康评价，而对农村家庭创业作用较大的是健康指数。

（3）健康人力资本对家庭创业影响的地区差异主要表现为：健康评价对中部地区家庭创业具有显著正向影响，其对东、西部地区家庭均不显著；健康指数对东、中部地区家庭创业呈现显著的负向影响，但对西部地区家庭的影响则不显著。

6.4.2　研究启示

根据健康人力资本对家庭创业影响的实证结果，结合前面的文献综述与假设，对家庭健康人力资本积累有以下研究启示：

首先，要切实提高保障和改善民生水平，建设健康中国。要加大健康公共物品供给，特别是农村与边远地区，充分发挥政府卫生支出对民生的长效机制；要建立与完善政府卫生支出中的区域结构调整和协调机制，缩小农村与地区间医疗资源配置的差距，特别是对农村与边远地区而言，提升医疗筹资标准与医疗报销比例，完善合作医疗制度、构建全民共享的医疗卫生体系，以提升国民医疗保障水平。同时，要加速推进医养结合的健康保障模式，从传统的单一医疗向集健康教育、预防、保健、医疗、康复为一体医养结合模式进行转变（谢智康和杨晶，2020）。

其次，加强健康教育，强化家庭健康管理水平。结论显示，健康评价与健康指数对家庭创业的影响在城乡与东、中、西部地区间存在较大差异，在一定程度上由于家庭对健康认知不够所产生。因此，加强对国民的健康教育，提升其对健康的认知和敏感性；通过健康的卫生习惯与生活方式养成，提高家庭的自我保健能力；特别是在升学考试中可适当增加体育课程在升学体系中的比例，强化学生的体育锻炼和健康的生活习惯。

第 7 章

人力资本间的交互对家庭创业影响的实证研究

本章在前面文献综述和实证分析的基础上，重点探讨能力、技能与健康等人力资本的三个维度变量之间内在的调节效应进行检验。首先，在前面样本的基础上进一步对这三个维度变量进行有效匹配，并得到本章的研究样本；其次，基于 Probit（Tobit）模型检验了能力、技能与健康三个维度变量之间的交互项的内在作用对家庭创业选择（收入）的影响，得到了人力资本内在的调节作用；再其次，同样采用全样本数据对相关研究假设进行实证检验与分析，然后，采用城、乡子样本和东、中、西部地区子样本对城乡差异和地区差异进行了全面的分析；最后，对相关实证结果进行了稳健性和内生性检验，并对本章进行梳理总结。

7.1　研究变量的描述性统计分析

7.1.1　数据来源

本章采用了与前面章节相同的 CFPS 数据库。

其中，健康评价、健康指数、个人特征等变量数据主要来自成人问卷，而创业状态、家户特征、社会资本、经济资本制度环境中的主观制度评价的数据主要来源家庭问卷，制度环境中社区商业氛围和社区流动人口比例等数据主要来源社区问卷，最后通过三份问卷的数据进行匹配。在进行内生性检验时，本章主要采用了访员对受访者的家庭配合和可信评价在一般及以上的家庭数据进行了匹配，得到了本章内生性检验的新样本。

同时，根据研究的需要，参考现有文献的做法，对原始数据还做了如下处理：第一，删除了年龄在 16 岁以下、65 岁以上（女性 60 岁以上）的家庭成员样本数据；第二，删除现在仍在上学的家庭成员样本数据；第三，删除了本章所需关键变量有明显异常值和缺失值的家庭成员样本数据。

7.1.2 变量选择与数据说明

7.1.2.1 被解释变量

被解释变量为家庭创业，主要从家庭创业选择、家庭创业收入，这两个创业的指标变量直接采用表 4 - 1 的定义进行测量。

7.1.2.2 解释变量

解释变量为人力资本的能力、技能与健康三个维度变量，这三个维度变量的具体定义及 CFPS 问卷中对应的问题分别如表 4 - 1、表 5 - 1 和表 6 - 1 所示。

7.1.2.3 控制变量

控制变量主要包括了家户特征变量、家庭社会资本和经济资本变量、制度环境变量和各省际虚拟变量，这些变量的定义和数据说明详见表 4 - 1。

7.1.3 描述性统计分析

在对第 4~6 章的数据进行有效匹配的基础上，剔除本章所用到的能力、技能与健康等人力资本的三个维度变量中的所有指标变量、家户特征、家庭经济特征、家庭社会资本特征和制度环境特征等控制变量缺失的样本，得到本章的研究样本 6463 个，其中城镇样本 2979 个，农村样本 3614 个，东部家庭样本 2526 个，中部家庭样本 2167 个，西部家庭样本 1770 个。由于样本量仅在前面研究基础上稍有变化，对关键被解释变量和所有控制的描述基本相同，因此，本小节省略汇报。

7.2　模型构建与实证结果

7.2.1　模型构建

为了验证人力资本内在的交互作用，验证假设 H9 和假设 H14，依然在控制所有控制变量的基础上，进一步引入能力、技能与健康等人力资本的三个维度变量的交互项，采用 Probit 模型和 Tobit 模型分析人力资本间的交互对家庭创业选择和创业收入的影响，并构建模型（7-1）~模型（7-3）。

$$\frac{Entrepreneur}{Lnincome} = a_1 + a_2 skills + a_3 capability + a_4 (skills \times capability) + a_5 X + u_1$$

$$(7-1)$$

$$\frac{Entrepreneur}{Lnincome} = b_1 + b_2 health + b_3 capability + b_4 (health \times capability) + b_5 X + u_2$$

$$(7-2)$$

$$\frac{Entrepreneur}{Lnincome} = c_1 + c_2 skills + b_3 health + b_4 (skills \times health) + c_5 X + u_3$$

$$(7-3)$$

7.2.2　人力资本间的交互对家庭创业影响的实证结果

7.2.2.1　能力人力资本和技能人力资本的交互对家庭创业的影响

根据模型（7-1），测量能力人力资本与技能人力资本的交互对家庭创业（选择和收入）的影响，为防止过多交互项相互干扰及产生的共线性问题，故将技能人力资本与能力人力资本两个维度中的指标变量及其交互项逐一纳入模型，测量结果如表 7 - 1 所示。测量教育年限与能力人力资本的交互对家庭创业（选择和收入）的影响，结果如表 7 - 2 所示。由于控制变量对家庭创业影响的结果基本呈现与前面类似的效果，因此，在后续实证结果中均省略汇报。

表 7 - 1　　　　教育年限与能力人力资本的交互对家庭创业的影响的实证结果

变量	创业选择				创业收入			
	（1）	（2）	（3）	（4）	（5）	（6）	（7）	（8）
教育年限	0.044 ** (0.020)	0.056 *** (0.021)	0.017 (0.046)	0.067 *** (0.024)	0.715 ** (0.325)	0.811 ** (0.331)	0.210 (0.715)	1.105 *** (0.385)
词组能力	0.242 *** (0.046)				3.846 *** (0.728)			
数学能力		0.499 *** (0.072)				7.697 *** (1.116)		
自我效能			0.073 (0.092)				0.563 (1.448)	
社会交往				0.099 (0.084)				1.732 (1.368)
教育年限 × 词组能力	-0.019 *** (0.006)				-0.292 *** (0.089)			
教育年限 × 数学能力		-0.038 *** (0.007)				-0.565 *** (0.105)		
教育年限 × 自我效能			-0.001 (0.011)				0.000 (0.167)	
教育年限 × 社会交往				-0.023 ** (0.010)				-0.376 ** (0.156)
控制变量	是	是	是	是	是	是	是	是
Pseudo R^2	0.1249	0.1310	0.1189	0.1205	0.0636	0.0665	0.0604	0.0614
Wald chi^2/F 值	390.25	388.94	388.58	396.08	11.70	11.79	11.40	11.67
通过情况	通过	通过	未通过	通过	通过	通过	未通过	通过

注：①括号中的数值是标准误；② * 、** 和 *** 分别表示在 10%、5% 和 1% 的显著性水平上显著。

表 7 - 2　　　　工作经验与能力人力资本的交互对家庭创业的影响的实证结果

变量	创业选择				创业收入			
	（1）	（2）	（3）	（4）	（5）	（6）	（7）	（8）
工作经验	0.262 (0.207)	0.390 * (0.199)	0.036 (0.470)	0.738 ** (0.290)	3.948 (3.429)	6.363 * (3.336)	-0.881 (7.343)	12.399 *** (4.747)
词组能力	0.139 ** (0.057)				2.063 ** (0.945)			
数学能力		0.195 *** (0.069)				3.083 *** (1.140)		
自我效能			0.053 (0.096)				0.025 (1.496)	
社会交往				0.127 (0.105)				2.187 (1.721)
工作经验 × 词组能力	-0.048 (0.063)				-0.571 (1.036)			
工作经验 × 数学能力		-0.107 (0.074)				-1.604 (1.224)		
工作经验 × 自我效能			0.019 (0.112)				0.745 (1.757)	
工作经验 × 社会交往				-0.274 ** (0.122)				-4.481 ** (1.990)
控制变量	是	是	是	是	是	是	是	是
Pseudo R^2	0.1225	0.1221	0.1190	0.1205	0.0626	0.0624	0.0605	0.0615
Wald chi^2/F 值	404.39	404.97	386.68	389.13	12.07	11.99	11.36	11.46
通过情况	未通过	未通过	未通过	通过	未通过	未通过	未通过	通过

注：①括号中的数值是标准误；② * 、 ** 和 *** 分别表示在 10% 、5% 和 1% 的显著性水平上显著。

（1）根据表 7 - 1 中的回归分析结果来看，第（1）（5）列分别报告了教育年限与词组能力的交互对家庭创业（选择、收入）具有显著的负向影响，第（2）（6）列分别报告了教育年限与数学能力的交互对家庭创业（选择、收入）具有显著的负向影响，第（4）（8）列报告了教育年限与社会交往的交互对家庭创业（选择、收入）具有显著的负向影响，且调节效应较为显著；而第（3）（7）列中的教育年限与自我效能交互对家庭创业并不显著。因此，可以得到如下结论：

第一，能力人力资本维度的词组能力、数学能力和社会交往能力等三个指标变量在教育年限对家庭创业（选择和收入）影响关系中均存在较为显著的调节作用，但能力人力资本维度中的自我效能在教育年限对家庭创业（选择和收入）影响关系中的调节作用不显著。可见，假设 H9a、假设 H9b、假设 H9d 中的"词组能力、数学能力和社会交往能力在教育年限对家庭创业选择和创业收入的影响中存在调节效应"得到检验，而假设 H9c 中的"自我效能在教育程度对家庭创业选择（H9c1）和创业收入（H9c2）的影响中存在调节效应"并不显著。

第二，交互项的影响类型由交互项的正负号确定：正交互项表示二变量之间存在相互促进作用，负交互项表示二变量之间存在相互抑制作用。而检验结果表明，除自我效能与教育年限的交互项系数为"0"外，其他交互项系数均为负，因此，能力人力资本中的词组能力、数学能力、社会交往能力与教育年限之间的交互对家庭创业均存在相互补偿效应，这意味着在教育年限较高的家庭选择创业时，其能力人力资本可能较弱；而教育年限较低的家庭选择创业时，其能力人力资本可能较强。可见，家庭在进行创业时可能会在能力人力资本与技能人力资本中的教育年限之间作出取舍，这也正好说明教育年限和能力人力资本很高的家庭成员一般不会选择创业。

第三，交互项的作用强度由交互项系数的大小确定。结果显示，数学能力与教育年限的交互项对家庭创业的影响最强，这进一步预示着家庭在数学能力的积累对家庭创业极其重要。家庭社会交往能力、词组能力与教育年限之间对家庭创业也存在显著交互作用，但相对而言，交互作用的强度要稍小。

因此，从上述分析中发现，研究假设 H9 中 H9a、H9b、H9d "能力人力资本在教育程度对家庭创业的影响中存在调节效应"得到检验，且能力人力资本（词组能力、数学能力和社会交往能力）的提升恰好抑制了教育程度对家庭创业的推动作用；这也意味着由于显著抑制作用的存在，家庭需要权衡好在教育年限与能力人力资本等指标变量的投入比例，以最优的组合来进行创业选择的决策。

（2）根据表 7-2 中的回归分析结果来看，仅有第（4）列和第（8）列报告了工作经验与社会交往的交互对家庭创业（选择、收入）具有显著的负向影响，且调节效应较为显著；而工作经验与词组能力、数学能力和自我效能之间的交互对家庭创业并不显著。因此，可以得到如下结论：

第一，能力人力资本维度的社会交往能力在工作经验对家庭创业（选择和收入）影响关系中均存在较为显著的调节作用，但能力人力资本维度中的其他指标变量在"工作经验－家庭创业（选择和收入）"影响关系中的调节作用不显著。可见，假设 H10d 中的"社会交往能力在工作经验对家庭创业选择（H10d1）和创业收入（H10d2）的影响存在调节效应"得到检验，而假设 H10a、假设 H10b、假设 H10c 中的"词组能力、数学能力、自我效能在工作经验对家庭创业影响中的调节效应"并不显著。因此，假设 H10"能力人力资本在工作经验对家庭创业的影响存在调节效应"仅部分得到检验。

第二，交互项系数中仅有自我效能与工作经验的交互系数为正，其他均为负。可见自我效能与工作经验之间具有互补性作用，但这种作用不显著；而数学能力、词组能力与社会交往能力与工作经验之间存在相互替换作用，同样说明家庭在进行创业时可能会在能力人力资本的指标变量与工作经验之间作出取舍。

第三，交互项系数的大小显示，社会交往能力与工作经验的交互项对家庭创业的影响最强，而且显著；其他交互项的影响强度要小，且不显著。

因此，从检验结果可知，研究假设 H10 中仅有假设 H10d 得到验证，即社会交往能力在工作经验对家庭创业的影响中存在调节效应，但这种调节也为负向调节，可见社会交往能力能有效调节技能人力资本不足给家庭创业带来的负面影响。

7.2.2.2 能力人力资本与健康人力资本的交互对家庭创业的影响

根据模型（7-2），测量能力人力资本在"健康人力资本与家庭创业（选择和收入）"作用路径中的调节作用，为防止过多交互项相互干扰及产生的共线性问题，故采用将健康人力资本与能力人力资本两个维度中的指标变量及其交互项逐一纳入模型。测量能力人力资本在"健康评价与家庭创业（选择和收入）"作用中的调节作用，结果如表 7-3 所示，测量能力在"健

康指数与家庭创业（选择和收入）"作用中的调节作用，结果如表 7 - 4
所示。

表 7 - 3　　　健康评价与能力人力资本的交互对家庭创业的影响的实证结果

变量	创业选择				创业收入			
	（1）	（2）	（3）	（4）	（5）	（6）	（7）	（8）
健康评价	0.048 （0.054）	0.099 * （0.051）	0.160 （0.154）	0.051 （0.097）	1.101 （0.861）	1.805 ** （0.829）	2.589 （2.428）	0.483 （1.560）
词组能力	0.099 * （0.059）				2.017 ** （0.932）			
数学能力		0.175 ** （0.071）				3.245 *** （1.133）		
自我效能			0.131 （0.115）				1.620 （1.809）	
社会交往				- 0.101 （0.135）				- 1.950 （2.186）
健 康 评 价 × 词组能力	- 0.001 （0.018）				- 0.146 （0.285）			
健 康 评 价 × 数学能力		- 0.023 （0.021）				- 0.494 （0.338）		
健 康 评 价 × 自我效能			- 0.027 （0.036）				- 0.435 （0.569）	
健 康 评 价 × 社会交往				0.003 （0.042）				0.170 （0.675）
控制变量	是	是	是	是	是	是	是	是
Pseudo R²	0.1225	0.1220	0.1192	0.1198	0.0624	0.0623	0.0605	0.0609
Wald chi²/F 值	404.77	407.16	386.58	392.31	12.05	12.13	11.38	11.51
通过情况	未通过	未通过	未通过	未通过	未通过	未通过	未通过	未通过

注：①括号中的数值是标准误；②* 、** 和 *** 分别表示在 10%、5% 和 1% 的显著性水平上
显著。

表 7 - 4 健康指数与能力人力资本的交互对家庭创业的影响的实证结果

变量	创业选择				创业收入			
	（1）	（2）	（3）	（4）	（5）	（6）	（7）	（8）
健康指数	-0.056 (0.138)	-0.042 (0.125)	0.145 (0.381)	-0.036 (0.219)	-1.214 (2.202)	-0.719 (2.015)	1.339 (5.879)	0.098 (3.467)
词组能力	0.127 *** (0.039)				1.909 *** (0.610)			
数学能力		0.145 *** (0.045)				2.288 *** (0.719)		
自我效能			0.120 (0.076)				1.263 (1.176)	
社会交往				-0.046 (0.084)				-0.525 (1.319)
健康指数 × 词组能力	-0.036 (0.042)				-0.404 (0.670)			
健康指数 × 数学能力		-0.051 (0.047)				-0.716 (0.752)		
健康指数 × 自我效能			-0.072 (0.089)				-0.881 (1.371)	
健康指数 × 社会交往				-0.055 (0.095)				-1.104 (1.504)
控制变量	是	是	是	是	是	是	是	是
Pseudo R^2	0.1242	0.1235	0.1207	0.1209	0.0632	0.0629	0.0611	0.0615
Wald chi^2/F 值	416.65	416.37	394.16	401.66	12.52	12.42	11.61	11.87
通过情况	未通过	未通过	未通过	未通过	未通过	未通过	未通过	未通过

注：①括号中的数值是标准误；②＊、＊＊ 和 ＊＊＊ 分别表示在10%、5% 和1% 的显著性水平上显著。

从表 7 - 3 和表 7 - 4 的检验结果发现，能力人力资本在"健康评价与家庭创业（选择和收入）"和"健康指数与家庭创业（选择和收入）"作用中的调节作用均不显著，即假设 H11 中的"能力人力资本在健康评价对家庭创业的影响中存在调节效应"和假设 H12 中的"能力人力资本在健康指数对家庭创业的影响中存在调节效应"均未得到验证。

7.2.2.3　健康人力资本与技能人力资本的交互对家庭创业的影响

根据模型（7-3），测量健康人力资本在"技能人力资本与家庭创业（选择和收入）"作用路径中的调节作用，同样，为防止过多交互项相互干扰及产生的共线性问题，故采用将健康与能力维度变量的指标变量及其交互项逐一纳入模型。测量健康人力资本在"技能人力资本与家庭创业"作用中的调节作用，结果如表 7-5 所示。

表 7-5　　健康人力资本与技能人力资本的交互对家庭创业的影响的实证结果

变量	创业选择				创业收入			
	（1）	（2）	（3）	（4）	（5）	（6）	（7）	（8）
教育年限	0.021 (0.020)	0.016 (0.014)			0.415 (0.325)	0.256 (0.217)		
健康评价	0.074 (0.050)				1.303 (0.807)			
健康指数		-0.133 (0.126)				-2.116 (2.039)		
教育年限 × 健康评价	-0.003 (0.006)				-0.070 (0.096)			
教育年限 × 健康指数		-0.004 (0.014)				-0.037 (0.219)		
工作经验			0.216 (0.238)	0.026 (0.137)			2.695 (3.850)	0.013 (2.160)
健康评价			0.078 (0.063)				0.922 (1.024)	
健康指数				-0.269 ** (0.136)				-5.008 ** (2.162)

续表

变量	创业选择				创业收入			
	（1）	（2）	（3）	（4）	（5）	（6）	（7）	（8）
工作经验 × 健康评价			−0.030 (0.073)				−0.124 (1.172)	
工作经验 × 健康指数				0.136 (0.159)				3.283 (2.527)
控制变量	是	是	是	是	是	是	是	是
Pseudo R^2	0.1193	0.1206	0.1194	0.1207	0.0607	0.0613	0.0609	0.0616
Wald chi^2/F 值	396.35	406.38	395.87	407.21	11.64	12.00	11.63	12.14
通过情况	未通过	未通过	未通过	未通过	未通过	未通过	未通过	未通过

注：①括号中的数值是标准误；②*、**和***分别表示在10%、5%和1%的显著性水平上显著。

从表7-5可以得到，健康人力资本在"教育年限与家庭创业"和"工作经验与家庭创业"的影响关系中的调节效应均不显著，即假设H13中的"健康人力资本在教育年限对家庭创业的影响中存在调节效应"和假设H14中的"健康人力资本在工作经验对家庭创业的影响中存在调节效应"均未得到验证。

7.2.3 人力资本间的交互对家庭创业影响的城乡差异实证结果

7.2.3.1 能力人力资本与技能人力资本的交互对家庭创业影响的城乡差异

为进一步分析能力人力资本在"技能人力资本与家庭创业"的影响关系中的调节作用在城乡家庭间的差异，我们采用第7.2.2节中的方法，分别用城镇家庭样本和农村家庭样本进行了检验，得到能力人力资本在"技能人力资本与家庭创业选择"影响关系中的交互作用检验结果如表7-6所示，能力人力资本在"技能人力资本与家庭创业收入"影响关系中的交互作用检验结果如表7-7所示。

表 7-6　能力人力资本与技能人力资本间交互对家庭创业选择影响的城乡差异实证结果

变量	创业选择							
	城镇	农村	城镇	农村	城镇	农村	城镇	农村
	(1)	(2)	(3)	(4)	(5)	(6)	(7)	(8)
教育年限	0.018 (-0.029)	0.04 (-0.027)	0.042 (-0.029)	0.038 (-0.029)	-0.011 (-0.058)	0 (-0.083)	0.033 (-0.032)	0.103** (-0.044)
词组能力	0.311*** (-0.071)	0.034 (-0.064)						
数学能力			0.541*** (-0.108)	0.265*** (-0.101)				
自我效能					0.072 (-0.133)	-0.006 (-0.145)		
社会交往							0.161 (-0.124)	0.036 (-0.144)
家庭教育年限与能力人力资本对家庭创业选择的影响								
教育年限 × 词组能力	-0.023*** (-0.008)	0.002 (-0.008)						
教育年限 × 数学能力			-0.043*** (-0.009)	-0.011 (-0.01)				
教育年限 × 自我效能					-0.004 (-0.014)	0.013 (-0.019)		

续表

变量		创业选择							
		城镇 (1)	农村 (2)	城镇 (3)	农村 (4)	城镇 (5)	农村 (6)	城镇 (7)	农村 (8)
家庭教育与能力人力资本对家庭创业选择的影响	教育年限×社会交往							-0.026** (-0.012)	-0.02 (-0.019)
	控制变量	是	是	是	是	是	是	是	是
	Pseudo R²	0.12	0.1745	0.1252	0.1777	0.1112	0.175	0.1132	0.1758
	Wald chi²/F值	213.15	258.88	220.26	260.76	205.55	259.86	210.4	256.78
	通过情况	通过	未通过	通过	未通过	未通过	未通过	通过	未通过
	工作经验	0.073 (-0.309)	0.551* (-0.316)	0.403 (-0.299)	0.492 (-0.326)	0.316 (-0.651)	-0.178 (-0.703)	1.123*** (-0.379)	0.427 (-0.493)
家庭工作经验与能力人力资本对家庭创业选择的影响	词组能力	0.057 (-0.08)	0.204** (-0.094)						
	数学能力			0.088 (-0.095)	0.286** (-0.124)				
	自我效能					0.07 (-0.126)	0.015 (-0.152)		
	社会交往							0.268** (-0.134)	-0.039 (-0.187)

续表

变量		创业选择							
		城镇 (1)	农村 (2)	城镇 (3)	农村 (4)	城镇 (5)	农村 (6)	城镇 (7)	农村 (8)
家庭工作经验与能力人力资本对家庭创业选择的影响	工作经验×词组能力	-0.007 (-0.09)	-0.098 (-0.104)						
	工作经验×数学能力			-0.13 (-0.103)	-0.081 (-0.137)				
	工作经验×自我效能					-0.063 (-0.153)	0.11 (-0.174)		
	工作经验×社会交往							-0.470*** (-0.158)	-0.062 (-0.215)
	控制变量	是	是	是	是	是	是	是	是
	Pseudo R^2	0.1095	0.1732	0.1094	0.1801	0.1088	0.1683	0.113	0.1678
	Wald chi^2/F 值	208.19	261.35	207.25	274.13	215.7	248.88	212.66	245.63
	通过情况	未通过	未通过	未通过	未通过	未通过	未通过	通过	未通过

注：①括号中的数值是标准误；②*，**和***分别表示在10%，5%和1%的显著性水平上显著。

表 7-7　能力人力资本与技能人力资本的交互对家庭创业收入的影响的城乡差异实证结果

变量	创业收入							
	城镇	农村	城镇	农村	城镇	农村	城镇	农村
	(1)	(2)	(3)	(4)	(5)	(6)	(7)	(8)
教育年限	0.210 (0.438)	0.709 (0.432)	0.505 (0.437)	0.597 (0.458)	-0.426 (0.816)	0.197 (1.301)	0.444 (0.496)	1.742** (0.703)
词组能力	3.983*** (1.042)	1.250 (1.010)						
数学能力			7.253*** (1.566)	4.913*** (1.577)				
自我效能					0.110 (1.862)	-0.277 (2.322)		
社会交往							2.248 (1.894)	0.766 (2.349)
教育年限与人力资本对家庭创业收入的影响 教育年限×词组能力	-0.306*** (0.116)	-0.009 (0.129)						
教育年限×数学能力			-0.583*** (0.132)	-0.209 (0.160)				
教育年限×自我效能					-0.003 (0.192)	0.174 (0.304)		

续表

变量		创业收入							
		城镇 (1)	农村 (2)	城镇 (3)	农村 (4)	城镇 (5)	农村 (6)	城镇 (7)	农村 (8)
教育年限与人力能力资本对家庭创业收入的影响	教育年限×社会交往							-0.373* (0.193)	-0.342 (0.299)
	控制变量	控制	控制	控制	控制	控制	控制	控制	控制
	Pseudo R²	0.0571	0.0939	0.0597	0.0961	0.0538	0.0934	0.0548	0.0942
	Wald chi²/F 值	6.40	10.05	6.77	10.13	6.11	10.02	6.21	9.97
	通过情况	通过	未通过	通过	未通过	未通过	未通过	通过	未通过
工作经验与人力资本对家庭创业收入的影响	工作经验	0.516 (4.797)	9.042* (5.333)	6.433 (4.674)	8.385 (5.397)	3.063 (9.423)	-3.914 (11.141)	16.754*** (5.844)	9.352 (8.232)
	词组能力	0.427 (1.234)	3.567** (1.567)						
	数学能力			1.181 (1.486)	4.926** (2.015)				
	自我效能					0.248 (1.813)	-0.469 (2.411)		
	社会交往							3.893* (2.085)	0.210 (3.101)

续表

变量		创业收入							
		城镇 (1)	农村 (2)	城镇 (3)	农村 (4)	城镇 (5)	农村 (6)	城镇 (7)	农村 (8)
工作经验与能力人力资本对家庭创业收入的影响	工作经验×词组能力	0.066 (1.391)	−1.536 (1.725)						
	工作经验×数学能力			−1.951 (1.620)	−1.403 (2.211)				
	工作经验×自我效能					−0.452 (2.219)	2.110 (2.757)		
	工作经验×社会交往							−6.862*** (2.434)	−1.979 (3.544)
	控制变量	是	是	是	是	是	是	是	是
	Pseudo R²	0.0528	0.0936	0.0530	0.0976	0.0526	0.0894	0.0547	0.0894
	Wald chi²/F值	6.03	10.24	6.03	10.08	6.35	9.37	6.18	9.36
	通过情况	未通过	未通过	未通过	未通过	未通过	未通过	通过	未通过

注：①括号中的数值是标准误；②*、**和***分别表示在10%、5%和1%的显著性水平上显著。

从表 7-6 的检验结果显示，能力人力资本在"技能人力资本－家庭创业选择"影响关系中的调节作用城乡差异较大。词组能力、数学能力、社会交往能力与教育年限的交互作用对城镇家庭创业选择具有显著的负向影响，同时，社会交往能力与工作经验的交互作用对城镇家庭创业选择也具有显著的负向影响；而所有其他交互项对农村家庭创业选择则不显著。除自我效能与技能人力资本的交互作用对农村家庭创业选择具有正向影响外，其他能力人力资本与技能人力资本的所有交互作用在城乡家庭子样本中对家庭创业选择均为负向影响，这进一步证实能力人力资本与技能人力资本两者间有相互抑制作用，能力人力资本可以缩小因家庭技能人力资本差异造成的家庭创业选择差异，同时，也充分体现自我效能对农村家庭创业选择的影响，这对农村家庭应引起重视。

从表 7-7 的检验结果显示，能力人力资本在"技能人力资本与家庭创业收入"影响关系中的调节作用城乡差异较大。词组能力、数学能力、社会交往能力与教育年限的交互作用在城镇家庭创业收入中具有显著的负向影响，同时，社会交往能力与工作经验的交互作用在城镇家庭创业收入中也具有显著的负向影响；而所有其他交互项对农村家庭创业收入则不显著。除自我效能与技能人力资本的交互作用对农村家庭创业收入具有正向影响和词组能力与工作经验的交互作用对城镇家庭创业收入有正向影响外，其他能力人力资本与技能人力资本的所有交互作用在城乡家庭子样本中对家庭创业选择均为负向影响。

综合表 7-6 和表 7-7 的分析可知，能力人力资本在"技能人力资本与家庭创业"影响关系中的调节作用城乡差异较大。词组能力、数学能力、社会交往能力与教育年限的交互作用在城镇家庭创业中具有显著的负向影响，社会交往能力与工作经验的交互作用在城镇家庭创业中也具有显著的负向影响；所有其他交互作用对城乡家庭创业影响均不显著。除自我效能与技能人力资本的交互作用对农村家庭创业具有正向影响和词组能力与工作经验的交互作用对城镇家庭创业收入有正向影响外，其他能力人力资本与技能人力资本的所有交互作用在城乡家庭子样本中对家庭创业均为负向影响。这充分证明能力人力资本与技能人力资本两者间对家庭创业具有相互抑制作用，能力人力资本可以缩小因家庭技能人力资本差异造成的家庭创业选择差异，同时，也充分体现自我效能对农村家庭创业具有较大的影响，对农村家庭在自我效能强化方面应引起重视。

7.2.3.2 能力人力资本与健康人力资本的交互对家庭创业影响的城乡差异

采用同样的方法，我们对能力人力资本与健康人力资本中的各测量变量进行交互，逐一验证其交互对家庭创业的影响差异，检验结果发现，所有交互项对家庭创业的影响均不显著，因此，限于篇幅，本小节未予报告。

7.2.3.3 健康人力资本与技能人力资本的交互对家庭创业影响的城乡差异

采用同样的方法，我们对健康人力资本与技能人力资本中的各测量变量进行交互，逐一验证其交互对家庭创业的影响差异，检验结果发现，所有交互项对家庭创业的影响均不显著，因此，限于篇幅，本小节未予报告。

7.2.4 人力资本间的交互对家庭创业影响的地区差异实证结果

为进一步探讨由于不同地区人们健康差异对家庭创业影响，本节将在全样本的基础上划分为东、中、西部地区三个子样本对家庭创业选择和创业收入进行回归，回归过程中，同样在控制所有控制变量的基础上，分别将能力人力资本、技能人力资本与健康人力资本相应测量变量进行交互逐个进行回归，限于篇幅，控制变量的回归结果具有相似之处，因此，在表7-8和表7-9中均省略汇报。

7.2.4.1 能力人力资本与技能人力资本交互对家庭创业影响的地区差异

（1）表7-8是家庭技能人力资本与能力人力资本对家庭创业选择影响的回归结果，其分成两个部分，家庭教育年限变量与能力人力资本的4个变量分别进行交互对家庭创业选择影响的东、中、西部地区差异，下部分是家庭工作经验变量与能力人力资本的4个变量分别进行交互对家庭创业选择影响的东、中、西部地区差异。从家庭教育年限、工作经验与能力人力资本交互对家庭创业选择影响的结果来看：

表 7 - 8　能力人力资本与技能人力资本交互对家庭创业选择影响的地区差异

变量	创业选择											
	东部	中部	西部	东部	中部	西部	东部	中部	西部	东部	中部	西部
	(1)	(2)	(3)	(4)	(5)	(6)	(7)	(8)	(9)	(10)	(11)	(12)
教育年限	0.032 (0.037)	0.065 (0.042)	0.050 (0.033)	0.054 (0.039)	0.063 (0.041)	0.076** (0.034)	-0.024 (0.076)	0.006 (0.068)	0.122 (0.087)	0.019 (0.039)	0.098** (0.044)	0.107** (0.050)
词组能力	0.238*** (0.088)	0.303*** (0.098)	0.203*** (0.074)									
数学能力				0.641*** (0.131)	0.545*** (0.154)	0.330*** (0.116)						
自我效能							0.133 (0.153)	0.058 (0.134)	0.116 (0.170)			
社会交往										0.087 (0.144)	0.203 (0.162)	0.074 (0.139)
家庭教育年限与能力人力资本对家庭创业选择的影响												
教育年限 × 词组能力	-0.021** (0.010)	-0.023** (0.011)	-0.016 (0.010)									
教育年限 × 数学能力				-0.049*** (0.012)	-0.038*** (0.014)	-0.033*** (0.011)						
教育年限 × 自我效能							0.001 (0.017)	0.003 (0.015)	-0.022 (0.021)			

续表

变量	创业选择											
	东部	中部	西部	东部	中部	西部	东部	中部	西部	东部	中部	西部
	(1)	(2)	(3)	(4)	(5)	(6)	(7)	(8)	(9)	(10)	(11)	(12)
家庭教育年限与能力人力资本对家庭创业选择的影响												
教育年限×社会交往										-0.015 (0.016)	-0.033* (0.018)	-0.031 (0.021)
控制变量	控制	控制	控制	控制	控制	控制	控制	控制	控制	控制	控制	控制
通过情况	通过	通过	未通过	通过	通过	通过	未通过	未通过	未通过	未通过	通过	未通过
工作经验	-0.124 (0.327)	0.550 (0.392)	0.315 (0.369)	-0.169 (0.299)	1.098*** (0.369)	0.392 (0.352)	0.966 (0.839)	-0.317 (0.713)	-1.001 (0.801)	0.743 (0.467)	0.240 (0.451)	1.213* (0.649)
词组能力	-0.001 (0.086)	0.224** (0.105)	0.166 (0.115)									
家庭工作经验与能力人力资本对家庭创业选择的影响												
数学能力				-0.016 (0.095)	0.418*** (0.123)	0.205 (0.140)						
自我效能							0.313* (0.175)	0.002 (0.140)	-0.240 (0.172)			
社会交往										0.198 (0.166)	-0.072 (0.170)	0.236 (0.237)
工作经验×词组能力	0.043 (0.098)	-0.116 (0.116)	-0.044 (0.123)									

续表

变量		创业选择											
		(1) 东部	(2) 中部	(3) 西部	(4) 东部	(5) 中部	(6) 西部	(7) 东部	(8) 中部	(9) 西部	(10) 东部	(11) 中部	(12) 西部
家庭工作经验与人力资本对家庭创业选择的影响	工作经验×数学能力				0.069 (0.107)	-0.331** (0.133)	-0.092 (0.148)						
	工作经验×自我效能							-0.225 (0.194)	0.120 (0.171)	0.304 (0.204)			
	工作经验×社会交往										-0.321* (0.190)	-0.018 (0.200)	-0.455* (0.267)
	控制变量	控制	控制	控制	控制	控制	控制	控制	控制	控制	控制	控制	控制
	Pseudo R^2	0.1152	0.103	0.1435	0.1153	0.1059	0.1408	0.1174	0.0972	0.1372	0.1167	0.0967	0.1402
	Wald chi²/F 值	156.03	128.09	125.70	159.04	138.64	124.45	159.31	122.06	118.78	154.19	122.79	124.58
	通过情况	未通过	未通过	未通过	未通过	通过	未通过	未通过	未通过	未通过	通过	未通过	通过

注：①括号中的数值是标准误；②*、**和***分别表示在10%、5%和1%的显著性水平上显著。

表7-9　能力人力资本与技能人力资本交互对家庭创业收入影响的地区差异

变量	创业收入											
	东部	中部	西部	东部	中部	西部	东部	中部	西部	东部	中部	西部
	(1)	(2)	(3)	(4)	(5)	(6)	(7)	(8)	(9)	(10)	(11)	(12)
教育年限	0.720 (0.596)	0.956 (0.675)	0.723 (0.527)	0.998 (0.612)	0.898 (0.651)	1.000* (0.548)	-0.388 (1.200)	-0.137 (1.031)	1.834 (1.408)	0.309 (0.623)	1.569*** (0.705)	1.653** (0.814)
词组能力	4.068*** (1.404)	4.681*** (1.551)	3.082*** (1.169)									
数学能力				9.875*** (2.041)	8.534*** (2.426)	4.928*** (1.797)						
自我效能							1.419 (2.426)	-0.024 (2.038)	1.257 (2.761)			
社会交往										1.130 (2.333)	3.459 (2.598)	1.366 (2.345)
家庭教育年限与能力人力资本对家庭创业收入的影响 教育年限 × 词组能力	-0.372** (0.164)	-0.337* (0.182)	-0.235 (0.155)									
教育年限 × 数学能力				-0.771*** (0.192)	-0.575** (0.224)	-0.459*** (0.176)						
教育年限 × 自我效能							0.039 (0.271)	0.111 (0.236)	-0.327 (0.344)			

续表

变量		创业收入											
		东部	中部	西部	东部	中部	西部	东部	中部	西部	东部	中部	西部
		(1)	(2)	(3)	(4)	(5)	(6)	(7)	(8)	(9)	(10)	(11)	(12)
家庭教育年限与人力资本对家庭创业收入的影响	教育年限×社会交往										-0.218 (0.251)	-0.525* (0.281)	-0.495 (0.340)
	控制变量	控制	控制	控制	控制	控制	控制	控制	控制	控制	控制	控制	控制
	Pseudo R²	0.0627	0.0535	0.0753	0.0677	0.0557	0.0764	0.0608	0.0493	0.0733	0.0605	0.0504	0.0748
	F值	8.80	6.24	3.18	9.48	5.95	8.47	8.88	6.52	8.18	8.90	6.68	8.08
	样本	2526	2167	1770	2526	2167	1770	2526	2167	1770	2526	2167	1770
	通过情况	通过	通过	未通过	通过	通过	通过	未通过	未通过	未通过	未通过	通过	未通过
家庭工作经验与人力资本对家庭创业收入的影响	工作经验	-2.180 (5.475)	10.310 (6.573)	3.876 (5.957)	-2.453 (5.113)	18.736*** (5.923)	6.005 (5.860)	10.859 (12.982)	-6.465 (11.083)	-13.773 (13.029)	11.290 (7.678)	6.447 (7.277)	19.947* (10.794)
	词组能力	-0.204 (1.437)	3.837** (1.721)	2.322 (1.876)									
	数学能力				-0.368 (1.637)	6.912*** (1.941)	3.278 (2.297)						
	自我效能							3.497 (2.695)	-0.809 (2.167)	-3.788 (2.783)			
	社会交往										2.702 (2.766)	-0.235 (2.748)	4.261 (3.909)

续表

变量		创业收入											
		东部	中部	西部	东部	中部	西部	东部	中部	西部	东部	中部	西部
		(1)	(2)	(3)	(4)	(5)	(6)	(7)	(8)	(9)	(10)	(11)	(12)
家庭工作经验与人力资本人力资本对家庭收入创业收入的影响	工作经验×词组能力	0.995 (1.641)	-2.194 (1.922)	-0.469 (1.995)									
	工作经验×数学能力				1.318 (1.831)	-5.522*** (2.126)	-1.572 (2.422)						
	工作经验×自我效能							-2.344 (3.001)	2.361 (2.660)	4.190 (3.304)			
	工作经验×社会交往										-4.532 (3.118)	-1.291 (3.227)	-7.724* (4.425)
控制变量		控制	控制	控制	控制	控制	控制	控制	控制	控制	控制	控制	控制
Pseudo R²		0.0603	0.0534	0.0747	0.0603	0.0549	0.0737	0.0607	0.0498	0.0719	0.0608	0.0497	0.0737
F值		8.78	6.76	8.13	9.00	7.43	7.89	8.92	6.34	7.46	8.65	6.47	7.91
通过情况		未通过	未通过	未通过	未通过	通过	未通过	未通过	未通过	未通过	未通过	未通过	未通过

注：①括号中的数值是标准误；②*、**和***分别表示10%、5%和1%的显著性水平上显著。

第一，交互项的显著性检验结果。教育年限与词组能力的交互在东、中部地区对家庭创业选择的调节效应显著，教育年限与数学能力的交互在东、中、西部地区对家庭创业选择的调节效应均显著，教育年限与社会交往能力的交互在中部地区对家庭创业选择的调节效应显著；工作经验与数学能力的交互在中部地区对家庭创业选择的调节效应显著，工作经验与社会交往能力在东、西部地区对家庭创业选择的调节效应显著；而其他的交互项对家庭创业选择的调节效应均不显著。可见，假设 H9a、假设 H9b 和假设 H9d 中的"词组能力、数学能力和社会交往能力在教育年限对家庭创业选择（H9a1、H9b1 和 H9d1）的影响中存在调节效应，同时这种调节效应可能存在一定的地区差异"得到检验，假设 H10b 和假设 H10d 中的"数学能力和社会交往能力在工作经验对家庭创业选择（H10b1 和 H10d1）的影响中存在调节效应，同时这种调节效应可能存在一定的地区差异"得到检验，而假设 H9c 中的"自我效能在教育年限对家庭创业选择（H9c1）的影响中存在调节效应，同时这种调节效应可能存在一定的地区差异"、而假设 H10a、H10c 中的"词组能力、自我效能在工作经验对家庭创业选择（H10a1、H10c1）的影响中存在调节效应，同时这种调节效应可能存在一定的地区差异"并未得到检验。

第二，交互项的影响类型。检验结果表明，所有显著性调节效应均为负，说明各自变量之间存在相互抑制作用。这意味着在其他条件不变的情况下，随着家庭教育年限的提高，能力人力资本中的词组能力、数学能力和社会交往能力对家庭创业选择的推动作用将分别会下降；随着家庭工作经验的提高，能力人力资本中的数学能力和社会交往能力对家庭创业选择的推动作用也同样会有所下降。

（2）表 7-9 是家庭技能人力资本与能力人力资本对家庭创业收入影响的回归结果，其分成两个部分：第一，家庭教育年限变量与能力人力资本的 4 个变量分别进行交互对家庭创业收入影响的东、中、西部地区差异；第二，家庭工作经验变量与能力人力资本的 4 个变量分别进行交互对家庭创业收入影响的东、中、西部地区差异。具体结果如下：

第一，交互项的显著性检验结果。教育年限与词组能力的交互在东、中部地区对家庭创业收入的调节效应显著，教育年限与数学能力的交互在东、中、西部地区对家庭创业收入的调节效应均显著，教育年限与社会交往能力的交互在中部地区对家庭创业收入的调节效应显著；工作经验与数学能力的交互在中部地区对家庭创业收入的调节效应显著，工作经验与社会交往能力在西部地区对家庭创业收入的调节效应显著；而其他的交互项对家庭创业选择的调节效应均不显著。可见，假设 H9a、假设 H9b 和假设 H9d 中的"词组能力、数学能力和社会交往能力在教育年限对家庭创业收入（H9a2、H9b2 和 H9d2）的影响中存在调节效应，同时这种调节效应可能存在一定的地区差异"得到检验，假设 H10 和假设 H10d 中的"数学能力和社会交往能力在工作经验对家庭创业收入（H10b2 和 H10d2）的影响中存在调节效应，同时这种调节效应可能存在一定的地区差异"得到检验，而假设 H9c 中的"自我效能在教育年限对家庭创业收入（H9c2）的影响中存在调节效应，同时这种调节效应可能存在一定的地区差异"、假设 H10a、假设 H10c 中的"词组能力、自我效能在工作经验对家庭创业收入（H10a2、H10c2）的影响中存在调节效应，同时这种调节效应可能存在一定的地区差异"并未得到检验。

第二，交互项的影响类型。检验结果表明，所有显著性调节效应均为负，说明各自变量之间存在相互抑制作用。这意味着在其他条件不变的情况下，随着家庭教育年限的提高，能力人力资本中的词组能力、数学能力和社会交往能力对家庭创业收入的推动作用将分别会下降；随着家庭工作经验的提高，能力人力资本中的数学能力和社会交往能力对家庭创业收入的推动作用也同样会有所下降。

（3）综合表 7 - 8 和表 7 - 9 的实证结果表明，能力人力资本与技能人力资本交互在家庭创业影响中的调节效应确实存在地区差异。从调节效应的显著性来看：教育年限与词组能力的交互在东、中部地区的调节效应显著；教育年限与数学能力的交互在东、中、西部地区中的调节效应均显著；工作经验与数学能力的交互在中部地区中的调节效应显著；工作经验与社会交往能力的交互在东、西部地区间的调节效应显著；其他的调节效应均不显著。从交互项的正负号来看，这些显著的交互结果均为负，即这些人力资本间均存在一定的抑制作用，这也充分说明家庭人力资本在配置中会进行取舍，或是根据家庭人力资本状况进行最优化的配置，因此，假设 H9、假设 H10 "能力人力资本在教育年限、工作经验对家庭创业的影响中存在调节效应，同时这种调节效应可能存在一定的城乡和地区差异"只有部分得到检验。

7.2.4.2 能力人力资本与健康人力资本交互对家庭创业影响的地区差异分析

表 7 - 10 的回归结果分成两个部分，包括：第一，家庭健康评价变量与能力人力资本的 4 个变量分别进行交互对家庭创业选择影响的东、中、西部地区差异；第二，家庭健康指数变量与能力人力资本的 4 个变量分别进行交互对家庭创业选择影响的东、中、西部地区差异。检验结果表明：健康评价与词组能力的交互对东部地区家庭创业选择的调节效应显著，且交互项符号为正，说明词组能力的提升能促进健康评价对家庭创业选择的推动作用；健康评价与数学能力的交互对中部地区家庭创业选择的调节效应显著，且交互项符号为负，说明数学能力的提升会抑制健康评价对家庭创业选择的推动作用；健康评价与社会交往的交互对东、中部地区家庭创业选择的调节效应显著，且交互项符号在东、中部地区中分别为正和负，说明社会交往能力的提升能促进健康评价对东部地区家庭创业选择的推动作用，但对中部地区家庭而言则呈现出抑制作用；健康指数与自我效能的交互对中部地区家庭创业选择的调节效应显著，且交互项为正，说明自我效能的提升能促进健康指数对中部地区家庭创业选择的推动作用；健康指数与社会交往的交互对东、西部地区家庭创业选择的调节效应显著，且交互项符号均为负，说明社会交往能力的提升会抑制健康指数对东、西部地区家庭创业选择的推动作用。

表 7 - 11 的回归结果分成两个部分，包括：第一，家庭健康评价变量与能力人力资本的 4 个变量分别进行交互对家庭创业收入影响的东、中、西部地区差异；第二，家庭健康指数变量与能力人力资本的 4 个变量分别进行交互对家庭创业收入影响的东、中、西部地区差异。检验结果表明：健康评价与词组能力的交互对东部地区家庭创业收入的调节效应显著，且交互项符号为正，说明词组能力的提升能促进健康评价对家庭创业收入的推动作用；健康评价与数学能力的交互对中部地区家庭创业收入的调节效应显著，且交互项符号为负，说明数学能力的提升会抑制健康评价对家庭创业收入的推动作用；健康评价与社会交往的交互对东、中部地区家庭创业收入的调节效应显著，且交互项符号在东、中部地区中分别为正和负，说明社会交往能力的提升能促进健康评价对东部地区家庭创业收入的推动作用，

表7-10 能力人力资本与健康人力资本交互对家庭创业选择影响的地区差异

变量		创业选择											
		东部	中部	西部	东部	中部	西部	东部	中部	西部	东部	中部	西部
		(1)	(2)	(3)	(4)	(5)	(6)	(7)	(8)	(9)	(10)	(11)	(12)
健康评价		-0.194** (0.094)	0.256** (0.110)	0.098 (0.090)	-0.126 (0.092)	0.393*** (0.108)	0.066 (0.078)	0.037 (0.286)	0.262 (0.218)	0.203 (0.285)	-0.412*** (0.158)	0.556*** (0.173)	0.115 (0.189)
词组能力		-0.155* (0.093)	0.278** (0.120)	0.157 (0.113)									
数学能力					-0.110 (0.113)	0.517*** (0.153)	0.105 (0.133)						
自我效能								0.203 (0.198)	0.152 (0.167)	0.062 (0.226)			
社会交往											-0.615*** (0.218)	0.540** (0.245)	-0.110 (0.255)
健康评价与人力资本对家庭创业选择的影响	健康评价 × 词组能力	0.063** (0.029)	-0.048 (0.036)	-0.010 (0.035)									
	健康评价 × 数学能力				0.049 (0.034)	-0.120*** (0.044)	0.006 (0.040)						
	健康评价 × 自我效能							-0.016 (0.064)	-0.035 (0.052)	-0.029 (0.070)			

续表

变量		创业选择											
		东部	中部	西部	东部	中部	西部	东部	中部	西部	东部	中部	西部
		(1)	(2)	(3)	(4)	(5)	(6)	(7)	(8)	(9)	(10)	(11)	(12)
健康评价与人力资本对家庭创业选择的影响	健康评价×社会交往										0.180***(0.067)	-0.195***(0.074)	-0.010(0.082)
	控制变量	控制	控制	控制	控制	控制	控制	控制	控制	控制	控制	控制	控制
	Pseudo R^2	0.1171	0.1065	0.1436	0.1160	0.1089	0.1407	0.1172	0.0997	0.1360	0.1189	0.1039	0.1384
	Wald chi^2	159.72	138.42	127.12	157.57	138.52	125.61	157.15	130.38	127.11	157.14	130.93	121.87
	通过情况	通过	未通过	未通过	未通过	通过	未通过	未通过	未通过	未通过	通过	通过	未通过
健康指数与人力资本对家庭创业选择的影响	健康指数	0.014(0.035)	0.015(0.044)	0.061*(0.036)	0.039(0.033)	0.065(0.043)	0.064**(0.030)	0.122(0.100)	-0.165*(0.097)	-0.042(0.098)	0.157***(0.054)	0.142**(0.063)	0.166**(0.069)
	词组能力	-0.302(0.250)	-0.107(0.310)	0.282(0.312)									
	数学能力				-0.131(0.298)	0.312(0.377)	0.367(0.346)						
	自我效能							0.484(0.546)	-1.095**(0.532)	-0.496(0.544)			
	社会交往										0.999*(0.551)	0.929(0.650)	1.148*(0.687)

续表

变量		创业选择											
		东部 (1)	中部 (2)	西部 (3)	东部 (4)	中部 (5)	西部 (6)	东部 (7)	中部 (8)	西部 (9)	东部 (10)	中部 (11)	西部 (12)
健康指数与人力资本能力对家庭创业选择的影响	健康指数 × 词组能力	0.014 (0.011)	0.010 (0.013)	-0.007 (0.013)									
	健康指数 × 数学能力				0.007 (0.012)	-0.007 (0.016)	-0.011 (0.015)						
	健康指数 × 自我效能							-0.015 (0.023)	0.050** (0.023)	0.022 (0.024)			
	健康指数 × 社会交往										-0.044* (0.023)	-0.043 (0.028)	-0.056* (0.029)
	控制变量	控制	控制	控制	控制	控制	控制	控制	控制	控制	控制	控制	控制
	Pseudo R²	0.1252	0.1064	0.1451	0.1247	0.1059	0.1427	0.1261	0.1034	0.1376	0.1267	0.1020	0.1418
	Wald chi²	178.00	144.61	124.15	175.91	146.09	122.16	174.20	140.12	114.22	176.38	138.13	115.61
	通过情况	未通过	未通过	未通过	未通过	未通过	未通过	未通过	通过	未通过	通过	未通过	通过

注：①括号中的数值是标准误；②*、**和***分别表示在10%、5%和1%的显著性水平上显著。

表 7-11　能力人力资本与健康人力资本交互对家庭创业收入影响的地区差异

变量	创业收入											
	东部	中部	西部	东部	中部	西部	东部	中部	西部	东部	中部	西部
	(1)	(2)	(3)	(4)	(5)	(6)	(7)	(8)	(9)	(10)	(11)	(12)
健康评价	-2.368 (1.465)	3.887** (1.826)	1.736 (1.522)	-1.372 (1.454)	5.967*** (1.755)	1.139 (1.321)	1.816 (4.464)	4.203 (3.392)	3.154 (4.681)	-6.135*** (2.424)	7.894*** (2.686)	1.799 (3.133)
词组能力	-1.871 (1.458)	4.656** (1.928)	2.495 (1.853)									
数学能力				-1.116 (1.798)	8.412*** (2.424)	1.612 (2.175)						
自我效能							3.191 (3.136)	2.354 (2.581)	0.257 (3.696)			
社会交往										-9.581*** (3.381)	7.964** (3.850)	-1.778 (4.244)
健康评价与能力人力资本对家庭创业收入的影响　健康评价×词组能力	0.804* (0.443)	-0.843 (0.588)	-0.205 (0.578)									
健康评价×数学能力				0.586 (0.543)	-1.952*** (0.703)	0.079 (0.660)						
健康评价×自我效能							-0.478 (1.009)	-0.645 (0.812)	-0.397 (1.144)			

续表

变量	东部 (1)	中部 (2)	西部 (3)	东部 (4)	中部 (5)	西部 (6)	东部 (7)	中部 (8)	西部 (9)	东部 (10)	中部 (11)	西部 (12)
						创业收入						
健康评价能力与资本对家庭创业收入的影响 健康评价×社会交往										2.763*** (1.036)	-2.860** (1.164)	-0.112 (1.353)
控制变量	控制	控制	控制	控制	控制	控制	控制	控制	控制	控制	控制	控制
Pseudo R²	0.0608	0.0539	0.0752	0.0604	0.0553	0.0740	0.0606	0.0501	0.0720	0.0620	0.0520	0.0729
F 值	8.97	7.19	8.23	8.80	7.18	7.97	8.73	6.66	7.58	9.01	6.73	7.72
通过情况	通过	未通过	未通过	未通过	通过	未通过	未通过	未通过	未通过	通过	通过	未通过
健康指数能力与资本对家庭创业收入的影响 健康指数	0.161 (0.577)	0.399 (0.718)	0.907 (0.578)	0.601 (0.539)	1.074 (0.670)	1.016** (0.491)	1.288 (1.497)	-2.258 (1.476)	0.237 (1.525)	2.121** (0.829)	1.997** (0.978)	2.540** (1.123)
词组能力	-5.826 (4.043)	-0.398 (4.981)	4.695 (4.971)									
数学能力				-3.026 (4.839)	5.354 (5.918)	6.736 (5.588)						
自我效能							3.076 (8.191)	-15.98** (8.125)	-2.772 (8.571)			
社会交往										11.173 (8.464)	12.151 (10.107)	18.148 (11.282)

续表

变量		创业收入											
		东部	中部	西部	东部	中部	西部	东部	中部	西部	东部	中部	西部
		(1)	(2)	(3)	(4)	(5)	(6)	(7)	(8)	(9)	(10)	(11)	(12)
健康指数与能力人力资本对家庭创业收入的影响	健康指数 × 词组能力	0.261 (0.170)	0.101 (0.215)	-0.123 (0.213)									
	健康指数 × 数学能力				0.149 (0.201)	-0.129 (0.255)	-0.211 (0.239)						
	健康指数 × 自我效能							-0.074 (0.343)	0.715** (0.347)	0.096 (0.372)			
	健康指数 × 社会交往										-0.504 (0.354)	-0.559 (0.429)	-0.878* (0.481)
	控制变量	控制	控制	控制	控制	控制	控制	控制	控制	控制	控制	控制	控制
	Pseudo R²	0.0667	0.0544	0.0753	0.0664	0.0544	0.0744	0.0665	0.0525	0.0716	0.0668	0.0519	0.0739
	F 值	11.00	7.80	7.97	10.69	7.75	7.70	10.47	7.55	7.02	10.63	7.38	7.26
	通过情况	未通过	未通过	未通过	未通过	未通过	未通过	未通过	通过	未通过	未通过	未通过	通过

注：①括号中的数值是标准误差；②*、**和***分别表示在10%、5%和1%的显著性水平上显著。

但对中部地区家庭而言则呈现出抑制作用；健康指数与自我效能的交互对中部地区家庭创业收入的调节效应显著，且交互项为正，说明自我效能的提升能促进健康指数对中部地区家庭创业收入的推动作用；健康指数与社会交往的交互对西部地区家庭创业收入的调节效应显著，且交互项符号为负，说明社会交往能力的提升会抑制健康指数对西部地区家庭创业收入的推动作用。

综合表 7－10 和表 7－11 的检验结果发现：词组能力的提升能促进健康评价对东部地区家庭创业的推动作用，数学能力的提升会抑制健康评价对中部地区家庭创业的推动作用，社会交往能力的提升能促进健康评价对东部地区家庭创业的推动作用，社会交往能力的提升会抑制健康评价对中部地区家庭创业的推动作用，自我效能的提升能促进健康指数对中部地区家庭创业的推动作用，社会交往能力的提升会抑制健康指数对西部地区家庭创业的推动作用，社会交往能力的提升会抑制健康指数对东部地区家庭创业选择的推动作用。因此，假设 H11、假设 H12 "能力人力资本在健康评价、健康指数对家庭创业的影响中存在调节效应，同时这种调节效应可能存在一定的城乡和地区差异" 只有部分得到检验。

7.2.4.3　技能人力资本与健康人力资本交互对家庭创业影响的地区差异分析

表 7－12 是家庭技能人力资本的 2 个变量与健康人力资本的 2 个变量分别进行交互对家庭创业选择影响的东、中、西部地区差异的实证检验结果，表 7－13 是家庭技能人力资本的 2 个变量与健康人力资本的 2 个变量分别进行交互对家庭创业收入影响的东、中、西部地区差异的实证检验结果。从检验结果来看，仅有教育年限与健康评价交互对中部地区家庭创业的调节效应显著，且交互项的系数为负，即教育年限的提高在一定程度上抑制了健康评价对中部地区家庭创业的促进作用；而其他的调节效应均不显著，为节省篇幅，本小节省略汇报。因此，假设 H13、假设 H14 "健康人力资本在教育年限、工作经验对家庭创业的影响中存在调节效应，同时这种调节效应可能存在一定的城乡和地区差异" 只有部分得到检验。

表 7-12　能力人力资本与健康人力资本交互对家庭创业选择影响的地区差异

变量	创业选择											
	东部	中部	西部	东部	中部	西部	东部	中部	西部	东部	中部	西部
	(1)	(2)	(3)	(4)	(5)	(6)	(7)	(8)	(9)	(10)	(11)	(12)
教育年限	-0.057* (0.034)	0.103*** (0.034)	0.022 (0.041)	0.032 (0.087)	-0.026 (0.096)	0.123 (0.106)						
工作经验							0.160 (0.371)	0.302 (0.373)	0.185 (0.521)	-0.837 (0.906)	0.192 (1.072)	-1.102 (1.485)
健康评价	-0.115 (0.095)	0.342*** (0.084)	0.055 (0.084)				0.032 (0.096)	0.150 (0.096)	0.082 (0.147)			
健康指数				0.077** (0.036)	0.030 (0.038)	0.071** (0.034)				0.030 (0.033)	0.048 (0.040)	-0.003 (0.059)
教育年限×健康评价	0.013 (0.010)	-0.027*** (0.010)	0.003 (0.012)									
教育年限×健康指数				-0.002 (0.004)	0.002 (0.004)	-0.004 (0.005)						
工作经验×健康评价							-0.049 (0.113)	-0.027 (0.114)	0.001 (0.161)			
工作经验×健康指数										0.035 (0.038)	-0.001 (0.046)	0.056 (0.065)
控制变量	控制	控制	控制	控制	控制	控制	控制	控制	控制	控制	控制	控制
Pseudo R^2	0.1164	0.1031	0.1402	0.1256	0.1013	0.1426	0.1149	0.1012	0.1373	0.1248	0.1012	0.1392
Wald chi^2	158.26	141.09	131.00	173.14	141.64	127.98	155.92	136.58	122.05	173.90	141.02	123.18
通过情况	未通过	通过	未通过	未通过	未通过	未通过	未通过	未通过	未通过	未通过	未通过	未通过

注：①括号中的数值是标准误差；②*、**和***分别表示在10%、5%和1%的显著性水平上显著。

表7-13 能力人力资本与健康人力资本交互对家庭创业收入影响的地区差异

变量	创业收入											
	东部	中部	西部	东部	中部	西部	东部	中部	西部	东部	中部	西部
	(1)	(2)	(3)	(4)	(5)	(6)	(7)	(8)	(9)	(10)	(11)	(12)
教育年限	-0.787 (0.542)	1.718*** (0.539)	0.296 (0.674)	0.502 (1.405)	-0.625 (1.553)	1.997 (1.715)						
工作经验							3.179 (6.126)	2.904 (5.760)	1.710 (8.504)	-8.904 (14.448)	3.915 (17.282)	-17.548 (24.362)
健康评价	-1.484 (1.485)	5.247*** (1.357)	0.946 (1.425)				0.637 (1.580)	1.427 (1.480)	1.191 (2.406)			
健康指数				1.272** (0.571)	0.406 (0.615)	1.063* (0.545)				0.671 (0.519)	0.765 (0.656)	-0.106 (0.964)
教育年限×健康评价	0.191 (0.159)	-0.463*** (0.159)	0.055 (0.198)									
教育年限×健康指数				-0.031 (0.059)	0.040 (0.067)	-0.065 (0.073)						
工作经验×健康评价							-0.728 (1.845)	0.253 (1.759)	0.267 (2.649)			
工作经验×健康指数										0.403 (0.605)	-0.031 (0.743)	0.875 (1.068)
控制变量	控制	控制	控制	控制	控制	控制	控制	控制	控制	控制	控制	控制
Pseudo R²	0.0605	0.0521	0.0736	0.0665	0.0519	0.0741	0.0600	0.0511	0.0722	0.0663	0.0520	0.0724
F值	8.88	7.19	8.35	10.43	7.44	8.05	8.70	7.01	7.67	10.44	7.57	7.70
通过情况	未通过	通过	未通过	未通过	未通过	未通过	未通过	未通过	未通过	未通过	未通过	未通过

注：①括号中的数值是标准误；②*、**和***分别表示在10%、5%和1%的显著性水平上显著。

7.3　稳健性检验

本章的稳健性检验与上一章的思路相同，采用了访员对受访者的家庭配合和可信评价在一般及以上的家庭样本对能力人力资本在"教育年限 – 家庭创业"和"工作经验 – 家庭创业"关系中的调节作用进行分析，结果如表 7 – 14 和表 7 – 15 所示。

表 7 – 14　　能力人力资本与教育年限的交互对家庭创业影响的实证结果

变量	创业选择				创业收入			
	(1)	(2)	(3)	(4)	(5)	(6)	(7)	(8)
教育年限	0.047 ** (0.021)	0.059 *** (0.022)	0.008 (0.047)	0.069 *** (0.025)	0.678 ** (0.340)	0.786 ** (0.342)	0.043 (0.731)	1.095 *** (0.403)
词组能力	0.240 *** (0.048)				3.629 *** (0.753)			
数学能力		0.490 *** (0.075)				7.454 *** (1.150)		
自我效能			0.066 (0.095)				0.422 (1.485)	
社会交往				0.102 (0.090)				1.679 (1.466)
教 育 年 限 × 词组能力	-0.019 *** (0.006)				-0.273 *** (0.092)			
教 育 年 限 × 数学能力		-0.038 *** (0.007)				-0.544 *** (0.108)		
教 育 年 限 × 自我效能			0.001 (0.011)				0.038 (0.171)	
教 育 年 限 × 社会交往				-0.024 ** (0.010)				-0.373 ** (0.164)
控制变量	是	是	是	是	是	是	是	是

续表

变量	创业选择				创业收入			
	（1）	（2）	（3）	（4）	（5）	（6）	（7）	（8）
Pseudo R^2	0.1235	0.1292	0.1181	0.1196	0.0623	0.0650	0.0595	0.0605
Wald chi^2/F 值	372.13	369.87	371.29	379.82	10.98	11.08	10.75	11.04
通过情况	通过	通过	未通过	通过	通过	通过	未通过	通过

注：①括号中的数值是标准误；② * 、 ** 和 *** 分别表示在 10% 、5% 和 1% 的显著性水平上显著。

表 7 – 15 　　　　能力人力资本与工作经验的交互对家庭创业影响的实证结果

变量	创业选择				创业收入			
	（1）	（2）	（3）	（4）	（5）	（6）	（7）	（8）
工作经验	0.184 (0.213)	0.336 * (0.204)	0.041 (0.487)	0.748 ** (0.300)	3.010 (3.532)	5.705 * (3.414)	−0.829 (7.573)	12.729 *** (4.885)
词组能力	0.119 ** (0.059)				1.771 * (0.964)			
数学能力		0.178 ** (0.070)				2.839 ** (1.160)		
自我效能			0.065 (0.098)				0.203 (1.529)	
社会交往				0.131 (0.108)				2.267 (1.767)
工作经验 × 词组能力	−0.027 (0.065)				−0.302 (1.063)			
工作经验 × 数学能力		−0.091 (0.075)				−1.394 (1.251)		
工作经验 × 自我效能			0.014 (0.116)				0.701 (1.807)	
工作经验 × 社会交往				−0.284 ** (0.126)				−4.676 ** (2.050)
控制变量	是	是	是	是	是	是	是	是

续表

变量	创业选择				创业收入			
	(1)	(2)	(3)	(4)	(5)	(6)	(7)	(8)
Pseudo R^2	0.1211	0.1206	0.1180	0.1195	0.0614	0.0613	0.0596	0.0607
Wald chi^2/F 值	383.86	384.71	368.98	371.93	11.31	11.29	10.73	10.85
通过情况	未通过	未通过	未通过	通过	未通过	未通过	未通过	通过

注：①括号中的数值是标准误；② * 、 ** 和 *** 分别表示在10%、5%和1%的显著性水平上显著。

从稳健性检验结果中可以发现，表 7 - 14 和表 7 - 15 的回归结果与前面的表 7 - 1 和表 7 - 2 的回归结果基本一致，限于篇幅，采用新样本对人力资本中其他维度的指标变量间的内在作用对家庭创业影响的其他回归的稳健性检验结果没有汇报，但整体的结果基本与前面的回归结果一致。因此，本章有关人力资本间的交互对家庭创业影响的相关研究结论具有稳健性。

7.4 结 果 讨 论

7.4.1 研究结论

本章基于第 3 章中人力资本各指标变量间的交互对家庭创业的影响机制，基于 Probit 模型和 Tobit 模型，利用人力资本各指标变量间的交互项和中介效应检验程度对人力资本指标变量间的调节作用和中介作用分别进行了检验，并在稳健性检验的基础上，得到了以下研究结论：大部分的假设得到了数据较好的支持，有少部分未得到数据的验证（见表 7 - 16）。

表 7 - 16   人力资本间的交互对家庭创业的影响研究假设汇总

假设	内容	是否验证
H9	能力人力资本在教育程度对家庭创业的影响中存在调节效应，同时这种调节效应可能存在一定的城乡和地区差异	部分验证

续表

假设	内容	是否验证
H9a	词组能力在教育程度对家庭创业选择（H9a1）和创业收入（H9a2）的影响中存在调节效应，同时这种调节效应可能存在一定的城乡和地区差异	是
H9b	数学能力在教育程度对家庭创业选择（H9b1）和创业收入（H9b2）的影响中存在调节效应，同时这种调节效应可能存在一定的城乡和地区差异	是
H9c	自我效能在教育程度对家庭创业选择（H9c1）和创业收入（H9c2）的影响中存在调节效应，同时这种调节效应可能存在一定的城乡和地区差异	部分验证
H9d	社会交往在教育程度对家庭创业选择（H9d1）和创业收入（H9d2）的影响中存在调节效应，同时这种调节效应可能存在一定的城乡和地区差异	是
H10	能力人力资本在工作经验对家庭创业的影响中存在调节效应，同时这种调节效应可能存在一定的城乡和地区差异	部分验证
H10a	词组能力在工作经验对家庭创业选择（H10a1）和创业收入（H10a2）的影响中存在调节效应，同时这种调节效应可能存在一定的城乡和地区差异	部分验证
H10b	数学能力在工作经验对家庭创业选择（H10b1）和创业收入（H10b2）的影响中存在调节效应，同时这种调节效应可能存在一定的城乡和地区差异	部分验证
H10c	自我效能在工作经验对家庭创业选择（H10c1）和创业收入（H10c2）的影响中存在调节效应，同时这种调节效应可能存在一定的城乡和地区差异	部分验证
H10d	社会交往在工作经验对家庭创业选择（H10d1）和创业收入（H10d2）的影响中存在调节效应，同时这种调节效应可能存在一定的城乡和地区差异	部分验证
H11	能力人力资本的提升能促进健康评价对家庭创业的推动作用，同时这种推动作用可能存在一定的城乡和地区差异	部分验证
H11a	词组能力在健康评价对家庭创业选择（H11a1）和创业收入（H11a2）的影响中存在调节效应，同时这种调节效应可能存在一定的城乡和地区差异	部分验证
H11b	数学能力在健康评价对家庭创业选择（H11b1）和创业收入（H11b2）的影响中存在调节效应，同时这种调节效应可能存在一定的城乡和地区差异	部分验证
H11c	自我效能在健康评价对家庭创业选择（H11c1）和创业收入（H11c2）的影响中存在调节效应，同时这种调节效应可能存在一定的城乡和地区差异	否
H11d	社会交往在健康评价对家庭创业选择（H11d1）和创业收入（H11d2）的影响中存在调节效应，同时这种调节效应可能存在一定的城乡和地区差异	部分验证

假设	内容	是否验证
H12	能力人力资本在健康指数对家庭创业的影响中存在调节效应，同时这种调节效应可能存在一定的城乡和地区差异	否
H12a	词组能力在健康指数对家庭创业选择（H12a1）和创业收入（H12a2）的影响中存在调节效应，同时这种调节效应可能存在一定的城乡和地区差异	否
H12b	数学能力在健康指数对家庭创业选择（H12b1）和创业收入（H12b2）的影响中存在调节效应，同时这种调节效应可能存在一定的城乡和地区差异	否
H12c	自我效能在健康指数对家庭创业选择（H12c1）和创业收入（H12c2）的影响中存在调节效应，同时这种调节效应可能存在一定的城乡和地区差异	部分验证
H12d	社会交往在健康指数对家庭创业选择（H12d1）和创业收入（H12d2）的影响中存在调节效应，同时这种调节效应可能存在一定的城乡和地区差异	否
H13	健康人力资本在教育年限对家庭创业的影响中存在调节效应，同时这种调节效应可能存在一定的城乡和地区差异	否
H13a	健康评价在教育年限对家庭创业选择（H13a1）和创业收入（H13a2）的影响中存在调节效应，同时这种调节效应可能存在一定的城乡和地区差异	部分验证
H13b	健康评价在工作经验对家庭创业选择（H13b1）和创业收入（H13b2）的影响中存在调节效应，同时这种调节效应可能存在一定的城乡和地区差异	否
H14	健康人力资本在工作经验对家庭创业的影响中存在调节效应，同时这种调节效应可能存在一定的城乡和地区差异	否
H14a	健康评价在工作经验对家庭创业选择（H14a1）和创业收入（H14a2）的影响中存在调节效应，同时这种调节效应可能存在一定的城乡和地区差异	否
H14b	健康指数在工作经验对家庭创业选择（H14b1）和创业收入（H14b2）的影响中存在调节效应，同时这种调节效应可能存在一定的城乡和地区差异	否

针对上述假设检验结果，本章得到的主要结论如下：

（1）基于全样本的研究结论：能力人力资本（词组能力、数学能力和社会交往能力）的提升会抑制教育程度对家庭创业的推动作用；社会交往能力的提升也会抑制工作经验对家庭创业的推动作用；能力人力资本在健康人力资本对家庭创业影响中起调节作用均不显著；健康人力资本在技能人力资本与家庭创业的影响关系中的调节效应也均不显著。

（2）基于城乡差异的研究结论：词组能力、数学能力、社会交往能力等能力人力资本的提升会抑制教育年限对城镇家庭创业影响的推动作用，社会交往能力的提升同样会抑制工作经验对城镇家庭创业的推动效应，而对农村家庭的交互效应并不显著，可见城乡差异的确存在。能力人力资本与健康人力资本、健康人力资本与技能人力资本之间的内在作用对城乡家庭创业影响的调节作用均不显著。

（3）基于地区差异的研究结论：能力人力资本与技能人力资本交互在家庭创业影响中的调节效应确实存在地区差异。教育年限的增加会抑制词组能力对东、中部地区家庭创业的推动效应，教育年限的增加会抑制数学能力对东、中、西部地区家庭创业的推动效应，工作经验的提升会抑制数学能力对中部地区家庭创业的推动效应，工作经验的提升也会抑制社会交往能力对东、西部地区家庭创业的推动效应；词组能力的提升能促进健康评价对东部地区家庭创业的推动作用，数学能力的提升会抑制健康评价对中部地区家庭创业的推动作用，社会交往能力的提升能促进健康评价对东部地区家庭创业的推动作用，社会交往能力的提升会抑制健康评价对中部地区家庭创业的推动作用，自我效能的提升能促进健康指数对中部地区家庭创业的推动作用，社会交往能力的提升会抑制健康指数对西部地区家庭创业的推动作用，社会交往能力的提升会抑制健康指数对东部地区家庭创业选择的推动作用；教育年限的提高在一定程度上抑制了健康评价对中部地区家庭创业的促进作用。

7.4.2　研究启示

根据人力资本间的交互对家庭创业影响的实证结果，结合前面的文献综述与假设，对家庭人力资本积累有以下研究启示：

首先，营造全民创业的环境氛围。根据能力人力资本与技能人力资本间存在一定的抑制效应，但健康人力资本与其他人力资本的交互并不显著。可见，家庭在进行创业决策时，主要会根据其能力人力资本和技能人力资本状况进行选择，当这两类资本均较高时，可能会降低创业参与，来考虑其他的就业形式。该结论虽然在前面进行了探讨，但从人力资本配置对创业的影响来看，并不利于全民创业氛围的营造，因此，要加大对创业典型的宣传、强化舆论引导，让创业观念深入人心。各地要充分宣传周边的成功创业典型，可通过各类媒体加大对创业的重要性和优势、政策和方针等进行积极宣传，营造积极的全民创业氛围，转变民众的创业观念，提升民众的创新意识，鼓励全民参与创业，并以创业带动就业。

其次，因地制宜合理配置家庭人力资本。根据研究结论发现人力资本之间的交互效应在城乡与地区间的差异确实存在，因此，城乡与不同地区间应根据不同情况出台针对性政策，来优化家庭人力资本配置。我国经济发展不平衡现状客观存在，政府应合理优化与调整城乡、地区间教育、医疗资源的分配，加大对农村和中、西部地区的教育、医疗的供给投入，切实解决农村和中、西部地区的教育与医疗资源配置不当和配置效率低等问题，满足其教育与健康对经济发展的需要，确保各地家庭无论是城乡还是地域，均能享有条件水平相当的教育、医疗和保健等服务。同时，各地政府可通过贴息、补助等优惠政策，引导家庭对人力资本进行投资，促进人力资本配置效率提升，更好地优化家庭人力资本结构。

第 8 章

研究结论、政策建议与研究展望

8.1　研究结论

　　在人口红利逐渐消失、人力资本红利正在形成的经济转型时期，中国经济面临着供给侧结构性改革和提质增效的诸多压力，要实现中国经济的可持续发展，创业的号角必定在中国大地响起。家庭创业也理应成为"大众创业、万众创新"中的主力军，在创新创业驱动的时代强音之下，人力资本也必然成为家庭创业中的首要资本。在人力资本究竟如何影响家庭创业，不仅是理论探索的需要，也是家庭创业实践、经济结构调整和经济持续发展的必然要求。就目前而言，创业问题一直被当作经典的分析对象而得到充分的论证。相比之下，对于家庭创业而言家庭人力资本对创业的作用机制的研究相对较为薄弱。虽然中国是国际创业较为活跃的国家，但中国家庭创业的参与率仍然较低，在"双创"背景下，如何提升中国家庭创业的参与率和创业水平？影响家庭创业的因素都有哪些？而这些因素对家庭创业的影响机制有何不同？如何让人力资本在家庭创业中发挥更大效用，以实现家庭创业的可持续增长？为全面解答这些问题，本书在对相关理论和文献回顾、梳理的基础上，从能力、技能和健康人力资本三个维度对人力资本进行测量，并构建了家庭人力资本对家庭创业的影响机制的研究框架，同时还从实证角度分析了各维度人力资本对家庭创业的作用强度，并对城、乡家庭创业与东、中、西部地区家庭创业进行了比较性探讨。本书的主要结论如下：

（1）能力人力资本对家庭创业影响的研究结论。首先，从全样本来看，词组能力和数学能力等认知能力对家庭创业具有显著的促进作用，且数学能力对家庭创业作用效应更大；自我效能和社会交往能力等非认知能力对家庭创业影响有较大差异，其中，自我效能对家庭创业虽表现出一定的促进作用，社会交往能力却对家庭创业表现为显著抑制性作用，且自我效能的显著性受社会交往能力影响较大，社会交往能力的抑制性作用要大于家庭自我效能的促进作用。其次，从城乡差异来看，词组能力和数学能力对农村家庭创业具有显著的促进作用，但对城镇家庭不显著，且城镇家庭创业主要受词组能力的影响，而农村家庭则主要受数学能力的影响；自我效能对农村家庭创业选择具有显著的促进作用，且自我效能与社会交往能力对农村家庭创业收入具有显著的补偿作用，而在城镇家庭中的影响均不显著。最后，从地区差异来看，词组能力和数学能力对中、西部地区家庭创业具有显著的正向促进作用，而对东部地区家庭创业影响则不显著；且数学能力与词组能力对东、西部地区家庭创业均具有显著的补偿作用。

（2）技能人力资本对家庭创业影响的研究结论。首先，从全样本来看，教育年限、工作经验等技能人力资本对家庭创业具有显著的"倒 U 型"影响，即，技能人力资本存在一个最大值的拐点（教育年限、工作经验分别为8.67 年和 0.68）为，当技能人力资本低于拐点时，技能人力资本的提高会促进于家庭创业，一旦技能人力资本超过拐点时，技能人力资本的提高反而会抑制家庭创业的概率的越低。其次，从城乡差异来看，这种"倒 U 型"影响对城镇家庭依然成立，但对农村家庭则这种"倒 U 型"影响不存在，教育年限与工作经验等技能人力资本对农村家庭创业均具有显著的促进作用，即，对农村家庭而言，技能人力资本积累越高，其家庭选择创业的可能性越大，其创业收入增长也越快。最后，从地区差异来看，教育年限对家庭创业的"倒 U 型"影响在东、中、西部地区家庭中均成立，但东部家庭教育年限的拐点要低于中、西部地区家庭 2 年左右，且教育对西部地区家庭创业的促进作用也仍然显著。因此，教育年限与工作经验等技能人力资本在家庭创业中起着极其重要的促进作用，而在农村与西部地区家庭中，教育投资的严重不足，导致家庭技能人力资本的缺失。

（3）健康人力资本对家庭创业影响的研究结论。首先，从全样本来看，健康评价对家庭创业具有显著的促进作用，但健康指数对家庭创业则呈现出显著的抑制性作用。其次，从城乡差异来看，健康评价对城镇家庭创业选择具有显著促进作用，但对农村家庭则不显著；健康指数对农村家庭创业具有显著抑制性作用，但对城镇家庭不显著。最后，从地区差异来看，健康评价对中部地区家庭创业具有显著促进作用，其对东、西部地区家庭均不显著；健康指数对东、中部地区家庭创业呈现显著的抑制性作用，但对西部地区家庭的影响则不显著。

（4）人力资本间交互对家庭创业影响的研究结论。首先，从全样本来看，能力人力资本（词组能力、数学能力和社会交往能力）的提升会抑制教育程度对家庭创业的推动作用，社会交往能力的提升也会抑制工作经验对家庭创业的推动作用。其次，从城乡差异来看，词组能力、数学能力、社会交往能力的提升会抑制教育年限、工作经验对城镇家庭创业影响的推动效应，而对农村家庭的交互效应并不显著。最后，从地区差异来看，教育人力资本的增加会抑制能力人力资本对东、中、西部地区家庭创业的推动效应中具有较明显的差异，且能力人力资本的提升在健康人力资本与家庭创业关系中的作用效果也同样表现出地区差异。

8.2　政　策　建　议

8.2.1　强化"能力"为核心的人力资本积累，促进从"数量"向"质量"转型

（1）改变教育观念，强化素质培养。要通过社会、学校和家庭共同改变传统的"分数论""升学论""就业论"的教育观念，逐步引导家长、学校和

社会更多关注人力资源中的思维、思想、人格、健康等综合素质的培养与塑造；逐步树立科学的教育观，以促进家庭成员的全面发展和适应社会需要作为教育投资的根本。同时，健康人力资本作为其他人力资本的载体，要特别强调国民的健康教育，提升其对健康的认知和敏感性；通过健康的卫生习惯与生活方式养成，提高家庭的自我保健能力。

（2）更新教学内容，强化能力培养。在现有教学内容中应进一步强化逻辑思维能力、语言能力、推理能力、计算能力、空间能力和解决问题能力等方面的认知能力训练，以提升人们的认知积累；同时，在现有的课程中应将积极心理学等方面的人格教育纳入教学体系中，以强化人的自我效能提升；在学校教育中，加大学生团队精神、人际交往与沟通等职场必备能力的培养，强化人的社会资本积累能力；强化体育精神，培养学生吃苦耐劳、积极向上的心态，培养学生参与体育锻炼和健康的生活习惯。

（3）完善教育体系，鼓励终身教育。深入推进成人终身教育体系改革，大力发展职业技术教育，并鼓励中职向高职、高职向本科转型，积极引导农村和西部地区成人职业教育走向制度化、规范化和常态化；鼓励社区大学、社会机构、继续教育、技能鉴定等职业培训机构到农村和西部地区进行业务拓展，并针对农村和西部地区成人开展个性化和多样化服务；加强特殊教育的发展，确保教育惠及全民；改变"一考定终身"的人才选拔机制，落实终身教育制度，强化学有所教、学有所成、学有所用的终身教育体系。

8.2.2 优化资源配置，开放资源平台，确保教育、就业和健康公平

由于城乡与地区教育资源配置的不合理，导致人口向各类优质资源的中心城市与经济发达地区迁移，进而造成住房、就业、社会公共服务、医疗等一系列社会问题。

（1）增加保障和改善民生的财政支出，建设公平中国。要加大对教育、健康、就业等公共物品供给，特别是农村与边远地区，充分发挥政府财政支出对民生的长效机制；要建立与完善政府财政支出中的区域结构调整和协调机制，缩小农村与地区间在教育、健康与就业资源配置上的差距。切实解决农村和中、西部地区的教育与医疗资源配置不当和配置效率低等问题，满足

其教育与健康对经济发展的需要，确保各地家庭无论是城乡还是地域，均能享有条件水平相当的教育、医疗和就业等服务。

（2）发挥"互联网＋"优势，开放各类资源平台。充分利用信息化、数字化等手段，通过"互联网＋"的方式实现优质教育、就业和健康资源的共享，充分搭建好各类教育、就业和健康平台，如优质教学资源平台、就业信息平台、法律保障和维权平台、就业服务平台、远程会诊平台等，让更多家庭能在开放的平台中拥有公平的参与机会和发展机会，为其创造更好的条件。

（3）深化机制体制改革，促进社会公平。社会公平是项复杂而系统的工程，从根本上看，必须坚守以制度、规则促公平，提升社会治理体系和能力的现代化，建立城乡与地域在教育、就业医疗等民生问题的一体化发展体制机制。从内容上讲，必须坚持以开放、融合促公平，促进社会民生系统向社会全体居民开放，要打破"普通"与"特殊"、"公"与"民"、"正规"与"非正规"等之间的壁垒，形成统一融合的社会民生系统；从保障机制来看，必须坚持以共建、共治、共享促公平，以党的领导为引领，整合多方力量做好民生大事，提升民生服务和供给水平，让广大民众共享民生改革成果，强化人力资本市场的活力。

8.2.3　促进协同融合发展，缩小城乡与地区差异

（1）尊重差异、因地制宜，寻求特色化发展。在尊重历史和客观等所造成的地区、城乡差异的基础上，立足地方特点与资源禀赋，走特色化、多元化的发展道路。地方创业项目的引进与发展应立足地方产业特点，兼顾生产、生活、生态，在充分考虑地方文化、自然资源禀赋的基础上，形成与城镇共生共存、互促互进的发展生态，赋予地方经济特定的内涵与要求，形成多元化、特色化的可持续发展之路。

（2）打破地域与行政壁垒，实现跨域跨界式融合发展。由于地方产业、部门之间政策体系的衔接不畅、跨域跨界的行政壁垒的存在，严重掣肘地域与城乡的融合发展。因此，亟须打破产业、行业、地区之间的壁垒，进行跨界融合发展，促进人流、资金流、物流、信息流等资源按市场规律高效流动起来，以实现资源互补、配置高效、协同融合的区域一体化高质量发展格局，

从而缩小城乡、地区之间的经济发展差异。

（3）强化技术创新驱动，加速信息基础建设。信息基础建设是地区与城乡融合发展的前提，因此，各地应进一步加强移动网络基站的扩容升级，不断促进数字转型、智能升级、融合创新等服务的基础设施建设，确保高速网络无缝覆盖，以实现城乡与地区之间互联互通；同时，需持续推动网络提速降费，让民众切实感受到信息化的便民惠民利民，以在更大范围、更高层次、更广领域实现更多合作交流，真正让民众从信息化发展中拥有获得感、幸福感、安全感。

8.2.4 营造全民创业氛围，促进家庭创业更快更好发展

（1）优化创业环境，营造全民创业氛围。首先，充分利用社会化服务平台，全链条疏通创业项目审批"经脉"，消除"中梗阻"，建立联动服务机制，提升政府与机构的智能管理、精准服务的效能；继续深化"放管服"改革，全面梳理业务，优化流程，创新机制，最大限度地减少政府对家庭创业的干预，真正做到放权给市场、还权给创业主体。其次，要加大对创业典型的宣传、强化舆论引导，让创业观念植入人心。各地要充分宣传周边的成功创业典型，可通过各类媒体加大对创业的重要性和优势、政策和方针等进行积极宣传，营造积极的全民创业氛围，转变民众的创业观念，提升民众的创新意识，鼓励全民参与创业，并以创业带动就业。

（2）优化家庭人力资本结构，提升资本配置效率。家庭应根据创业需要，充分发挥人力资本对家庭创业的积极促进作用，更好地发挥人力资本对家庭创业的消极抑制性影响，进一步优化能力、技能与健康人力资本的结构；政府在合理优化与调整城乡、地区间教育、医疗资源分布的同时，可通过贴息、补助等优惠政策，引导家庭对人力资本进行投资，促进人力资本配置效率提升，更好地优化家庭人力资本结构，促进更多家庭参与创业，提供就业。

8.3 本书创新点

目前关于创业的研究文献很多，但也存在一些创新的空间与不足：其一，

对家庭创业的研究成果较为匮乏，家庭作为中国的最基本决策单元，与其他创业主体之间存在一定的特殊性；其二，仅采用单一指标或单个家庭成员对家庭人力资本的进行度量，显然忽视了家庭人力资本测量的准确性，而导致研究结果的一些偏差；其三，缺乏对研究对象差异化的研究，导致研究结论的针对性不强。因此，基于这三点不足，本书研究的主要创新点如下：

（1）增强了家庭人力资本测量的合理性。家庭人力资本是个人人力资本的拓展，以往采用家庭成员个体的人力资本作为家庭人力资本的代理变量会有失偏颇，本书首次尝试采用家庭成员人力资本的平均值作为家庭人力资本的代理变量，这使家庭人力资本的测量更趋合理。

（2）提供了人力资本对家庭创业影响研究的全新经验证据。基于新人力资本视角，从能力人力资本、技能人力资本和健康人力资本等三个维度构建了家庭人力资本对家庭创业影响的分析框架，并实证检验了不同维度的人力资本对家庭创业的影响效应，这不仅完善了人力资本测量维度上的不足，也为人力资本对家庭创业影响的研究提供了新的经验证据。

（3）诠释了人力资本对家庭创业影响的城乡差异和地区差异。以往大多数关于家庭创业的研究没有从研究对象的城乡与地区差异进行细分研究，导致研究结论的针对性不强，本书通过城、乡和东、中、西部地区家庭子样本的分组比较，深入讨论了家庭人力资本对家庭创业影响的城乡差异和地区差异，为政府制定精准性政策提供了决策依据。

（4）优化了研究方法的完善性。在基准模型的基础上进一步引入了各维度的指标变量及其交互模型，同时，还分别采用重新筛选的新样本和相应的工具变量对回归模型进行了稳健性和内生性检验，使本书的研究方法更趋完善。

8.4　不足与展望

本书主要研究了中国家庭创业影响因素中的人力资本问题，取得了一定的成果，但仍有很多不完善的地方，还可以从以下几个方面进一步完善：

（1）虽然我们尽可能地控制了对家庭创业产生影响的相关因素，以最大限度避免"遗漏变量"等可能导致的内生性问题，但限于数据的可获性，我们很难对各维度进行准确的衡量，这可能会给研究结论带来一些偏差，在今后的研究中，可以考虑采用多个数据库对样本数据进行有效匹配，以形成相对准确的衡量结果。

（2）本书采用 2014 年的截面数据，但创业是一个持续的过程，在创业过程中可能会受到宏观环境的影响，因此，可以采用 CFPS 调查的四轮数据进行面板数据的分析，并辅以宏观的经济环境变量对家庭创业进行动态跟踪分析。

（3）由于能力、技能和健康人力资本作为新人力资本的主要构成维度，那么这三个维度将各自受哪些因素的影响、这三个维度如何共同作用于创业、这三个维度与创业作用关系中是否还存在其他的作用路径（如中介效应）以及这三者对其他资本积累又产生怎么样的影响？这些可能是未来关注的重点。

参考文献

[1] 阿尔弗雷德·韦伯. 工业区位论 [M]. 李刚剑，等译. 北京：商务印书馆，1997.

[2] 爱德华·张伯伦. 垄断竞争理论 [M]. 周文，译. 北京：华夏出版社，2013.

[3] 边燕杰，丘海雄. 企业的社会资本及其功效 [J]. 中国社会科学，2000（2）：87－99.

[4] 蔡莉，柳青. 新创企业资源整合过程模型 [J]. 科学学与科学技术管理，2007，28（2）：95－102.

[5] 曹乾，杜雯雯. 健康的就业效应与收入效应 [J]. 经济问题探索，2010（1）：134－138.

[6] 柴时军. 关系、家庭创业与创业回报 [J]. 现代经济探讨，2017（9）：16－24.

[7] 陈刚. 管制与创业——来自中国的微观证据 [J]. 管理世界，2015（5）：89－99.

[8] 陈和午，李斌，刘志阳. 农户创业，村庄社会地位与农户幸福感——基于中国千村调查数据的实证分析 [J]. 农业技术经济，2018（10）：57－65.

[9] 程虹，李唐. 人格特征对于劳动力工资的影响效应——基于中国企业－员工匹配调查（CEES）的实证研究 [J]. 经济研究，2017（2）：171－185.

[10] 程郁，罗丹. 信贷约束下农户的创业选择——基于中国农户调查的实证分析 [J]. 中国农村经济，2009（11）：25－38.

［11］崔启国．基于网络视角的创业环境对新创企业绩效的影响研究［D］．长春：吉林大学，2007．

［12］邓力源，唐代盛，余驰晨．我国农村居民健康人力资本对其非农就业收入影响的实证研究［J］．人口学刊，2018（1）：102－112．

［13］都阳，王美艳．认知能力、教育与劳动力的市场绩效——论农村义务教育体制改革的意义［J］．中国农村观察，2002（1）：47－56．

［14］杜运周，刘秋辰，程建青．什么样的营商环境生态产生城市高创业活跃度？——基于制度组态的分析［J］．管理世界，2020，36（9）：141－155．

［15］方俊群，罗家有，周立波，等．农村居民健康知识，态度和行为之间中介效应的判断与分析［J］．中国卫生统计，2008，25（4）：404．

［16］方世建，黄明辉．创业新组拼理论溯源、主要内容探析与未来研究展望［J］．外国经济与管理，2013（10）：2－12．

［17］封进，余央央．中国农村的收入差距与健康［J］．经济研究，2007（1）：80－89．

［18］冯宣．以知识为基础的经济［J］．中国软科学，1998（3）：39．

［19］盖庆恩，朱喜，史清华．财富对创业的异质性影响——基于三省农户的实证分析［J］．财经研究，2013（5）：134－144．

［20］高静，张应良．农户创业价值实现与环境调节：自资源拼凑理论透视［J］．改革，2014（1）：87－93．

［21］辜胜阻，韩龙艳．中国民营经济发展进入新的历史阶段［J］．求是，2017（7）：33－35．

［22］古继宝，陈兆锋，吴剑琳．创业者社交主动性对新创企业机会识别的影响——有调节的中介效应模型［J］．科学学与科学技术管理，2017，38（5）：169－180．

［23］郭红东，丁高洁．社会资本、先验知识与农民创业机会识别［J］．华南农业大学学报（社会科学版），2012，11（3）：78－85．

［24］郭蓉，余宇新．创业阶段差异与创业环境认知差异关系的实证研究［J］．科技进步与对策，2011，28（12）：6－9．

［25］郝朝艳，平新乔，张海洋，等．农户的创业选择及其影响因素——来自于"农村金融"的证据［J］．中国农村经济，2012（4）：57－65．

[26] 何珺子，王小军．认知能力和非认知能力的教育回报率——基于国际成人能力测评项目的实证研究 [J]．经济与管理研究，2017，38（5）：66-74．

[27] 何韧，王维诚，王军．管理者背景与企业绩效：基于中国经验的实证研究 [J]．财贸研究，2010，21（1）：109-118．

[28] 何晓斌，蒋君洁，杨治，等．新创企业家应做"外交家"吗？——新创企业家的社交活动对企业绩效的影响 [J]．管理世界，2013（6）：128-137．

[29] 贺建风，吴慧．财务舵主个人特征对家庭金融市场参与的影响 [J]．金融经济学研究，2017（4）：82-93．

[30] 贺小刚，李新春．企业家能力与企业成长：基于中国经验的实证研究 [J]．经济研究，2005（10）：101-111．

[31] 胡浩，王海燕．社会互动与农村家庭创业决策、创业动机 [J]．软科学，2019，33（3）：25-29．

[32] 胡金焱，张博．社会网络、民间融资与家庭创业——基于中国城乡差异的实证分析 [J]．金融研究，2014（10）：148-163．

[33] 胡振，何婧，臧日宏．健康对城市家庭金融资产配置的影响——中国的微观证据 [J]．东北大学学报（社会科学版），2015，17（2）：148-154．

[34] 黄国英，谢宇．认知能力与非认知能力对青年劳动收入回报的影响 [J]．中国青年研究，2017（2）：56-64．

[35] 黄洁，蔡根女，买忆媛．农村微型企业：创业者社会资本和初创企业绩效 [J]．中国农村经济，2010（5）：65-73．

[36] 黄洁萍，尹秋菊．社会经济地位对人口健康的影响——以生活方式为中介机制 [J]．人口与经济，2013（3）：26-34．

[37] 加尔布雷思．权力的分析 [M]．陶远华，苏世军，译．石家庄：河北人民出版社，1988．

[38] 加里·S．贝克尔．人力资本——特别是关于教育的理论与经验分析 [M]．梁小民，译．北京大学出版社，1987．

[39] 蒋剑勇，钱文荣，郭红东．农民创业机会识别的影响因素研究——基于968份问卷的调查 [J]．南京农业大学学报（社会科学版），2014

（1）：51 –58.

[40] 琚琼. 家庭财富对创业决策的影响——基于 2018 年 CFPS 数据的研究
[J]. 财经问题研究, 2020（3）：66 –74.

[41] 孔荣, Calum G Turvey. 中国农户经营风险与借贷选择的关系研究——
基于陕西的案例[J]. 世界经济文汇, 2009（1）：70 –79.

[42] 赖德胜, 孟大虎, 苏丽锋. 替代还是互补——大学生就业中的人力资
本和社会资本联合作用机制研究[J]. 北京大学教育评论, 2012, 10
（1）：13 –31.

[43] 雷晓燕, 周月刚. 中国家庭的资产组合选择：健康状况与风险偏好
[J]. 金融研究, 2010（1）：31 –45.

[44] 李宏彬, 李杏, 姚先国, 等. 企业家的创业与创新精神对中国经济增
长的影响[J]. 经济研究, 2009（10）：99 –108.

[45] 李慧勤, 李晓双, 王晓航. 城乡学生认知能力差异的实证研究——基
于云南五个县市的报告[J]. 教育研究, 2017（7）：115 –121.

[46] 李江一, 李涵. 住房对家庭创业的影响：来自 CHFS 的证据[J]. 中国
经济问题, 2016（2）：53 –67.

[47] 李京. 企业社会资本对企业成长的影响及其优化——基于社会资本结
构主义观思想[J]. 经济管理, 2013（7）：56 –64.

[48] 李丽, 赵文龙. 家庭背景、文化资本对认知能力和非认知能力的影响
研究[J]. 东岳论丛, 2017, 38（4）：142 –150.

[49] 李树, 于文超. 农村金融多样性对农民创业影响的作用机制研究[J].
财经研究, 2018（1）：4 –19.

[50] 李涛, 郭杰. 风险态度与股票投资[J]. 经济研究, 2009（2）：56 –67.

[51] 李涛, 朱俊兵, 伏霖. 聪明人更愿意创业吗？——来自中国的经验发
现[J]. 经济研究, 2017（3）：91 –105.

[52] 李伟, 田书芹. 融资渠道与城乡家庭创业决策[J]. 软科学, 2020
（2）：56 –67.

[53] 李晓曼, 杨婧, 涂文嘉. 非认知能力对中低技能劳动者就业质量的影
响与政策启示[J]. 劳动经济评论, 2019（1）：133 –148.

[54] 李晓曼, 曾湘泉. 新人力资本理论——基于能力的人力资本理论研究
动态[J]. 经济学动态, 2012（11）：120 –126.

[55] 李新春，何轩，陈文婷．战略创业与家族企业创业精神的传承——基于百年老字号李锦记的案例研究［J］．管理世界，2008（10）：127－140.

[56] 李雪莲，马双，邓翔．公务员家庭、创业与寻租动机［J］．经济研究，2015（5）：89－103.

[57] 李祎雯，张兵．非正规金融对农村家庭创业的影响机制研究［J］．经济科学，2016（2）：93－105.

[58] 梁宇亮，胡浩，江光辉．性格决定命运：非认知能力对农民工就业质量影响及机制研究［J］．西北人口，2020（12）：99－108.

[59] 林南．社会资本：关于社会结构与行动的理论［M］．上海：上海人民出版社，2005.

[60] 刘国恩，William H，傅正泓，John A．中国的健康人力资本与收入增长［J］．经济学（季刊），2004，4（1）：101－118.

[61] 刘杰，郑风田．流动性约束对农户创业选择行为的影响——基于晋、甘、浙三省894户农民家庭的调查［J］．财贸研究，2011，22（3）：28－35.

[62] 刘鹏程，李磊，王小洁．企业家精神的性别差异——基于创业动机视角的研究［J］．管理世界，2013，239（8）：126－135.

[63] 刘生龙．健康对农村居民劳动力参与的影响［J］．中国农村经济，2008（8）：25－33.

[64] 刘潇，程志强，张琼．居民健康与金融投资偏好［J］．经济研究，2014（s1）：77－88.

[65] 刘正良．知识资本理论对现代人力资本理论的新发展［J］．时代经贸，2011（27）：190－191.

[66] 刘志阳，王泽民．人工智能赋能创业：理论框架比较［J］．外国经济与管理，2020，42（12）：3－16.

[67] 卢亚娟，张龙耀，许玉韫．金融可得性与农村家庭创业——基于CHARLS数据的实证研究［J］．经济理论与经济管理，2014，34（10）：89－99.

[68] 鲁传一，李子奈．企业家精神与经济增长理论［J］．清华大学学报（哲学社会科学版），2000（3）：42－49.

[69] 吕娜．健康人力资本与经济增长研究文献综述［J］．经济评论，2009

(6)：143 – 152.

[70] 罗宾逊．不完全竞争经济学 [M]．陈良璧，译．北京：商务印书馆，1961.

[71] 罗靳雯，彭湃．教育水平、认知能力和金融投资收益——来自 CHFS 的证据 [J]．教育与经济，2016 (6)：77 – 85.

[72] 罗明忠，陈江华．资源禀赋、外部环境与农民创业组织形式选择 [J]．产经评论，2016，7 (4)：103 – 115.

[73] 马光荣，杨恩艳．社会网络、非正规金融与创业 [J]．经济研究，2011 (3)：83 – 94.

[74] 马歇尔．经济学原理 [M]．第 2 版．西安：陕西人民出版社，2013.

[75] 毛飞，王旭，孔祥智．农民专业合作社融资服务供给及其影响因素 [J]．中国软科学，2014 (7)：26 – 39.

[76] 缪小明，李淼．科技型企业家人力资本与企业成长性研究 [J]．科学学与科学技术管理，2006，27 (2)：126 – 131.

[77] 倪嘉成，李华晶，林汉川．人力资本、知识转移绩效与创业企业成长——基于互联网情境的跨案例研究 [J]．研究与发展管理，2018，30 (1)：47 – 58.

[78] 聂伟，王小璐．人力资本、家庭禀赋与农民的城镇定居意愿——基于 CGSS2010 数据库资料分析 [J]．南京农业大学学报（社会科学版），2014 (9)：53 – 61，119.

[79] 宁先圣．论人力资本理论的演进及当代进展 [J]．社会科学辑刊，2006 (3)：39 – 42.

[80] 牛芳，张玉利，杨俊．创业团队异质性与新企业绩效：领导者乐观心理的调节作用 [J]．管理评论，2011，23 (11)：110 – 119.

[81] 彭华涛，李冰冰，周灵玥．环境动态性视角下创业企业的创新策略选择比较 [J]．科学学研究，2021，39 (2)：347 – 355.

[82] 彭罗斯．企业成长理论 [M]．赵晓，译．上海：上海三联书店，上海人民出版社，2007.

[83] 彭艳玲．我国农户创业选择研究 [D]．杨凌：西北农林科技大学，2016.

[84] 戚湧，饶卓．社交指数、风险倾向与创业——制度环境的调节作用 [J]．科技进步与对策，2017，34 (1)：1 – 8.

[85] 齐良书. 收入、收入不均与健康：城乡差异和职业地位的影响 [J]. 经济研究, 2006 (11)：16-26.

[86] 钱龙, 冷智花, 付畅俭. 人口老龄化对居民家庭创业行为的影响——来自 CFPS 的经验证据 [J]. 改革, 2021 (2).

[87] 秦芳, 李晓, 吴雨, 等. 省外务工经历、家庭创业决策及机制分析 [J]. 当代经济科学, 2018, 40 (4)：91-100.

[88] 秦剑, 张玉利. 社会资本对创业企业资源获取的影响效应研究 [J]. 当代经济科学, 2013, 35 (2)：96-106.

[89] 秦立建, 陈波, 秦雪征. 健康对农民工外出务工收入的影响分析 [J]. 世界经济文汇, 2013 (6)：110-120.

[90] 荣昭, 徐丽鹤, 袁燕. 性别比例失衡对农村家庭创业的激励机制研究——基于农村自营工商业的分析 [J]. 浙江社会科学, 2013 (5)：29-39.

[91] 盛卫燕, 胡秋阳. 认知能力, 非认知能力与技能溢价——基于 CFPS 2010—2016 年微观数据的实证研究 [J]. 上海经济研究, 2019, 367 (4)：30-44.

[92] 石智雷, 杨云彦. 家庭禀赋、家庭决策与农村迁移劳动力回流 [J]. 社会学研究, 2012 (3)：157-181.

[93] 苏岚岚, 孔荣. 农地流转促进农民创业决策了吗？——基于三省 1947 户农户调查数据的实证 [J]. 经济评论, 2020 (3)：69-86.

[94] 孙顶强, 冯紫曦. 健康对我国农村家庭非农就业的影响：效率效应与配置效应——以江苏省灌南县和新沂市为例 [J]. 农业经济问题, 2015 (8)：28-34.

[95] 孙红霞, 郭霜飞, 陈浩义. 创业自我效能感、创业资源与农民创业动机 [J]. 科学学研究, 2013, 31 (12)：1879-1888.

[96] 孙婧芳. 中国劳动力市场转型与非农就业环境的变化 [J]. 世界经济文汇, 2013 (4)：81-97.

[97] 孙俊华, 陈传明. 企业家社会资本与公司绩效关系研究——基于中国制造业上市公司的实证研究 [J]. 南开管理评论, 2009, 12 (2)：28-36.

[98] 孙早, 刘庆岩. 市场环境、企业家能力与企业绩效 [J]. 经济学家, 2006 (4)：110-117.

[99] 谭华清, 赵廷辰, 谭之博. 教育会促进农民自主创业吗？[J]. 经济科

学，2015，37（3）：103 – 113.

[100] 汪伟，咸金坤. 人口老龄化与家庭创业决策 [J]. 中国人口科学，
2020，196（1）：115 – 127，130.

[101] 王慧敏，吴愈晓，黄超. 家庭社会经济地位、学前教育与青少年的认
知 – 非认知能力 [J]. 青年研究，2017（6）：46 – 57.

[102] 王菁，张锐. 家庭关爱的力量：子女数量对创业决定的影响 [J]. 经
济学动态，2017（4）：90 – 100.

[103] 王俊秀. 创业者与创业环境：个体与社会发展的视角 [J]. 中国科学
院院刊，2017（2）：148 – 156.

[104] 王西玉，崔传义，赵阳. 打工与回乡：就业转变和农村发展——关于
进城民工回乡创业的研究 [J]. 管理世界，2003（7）：99 – 110.

[105] 王修华，陈琳，傅扬. 金融多样性、创业选择与农户贫困脆弱性 [J].
农业技术经济，2020（9）：63 – 78.

[106] 王秀芝，易婷. 健康人力资本的收入效应 [J]. 首都经济贸易大学学
报，2017，19（4）：20 – 26.

[107] 王跃生. 当代中国家庭结构变动分析 [J]. 中国社会科学，2006
（1）：96 – 108.

[108] 魏众. 健康对非农就业及其工资决定的影响 [J]. 经济研究，2004
（2）：64 – 73.

[109] 温兴祥，程超. 教育有助于提高农村居民的创业收益吗？——基于
CHIP 农村住户调查数据的三阶段估计 [J]. 中国农村经济，2017
（9）：80 – 96.

[110] 文亮. 商业模式与创业绩效及其影响因素关系研究 [D]. 长沙：中南
大学，2011.

[111] 翁辰，张兵. 信贷约束对中国农村家庭创业选择的影响——基于
CHFS 调查数据 [J]. 经济科学，2015（6）：92 – 102.

[112] 吴卫星，荣苹果，徐芊. 健康与家庭资产选择 [J]. 经济研究，2011
（s1）：43 – 54.

[113] 吴炜. 干中学：农民工人力资本获得路径及其对收入的影响 [J]. 农
业经济问题，2016（9）：53 – 60.

[114] 吴晓瑜，王敏，李力行. 中国的高房价是否阻碍了创业？[J]. 经济研

究，2014（9）：121－134.

［115］吴烨，余泉生．融资渠道与金融改革［J］．世界经济文汇，2015，1
（4）：111－120.

［116］解垩．健康对劳动力退出的影响［J］．世界经济文汇，2011（1）：109－
120.

［117］西奥多·W. 舒尔茨．论人力资本投资［M］．吴珠华，等译．北京：
北京经济学院出版社，1990.

［118］西尼尔．政治经济学大纲［M］．蔡受百，译．北京：商务印书馆，
1986.

［119］项质略，张德元．信贷可得性与农户创业规模扩张［J］．软科学，
2020，34（9）：134－139.

［120］小罗伯特·E. 卢卡斯．经济周期理论研究［M］．朱善利，等译．北
京：商务印书馆，2012.

［121］肖焰，蔡晨．基于能力理论的人力资本研究综述［J］．中国石油大学
学报（社会科学版），2017（6）：21－26.

［122］肖勇军，段丽．科技园区创业环境对创业绩效影响的实证研究［J］．
系统工程，2012（6）：111－116.

［123］谢沁怡．人力资本与社会资本：谁更能缓解贫困？［J］．上海经济研
究，2017（5）：51－60.

［124］谢雅萍，张金连．创业团队社会资本与新创企业绩效关系［J］．管理
评论，2014，26（7）：104－114.

［125］谢宇，胡婧炜，张春泥．中国家庭追踪调查：理念与实践［J］．社会，
2014，34（2）：1－32.

［126］徐黄华．1989—2009年我国成年人健康与收入关系的研究［D］．北
京：北京交通大学，2012.

［127］许多多．大学如何改变寒门学子命运：家庭贫困、非认知能力和初职
收入［J］．社会，2017，37（4）：90－118.

［128］许朗．创业家素质与创业资金的筹措［J］．南京社会科学，2004
（z2）：175－178.

［129］亚当·斯密．国富论［M］．郭大力，译．北京：商务印书馆，2003.

［130］颜军，孙雪梅，陈爱国，等．应对方式和主观幸福感的中介效应：身

体锻炼对大学女生心理健康影响的实验研究 [J]. 体育与科学, 2011, 32 (5): 95 - 99.

[131] 杨建东, 李强, 曾勇. 创业者个人特质、社会资本与风险投资 [J]. 科研管理, 2010, 31 (6): 65 - 72.

[132] 杨俊. 基于企业家资源禀赋的创业行为过程分析 [J]. 外国经济与管理, 2004, 26 (2): 2 - 6.

[133] 杨俊, 薛红志, 牛芳. 先前工作经验、创业机会与新技术企业绩效——一个交互效应模型及启示 [J]. 管理学报, 2011, 8 (1): 116 - 125.

[134] 杨云彦, 石智雷. 家庭禀赋对农民外出务工行为的影响 [J]. 中国人口科学, 2008 (5): 66 - 72.

[135] 杨子砚, 文峰. 从务工到创业——农地流转与农村劳动力转移形式升级 [J]. 管理世界, 2020, 36 (7): 171 - 185.

[136] 伊查克·爱迪思. 企业生命周期 [M]. 赵睿, 译. 北京: 华夏出版社, 2004.

[137] 尹志超, 吴雨, 甘犁. 金融可得性、金融市场参与和家庭资产选择 [J]. 经济研究, 2015 (3): 87 - 99.

[138] 于大川, 潘光辉. 健康人力资本与农户收入增长——基于 CHNS 数据的经验研究 [J]. 经济与管理, 2013, 27 (3): 25 - 29.

[139] 盂亦佳. 认知能力与家庭资产选择 [J]. 经济研究, 2014 (s1): 132 - 142.

[140] 俞福丽. 健康资本对农村居民家庭资源配置影响的研究 [D]. 扬州: 扬州大学, 2015.

[141] 俞福丽, 蒋乃华. 健康对农民种植业收入的影响研究——基于中国健康与营养调查数据的实证研究 [J]. 农业经济问题, 2015 (4): 66 - 71.

[142] 苑会娜. 进城农民工的健康与收入——自北京市农民工调查的证据 [J]. 管理世界, 2009 (5): 56 - 66.

[143] 约翰·穆勒. 政治经济学原理: 及其在社会哲学上的若干应用 [M]. 朱泱, 等译. 北京: 商务印书馆, 2009.

[144] 约翰·伊特威尔, 等. 新帕尔格雷夫经济学大词典 (第 2 卷) [M]. 陈岱孙, 编译. 北京: 经济科学出版社, 1992: 736.

[145] 约瑟夫·熊彼特. 经济发展理论 (1934): 中译本 [M]. 何畏, 等译.

北京：商务印书馆，1990.

[146] 张宝建，孙国强，裴梦丹等．网络能力、网络结构与创业绩效——基于中国孵化产业的实证研究 [J]．南开管理评论，2015，18（2）：39－50.

[147] 张车伟．营养、健康与效率 [J]．经济研究，2003（1）：3－12.

[148] 张川川．健康变化对劳动供给和收入影响的实证分析 [J]．经济评论，2011（4）：79－88.

[149] 张军，孙宁．从李斯特经济增长理论到现代经济增长理论的演变 [J]．经济学动态，1995（3）：64－67.

[150] 张抗私，史策．高等教育，个人能力与就业质量 [J]．中国人口科学，2020（4）：98－112，128.

[151] 张立敏，张力为，杨宁，等．长期健身活动对大学生印象管理及心理健康的影响 [J]．北京体育大学学报，2013，36（9）：108－112.

[152] 张龙耀，葛雷，刘正源．住房投资与家庭创业：促进还是挤出？——基于 CFPS 面板数据的实证分析 [J]．金融发展研究，2020（5）：16－25.

[153] 张龙耀，杨军，张海宁．金融发展、家庭创业与城乡居民收入——基于微观视角的经验分析 [J]．中国农村经济，2013（7）：47－57.

[154] 张龙耀，张海宁．金融约束与家庭创业——中国的城乡差异 [J]．金融研究，2013（9）：123－135.

[155] 张鹏，邓然，张立琨．企业家社会资本与创业绩效关系研究 [J]．科研管理，2015，36（8）：120－128.

[156] 张晓云，杜丽群．认知能力、质量可比的教育与收入——基于对明瑟方程拓展的实证分析 [J]．世界经济文汇，2017（6）：39－55.

[157] 张鑫，谢家智，张明．打工经历、社会资本与农民初创企业绩效 [J]．软科学，2015，29（4）：140－144.

[158] 张秀娥，孙中博，王冰．创业团队异质性对创业绩效的影响——基于对七省市264家创业企业的调研分析 [J]．华东经济管理，2013（7）：112－115.

[159] 张玉华，赵媛媛．健康对个人收入和城乡收入差距的影响 [J]．财经问题研究，2015（8）：11－16.

[160] 张玉利，杨俊，任兵．社会资本、先前经验与创业机会 [J]．管理世界，2008（7）：91－102.

[161] 赵景峰，王延荣. 高新技术企业创新文化特征与创业绩效关系实证研究 [J]. 管理世界，2011（12）：184 - 185.

[162] 赵朋飞，王宏健. 社会资本、宗教信仰对农村家庭创业的影响分析 [J]. 云南民族大学学报（哲学社会科学版），2015，32（4）：67 - 72.

[163] 郑加梅，卿石松. 非认知技能、心理特征与性别工资差距 [J]. 经济学动态，2016（7）：135 - 145.

[164] 郑洁. 家庭社会经济地位与大学生就业——一个社会资本的视角 [J]. 北京师范大学学报（社会科学版），2004（3）：111 - 118.

[165] 钟田丽，胡彦斌. 高技术创业企业人力资本特征对 R&D 投资与融资结构的影响 [J]. 科学学与科学技术管理，2014（3）：164 - 174.

[166] 钟卫东，黄兆信. 创业者的关系强度、自我效能感与创业绩效关系的实证研究 [J]. 中国科技论坛，2012（1）：131 - 137.

[167] 钟卫东，孙大海，施立华. 创业自我效能感、外部环境支持与初创科技企业绩效的关系——基于孵化器在孵企业的实证研究 [J]. 南开管理评论，2007，10（5）：68 - 74.

[168] 周广肃，李力行. 养老保险是否促进了农村创业 [J]. 世界经济，2016（11）：172 - 192.

[169] 周广肃，谢绚丽，李力行. 信任对家庭创业决策的影响及机制探讨 [J]. 管理世界，2015（12）：121 - 129.

[170] 周广肃. 最低工资制度影响了家庭创业行为吗？——来自中国家庭追踪调查的证据 [J]. 经济科学，2017（3）：73 - 87.

[171] 周键. 创业者社会特质、创业能力与创业企业成长机理研究 [D]. 济南：山东大学，2017.

[172] 周金燕. 人力资本内涵的扩展：非认知能力的经济价值和投资 [J]. 北京大学教育评论，2015，13（1）：78 - 95.

[173] 周文霞，郭桂萍. 自我效能感：概念、理论和应用 [J]. 中国人民大学学报，2006（1）：91 - 97.

[174] 周洋，华语音. 互联网与农村家庭创业——基于 CFPS 数据的实证分析 [J]. 农业技术经济，2017（5）：111 - 119.

[175] 周洋，刘雪瑾. 认知能力与家庭创业——基于中国家庭追踪调查（CFPS）数据的实证分析 [J]. 经济学动态，2017（2）：66 - 75.

［176］周玉龙，孙久文．社会资本与农户脱贫——基于中国综合社会调查的经验研究［J］．经济学动态，2017（4）：16－29．

［177］朱红根，刘磊，康兰媛．创业环境对农民创业绩效的影响研究［J］．农业经济与管理，2015（1）：15－25．

［178］朱明芬．农民创业行为影响因素分析——以浙江杭州为例［J］．中国农村经济，2010（3）：25－34．

［179］朱志胜．非认知能力与乡城移民创业选择：来自 CMDS 的经验证据［J］．中国人力资源开发，2019，36（10）：93－107．

［180］庄子银．企业家精神、持续技术创新和长期经济增长的微观机制［J］．世界经济，2005（12）：32－43．

［181］Acosta P A, Muller N, Sarzosa M. A. Beyond Qualifications：Returns to Cognitive and Socio-Emotional Skills in Colombia［R］. Policy Research Working Paper Series, 2015.

［182］Adler P S, Kwon S W. Social Capital：Prospects for a New Concept［J］. The Academy of Management Review, 2002, 27（1）：17－40.

［183］Agarwal S, Mazumder B. Cognitive Abilities and Household Financial Decision Making［J］. American Economic Journal Applied Economics, 2013, 5（1）：193－207.

［184］Aghion P, Howitt P. A Model of Growth Through Creative Destruction［J］. Econometrica, 1992, 60（2）：323－351.

［185］Aldrich H E, Pfeffer J. Environments of Organizations［J］. Annual Review of Sociology, 1976, 2（1）：79－105.

［186］Alexander W P. Intelligence, Concrete and Abstract［J］. British Journal of Psychology, 1938, 29（1）：74.

［187］Almus M, Ncrlinger E A. Growth of New Technology-Based Firms：Which Factors Matter?［J］. Small Business Economics, 1999, 13（2）：141－154.

［188］Amason A C, Shrader R C, Tompson G H. Newness and Novelty：Relating Top Management Team Composition to New Venture Performance［J］. Journal of Business Venturing, 2006, 21（1）：125－148.

［189］Astebro T B, Herz H, Nanda R, et al. Seeking the Roots of Entrepreneurship: Insights from Behavioral Economics [J]. Journal of Economic Perspectives, 2014, 28 (3): 49 – 70.

[190] Atella V, Brunetti M, Maestas N. Household Portfolio Choices, Health Status and Health Care Systems: A Cross-Country Analysis Based on Share [J]. Journal of Bank Finance, 2012, 36 (5): 1320 – 1335.

[191] Auld M C, Sidhu N. Schooling Cognitive Ability and Health [J]. Health Economics, 2005 (14): 1019 – 1034.

[192] Baker T, Nelson R E. Creating Something from Nothing: Resource Construction Through Entrepreneurial Bricolage [J]. Administrative Science Quarterly, 2005, 50 (3): 329 – 366.

[193] Baker T, Miner A S, Eesley D T. Improvising Firms: Bricolage, Account Giving and Improvisational Competencies in the Founding Process [J]. Research Policy, 2003, 32 (2): 255 – 276.

[194] Bandura A. Self-Efficacy: Toward a Unifying Theory of Behavioral Change [J]. Advances in Behaviour Research & Therapy, 1977, 1 (4): 139 – 161.

[195] Barney J B. Firm Resource and Sustained Competitive Advantage [J]. Journal of Management, 1991, 17 (1): 99 – 120.

[196] Barney J B, Ketchen D J, Wright M. The Future of Resource-Based Theory Revitalization or Decline? [J]. Journal of Management, 2011, 37 (5): 1299 – 1315.

[197] Barncy J B. Strategic Factor Markets: Expectations, Luck and Business Strategy [J]. Management Science, 1986, 42 (10): 1231 – 1241.

[198] Batjargal B. Internet Entrepreneurship: Social Capital, Human Capital, and Performance of Internet Ventures in China [J]. Research Policy, 2007, 36 (5): 605 – 618.

[199] Beeker G. Human Capital [M]. New York: Columbia University Press for NBER, 1964.

[200] Benjamin D J, Brown S A, Shapiro J M. Who is 'Behavioral'? Cognitive Ability and Anomalous Preferences [J]. Journal of the European Economic Association, 2013, 11 (6): 1231 – 1255.

［201］Bhagavatula S, Elfring T, Tilburg A V, et al. How Social and Human Capital Influence Opportunity Recognition and Resource Mobilization in India's Handloom Industry ［J］. Journal of Business Venturing, 2010, 25 (3): 245 – 260.

［202］Black S E, Strahan P E. Entrepreneurship and Bank Credit Availability ［J］. Journal of Finance, 2002, 57 (6): 2807 – 2833.

［203］Bouchikhi H. A Constructivist Framework for Understanding Entrepreneurship Performance ［J］. Organization Studies, 1993, 14 (4): 549 – 570.

［204］Bourdieu P. Handbook of Theory and Research for the Sociology of Education ［M］. New York: Greenwood Press, 1986.

［205］Bourdieu P. The Forms of Capital ［J］. Handbook of Theory & Research for the Sociology of Education, 1986: 280 – 291.

［206］Bourdieu P. The Social Capital ［J］. The Research on Sciences Socials, 1980 (31): 2 – 3.

［207］Bowles S, Gintis H, Osborne M. The Determinants of Earnings: A Behavioral Approach ［J］. Journal of Economic Literature, 2001, 39 (4): 1137 – 1176.

［208］Bressan S, Pace N, Pelizzon L. Health Status and Portfolio Choice: Is Their Relationship Economically Relevant? ［J］. International Review of Financial Analysis, 2014, 32 (3): 109 – 122.

［209］Brunello G, Schlotter M. Non-Cognitive Skills and Personality Traits: Labour Market Relevance and Their Development in Education & Training Systems ［J］. Journal of Solid Tumors, 2011, 1 (1): 62 – 77.

［210］Burton D, Sorensen J, Beckman C. Coming from Good Stock: Career Histories and New Venture Formation ［J］. Research in the Sociology of Organizations, 2002, 19 (1): 229 – 262.

［211］Cagetti M, De-Nardi M. Entrepreneurship, Frictions and Wealth ［J］. Journal of Political Economy, 2006, 114 (5): 835 – 870.

［212］Campbell B A. Earnings Effects of Entrepreneurial Experience: Evidence from the Semiconductor Industry ［J］. Management Science, 2013, 59 (2): 286 – 304.

[213] Carolis D, Litzky B, Eddleston K. Why Networks Enhance the Progress of New Venture Creation: The Influence of Social Capital and Cognition [J]. Entrepreneur-Ship Theory and Practice, 2009, 33 (5): 527 – 546.

[214] Carroll C D. Theory of the Consumption Function, With and Without Liquidity Constraints [J]. Journal of Economic Perspectives, 2001, 15 (3): 23 – 45.

[215] Carroll G R, Mosakowski E. The Career Dynamics of Self-Employment [J]. Administrative Science Quarterly, 1987, 32 (4): 570 – 589.

[216] Carter N M, Williams M, Reynolds P D. Discontinuance among New Firms in Retail: The Influence of Initial Resources, Strategy, and Gender [J]. Journal of Business Venturing, 1997, 12 (2): 125 – 145.

[217] Chambers R, Conway G C. Sustainable Rural Live-Lihoods: Practical Concepts for the 21st Century [D]. IDS Discussion Paper, 1992.

[218] Charles K K, Hurst E. The Correlation of Wealth Across Generations [J]. Journal of Political Economy, 2003 (111): 1155 – 1182.

[219] Chen C C, Greene P G, Crick A. Does Entrepreneurial Self-Efficacy Distinguish Entrepreneurs from Managers? [J]. Journal of Business Venturing, 1998, 13 (4): 295 – 316.

[220] Child J. Organizational Structure, Environment and Performance: The Role of Strategic Choice [J]. Sociology, 1972, 6 (1): 1 – 22.

[221] Christelis D, Jappelli T, Padula M. Cognitive Abilities and Portfolio Choice [J]. European Economic Review, 2008, 54 (1): 18 – 38.

[222] Cooper A C, Gimeno-Gascon F J, Woo C Y. Initial Human and Financial Capital as Predictors of New Venture Performance [J]. Journal of Business Venturing, 2009, 9 (5): 371 – 395.

[223] Deaton A. Health, Inequality, and Economic Development [J]. Journal of Economic Literature, 2003, 41 (1): 113 – 158.

[224] De Soto H. The Other Path [M]. New York: Basic Books, 1989.

[225] De Wit G. Models of Self-Employment in a Competitive Market [J]. Journal of Economic Surveys, 1993 (7): 367 – 397.

[226] Di Domenico M L, Haugh H, Tracey P. Social Bricolage: Theorizing So-

cial Value Creation in Social Enterprises［J］. Entrepreneurship Theory and Practice, 2010, 34（4）: 681 – 703.

［227］ Dill W R. Environment as an Influence on Managerial Autonomy［J］. Administrative Science Quarterly, 1958, 2（4）: 409 – 443.

［228］ Djankov S, Qian Y, Roland G, et al. Who Are China's Entrepreneurs? ［J］. American Economic Review, 2006, 96（2）: 348 – 352.

［229］ Dohmen T, Falk A, Huffman D, et al. Are Risk Aversion and Impatience Related to Cognitive Ability?［C］. C. E. P. R. Discussion Papers, 2007.

［230］ Dunifon R, Duncan G. Long-Run Effects of Motivation on Labor-Market Success［J］. Social Psychology Quarterly, 1998, 61（1）: 33 – 48.

［231］ Duymedjian R, Rüling C C. Towards a Foundation of Bricolage in Organization and Management Theory［J］. Organization Studies, 2010, 31（2）: 133 – 151.

［232］ Edvinsson L, Sullivan P. Developing a Model for Managing Intellectual Capital［J］. European Management Journal, 2011, 14（4）: 356 – 364.

［233］ Edwards R C. Individual Traits and Organizational Incentives: What Makes a "Good" Worker?［J］. The Journal of Human Resources, 1976, 11 （1）: 51 – 68.

［234］ Elizabeth C, Baines S. Does Gender Affect Business 'Performance'? A Study of Microbusinesses in Business Services in the UK［J］. Entrepreneurship & Regional Development, 1998, 10（2）: 117 – 135.

［235］ Evans D S, Jovanovic B. An Estimated Model of Entrepreneurial Choice Under Liquidity Constraints［J］. The Journal of Political Economy, 1989, 97（4）: 808 – 827.

［236］ Fan E, Zhao R. Health Status and Portfolio Choice: Causality or Heterogeneity?［J］. Journal of Banking and Finance, 2009, 33（6）: 1079 – 1088.

［237］ Farmer S M, Yao X, Kung-Mcintyre K. The Behavioral Impact of Entrepreneur Identity Aspiration and Prior Entrepreneurial Experience［J］. Entrepreneurship Theory & Practice, 2011, 35（2）: 245 – 273.

［238］ Finnie R, Meng R. Minorities, Cognitive Skills and Incomes of Canadians

[J]. Canadian Public Policy, 2002, 28 (2): 257 –273.

[239] Francis D H, Sandberg W R. Friendship Within Entrepreneurial Teams and its Association with Team and Venture Performance [J]. Entrepreneurship Theory & Practice, 2000, 25 (2): 5 –25.

[240] Gartner W B. A Conceptual Framework for Describing the Phenomenon of New Venture Creation [J]. Academy of Management Review, 1985, 10 (4): 696 –706.

[241] Gnyawali D R, Dan F. Environment for Entrepreneurship Development, Key Dimensions and Research Implications [J]. Entrepreneurship Theory & Practice, 1994, 18: 43 –62.

[242] Grayson J P. Social Dynamics, University Experiences, and Graduates' Job Outcomes [J]. British Journal of Sociology of Education, 2004, 25 (5): 609 –627.

[243] Green D A, Riddell W C. Literacy and Earnings: An Investigation of the Interaction of Cognitive and Unobserved Skills in Earnings Generation [J]. Labour Economics, 2003, 10 (2): 165 –184.

[244] Green F, Machin S, Wilkinson D. The Meaning and Determinants of Skills Shortages [J]. Oxford Bulletin of Economics & Statistics, 1998, 60 (2): 165 –187.

[245] Griliches Z. Estimating the Returns to Schooling: Some Econometric Problems [J]. Econometrica, 1977, 45 (1): 1 –22.

[246] Grinblatt M, Keloharju M, Linnainmaa J. IQ and Stock Market Participation [J]. Journal of Finance, 2011, 66 (6): 2121 –2164.

[247] Grossman M. On the Concept of Health Capital and the Demand for Health [J]. Journal of Political Economy, 1972, 80 (2): 223 –255.

[248] Hanushek E A. Developing a Skills-Based Agenda for ' New Human Capital' Research [J]. Ssrn Electronic Journal, 2010.

[249] Hanushek E A, Schwerdt G, Wiederhold S, et al. Returns to Skills Around the World: Evidence from PIAAC [J]. European Economic Review, 2015, 73 (1): 103 –130.

[250] Hanushek E A, Woessmann L. The Economics of International Differences

in Educational Achievement [M]. Elsevier, 2010.

[251] Hanushek E A, Woessmann L. The Role of Cognitive Skills in Economic Development [J]. Journal of Economic Literature, 2008, 46 (3): 607 – 668.

[252] Hanushek E A, Zhang L. Quality-Consistent Estimates of International Schooling and Skill Gradients [J]. Journal of Human Capital, 2009, 3 (2): 107 – 143.

[253] Hartog J, Praag M V, Sluis J V D. If You Are So Smart, Why Aren't You an Entrepreneur? Returns to Cognitive and Social Ability: Entrepreneurs Versus Employees [J]. Journal of Economics & Management Strategy, 2010, 19 (4): 947 – 989.

[254] Hauser R M, Huang M H. Trends in Black-White Test-Score Differentials [J]. Institute for Research on Poverty Discussion Papers, 1996: 59.

[255] Heckman J J, Hsse J, Rubinstein Y. The GED Is a Mixed Signal: The Effect of Cognitive and Non-Cognitive Skills on Human Capital and Labor Market Outcomes [J]. University of Chicago Xerox, 2000 (1): 1 – 47.

[256] Heckman J J, Rubinstein Y. The Importance of Noncognitive Skills: Lessons from the GED Testing Program [J]. The American Economic Review, 2001, 91 (2): 145 – 149.

[257] Heckman J J, Stixrud J, Urzua S. The Effects of Cognitive and Noncognitive Abilities on Labor Market Outcomes and Social Behavior [J]. Journal of Labor Economics, 2006, 24 (3): 411 – 482.

[258] Heineck G, Anger S. The Returns to Cognitive Abilities and Personality Traits in Germany [J]. Labour Economics, 2010, 17 (3): 535 – 546.

[259] Holtz-Eakin D, Joulfaian D, Rosen H S. Entrepreneurial Decisions and Liquidity Constraints [J]. Journal of Economics, 1994, 25 (2): 334 – 347.

[260] Hurst E, Lusardi A. Liquidity Constraints, Household Wealth, and Entrepreneurship [J]. Journal of Political Economy, 2004, 112 (2): 319 – 347.

[261] Jacob M. Famly Migration Decisions [J]. Journal of Political Economy, 1978, 86 (5): 749.

[262] Jia R, Lan X. Capitalism for the Children: Entrepreneurs with Cadre Parents Under Big Government [R]. Working Paper, 2014.

[263] Jolliffe D. Skills, Schooling, and Household Income in Ghana [J]. World Bank Economic Review, 1998, 12 (1): 81 – 104.

[264] Jones A M, Wildman J. Health, Income and Relative Deprivation: Evidence from the BHPS [J]. Journal of Health Economics, 2008, 27 (2): 308 – 324.

[265] Kaplan R M, Anderson J P. A General Health Policy Model: Update and Applications [J]. Health Services Research, 1988, 23 (2): 203.

[266] Klappera L, Laevena L, Rajan R. Entry Regulation as a Barrier to Entrepreneurship [J]. Journal of Financial Economics, 2006, 82 (3): 591 – 629.

[267] Klein R, Spady R, Weiss A. Factors Affecting the Output and Quit Propensities of Production Workers [J]. The Review of Economic Studies, 1991, 58 (5): 929 – 953.

[268] Kogut B, Zander U. Knowledge of the Firm, Combinative Capabilities, and the Replication of Technology [J]. Organization Science, 1992, 3 (3): 383 – 397.

[269] Kolstad I, Wiig A. Education and Entrepreneurial Success [J]. Small Business Economics, 2015, 44 (4): 783 – 796.

[270] Lazear E P. Teacher Incentives [J]. Swedish Economic Policy Review, 2003, 10 (2): 179 – 214.

[271] Le A. Empirical Studies of Self-Employment [J]. Journal of Economic Surveys, 1999, 13 (4): 381 – 416.

[272] Learned K E. What Happened before the Organization? A Model of Organization Formation [J]. Entrepreneurship Theory and Practice, 1992, 17 (1): 39 – 48.

[273] Li H, Liu P W, Zhang J. Estimating Returns to Education Using Twins in Urban China [J]. Journal of Development Economics, 2012, 97 (2): 494 – 504.

[274] Lindqvist E, Vestman R. The Labor Market Returns to Cognitive and Non-

cognitive Ability: Evidence from the Swedish Enlistment [J]. American Economic Journal Applied Economics, 2011, 3 (1): 101 –128.

[275] Lin N. Social Networks and Status Attainment [J]. Annual Review of Sociology, 1999, 25 (1): 467 –487.

[276] Littunen H. Entrepreneurship and the Characteristics of the Entrepreneurial Personality [J]. International Journal of Entrepreneurial Behavior & Research, 2000, 6 (6): 295 –310.

[277] Lucas R. On the Mechanics of Economic Development [J]. Journal of Monetary Economics, 1999, 22 (1): 3 –42.

[278] Luthans F. The Need for and Meaning of Positive Organizational Behavior [J]. Journal of Organizational Behavior, 2002, 23 (6): 695 –706.

[279] Mason G. Part 2: Investment in Education: The Equity-Efficiency Quandary ‖ Education, Income, and Ability [J]. Journal of Political Economy, 1972, 80 (3): 74 –103.

[280] Mcintosh S, Vignoles A. Measuring and Assessing the Impact of Basic Skills on Labour Market Outcomes [J]. Oxford Economic Papers, 2001, 53 (3): 453 –481.

[281] Miller T L, Grimes M G, Mcmullen J S, et al. Venturing for Others with Heart and Head: How Compassion Encourages Social Entrepreneurship [J]. The Academy of Management Review, 2012, 37 (4): 616 –640.

[282] Mincer. J A. Schooling, Experience and Earnings [M]. New York: Columbia University Press, 1974.

[283] Mitchell R K, Mitchell J R, Smith J B. Inside Opportunity Formation: Enterprise Failure, Cognition, and the Creation of Opportunities [J]. Strategic Entrepreneurship Journal, 2008, 2 (3): 225 –242.

[284] Moss P, Tilly C. Skills and Race in Hiring: Quantitative Findings from Face-to-Face Interviews [J]. Eastern Economic Journal, 1995, 21 (3): 357 –374.

[285] Mouw T. Social Capital and Finding a Job: Do Contacts Matter? [J]. American Sociological Review, 2003, 68 (6): 868 –898.

[286] Mueller G, Plug E. Estimating the Effect of Personality on Male and Female

Earnings [J]. Industrial & Labor Relations Review, 2006, 60 (1): 3 –22.

[287] Mulligan C B. Galton Versus the Human Capital Approach to Inheritance [J]. Journal of Political Economy, 1999, 107 (S6): 184 –224.

[288] Murnane R J, Willett J B, Duhaldeborde Y, et al. How Important are the Cognitive Skills of Teenagers in Predicting Subsequent Earnings? [J]. Journal of Policy Analysis & Management, 2010, 19 (4): 547 –568.

[289] Murnane R J, Willett J B, Levy F. The Growing Importance of Cognitive Skills in Wage Determination [J]. Review of Economics & Statistics, 1995, 77 (2): 251 –266.

[290] Mushkin S J. Investment in Human Beings [J]. Journal of Political Economy, 1962, 70 (5): 129 –157.

[291] Nafziger E W. The Relationship between Education and Entrepreneurship in Nigeria [J]. The journal of Developing Areas, 1970, 4 (3): 349 –360.

[292] Nahapiet J, Ghoshal S. Social Capital, Intellectual Capital, and the Organizational Advantage [J]. Academy of Management Review, 1998, 23 (2): 242 –266.

[293] Newman A. Risk-Brearing and "Knightian" Entrepreneurship [D]. Columbia University, 1995.

[294] Nonaka I, Takeuchi H. The Knowledge-Creating Company [M]. Oxford: Oxford University Press, 1995.

[295] Osborne M A. The Power of Personality: Labor Market Rewards and the Transmission of Earnings [J]. Dissertation Abstracts International. Section A: Humanities and Social Sciences, 2001, 61 (10A): 4120.

[296] Patel P, Terjesen S. Complementary Effects of Network Range and Tie Strength in Enhancing Transnational Venture Performance [J]. Strategic Entrepreneurship Journal, 2011, 5 (1): 58 –80.

[297] Pelkowski J M, Berger M C. The Impact of Health on Employment, Wages, and Hours Worked over the Life Cycle [J]. The Quarterly Review of Economics and Finance, 2004, 44 (1): 102 –121.

[298] Pfeffer J, Salancik G R. Social Control of Organizations [J]. British Journal of Sociology, 1978, 23 (4): 406 –421.

［299］ Pilar G G , Andrew J M, Rice N. Health Effects on Labor Market Exits and Entries ［J］. Labor Economics, 2010, 17 (1)：62 –76.

［300］ Powers J B, Mcdougall P P. University Start-Up Formation and Technology Licensing with Firms that Go Public：A Resource-Based View of Academic Entrepreneurship ［J］. Journal of Business Venturing, 2005, 20 (3)：291 –311.

［301］ Putnam R. Bowling Alone, America's Declining of Social Capital ［J］. Journal of Democracy, 1995, 6 (1)：65 –78.

［302］ Rees H, Shah A. An Empirical Analysis of Self-Employment in the U. K. ［J］. Journal of Applied Econometrics, 1986, 1 (1)：95 –108.

［303］ Reynolds P D. Who Starts New Firms? Preliminary Explorations of Firms-in-Gestation［J］. Small Business Economics, 1997, 9 (5)：449 –462.

［304］ Riphahn R T. Income and Employment Effects of Health Shocks：A Test Case for the German Welfare State ［J］. Journal of Population Economics, 1999, 12 (3)：363 –389.

［305］ Rocha M S D B, Ponczek V. The Effects of Adult Literacy on Earnings and Employment ［J］. Economics of Education Review, 2011, 30 (4)：755 –764.

［306］ Rosenberg M. Self Esteem and the Adolescent. (Economics and the Social Sciences：Society and the Adolescent Self-Image) ［J］. New England Quarterly, 1965, 148 (2)：177 –196.

［307］ Rosen H S, Wu S. Portfolio Choice and Health Status ［J］. Journal of Financial Economics, 2004, 72 (3)：457 –484.

［308］ Rosenthal S S, Strange W C. Female Entrepreneurship, Agglomeration, and a New Spatial Mismatch ［J］. Review of Economics & Statistics, 2012, 94 (3)：764 –788.

［309］ Rotter J B. Generalized Expectancies for Internal Versus External Control of Reinforcement ［J］. Psychological Monographs, 1966, 80 (1)：1 –28.

［310］ Schmalz M, Sraer D A, Thesmar D. Housing Collateral and Entrepreneurship ［R］. NBER Working Papers, 2014 (72)：1 –36.

［311］ Schumpeter J. Capitalism, Socialism and Democracy ［M］. New York：

Harper，1943.

［312］ Seibert S E，Kraimer M L. The Five-Factor Model of Personality and Career Success ［J］. Journal of Vocational Behavior，2001，58（1）：1 – 21.

［313］ Sen A K. Development as Freedom ［M］. Oxford：Oxford University Press，1999.

［314］ Senjem J C，Reed K. Social Capital and Network Entrepreneurs ［C］. Frontiers of Entrepreneurship Research，2002.

［315］ Shane S，Stuart T. Organizational Endowments and the Performance of University Start-Ups ［J］. Management Science，2002，48（1）：154 – 170.

［316］ Shepherd D A，Detienne D R. Prior Knowledge，Potential Financial Reward，and Opportunity Identification ［J］. Entrepreneurship Theory & Practice，2005，29（1）：91 – 112.

［317］ Siegel R，Siegel E，Macmillan I C. Characteristics Distinguishing High-Growth Ventures ［J］. Journal of Business Venturing，1993，8（2）：169 – 180.

［318］ Siqueira A C O. Entrepreneurship and Ethnicity：The Role of Human Capital and Family Social Capital ［J］. Journal of Developmental Entrepreneurship，2007，12（1）：31 – 46.

［319］ Skuras D T. Entrepreneurship Human Capital Accumulation and the Growth of Rural Business：A Four-Country Survey in Mountains and Lagging Areas of the European Union ［J］. Journal of Rural Studies，2005，21（6）：67 – 79.

［320］ Smith J P. The Impact of SES on Health over the Life-Course ［J］. Journal of Human Resource，2007，42（4）：739 – 764.

［321］ Stajkovic A D，Luthans F. Self-Efficacy and Work-Related Performance：A Meta-Analysis ［J］. Psychological Bulletin，1998，124（2）：240 – 261.

［322］ Stark O，Bloom D E. The New Economics of Labor Migration ［J］. American Economic Review，1985（75）：173 – 178.

［323］ Stark O，Taylor J E. Relative Deprivation and Migration：Theory，Evidence，and Policy Implications ［C］. The World Bank，1991（4）：1 – 41.

［324］ Stewart T A. Brainpower：How Intellectual Capital Becoming America's

Most Valuable Asset [J]. Fortune, 1991, 3.

[325] Ucbasaran D, Westhead P, Wright M. The Extent and Nature of Opportunity Identification by Experienced Entrepreneurs [J]. Journal of Business Venturing, 2009, 24 (2): 99 – 115.

[326] Vijverberg W P M. The Impact of Schooling and Cognitive Skills on Income from Non-Farm Self-Employment [M]//Glewwe, et al. The Economics of School Quality Investments in Developing Countries: An Empirical Study of Ghana, 1999: 206 – 252.

[327] Wernerfelt B. A Resource-Based Theory of the Firm [J]. Strategic Management Journal, 1984, 5 (2): 171 – 180.

[328] Wiklund J, Shepherd D. Aspiring for, and Achieving Growth: The Moderating Role of Resources and Opportunities [J]. Journal of Management Studies, 2003, 40 (8): 1919 – 1941.

[329] Wiklund J, Shepherd D. Entrepreneurial Orientation and Small Business Performance: A Configurational Approach [J]. Journal of Business Venturing, 2005, 20 (1): 71 – 91.

[330] Xiong G, Bharadwaj S. Social Capital of Young Technology Firms and Their IPO Values: The Complementary Role of Relevant Absorptive Capacity [J]. Journal of Marketing, 2011, 75 (6): 87 – 104.

[331] Yli-Renko H, Autio E, Sapienza H. Social Capital, Knowledge Acquisition, and Knowledge Exploitation in Young Technology-Based Firms [J]. Strategic Management Journal, 2001, 22 (6): 587 – 613.

[332] Zhang L, Huang J, Rozelle S. Employment, Emerging Labor Markets, and the Role of Education in Rural China [J]. China Economic Review, 2002, 13 (2): 313 – 328.

[333] Zheng Y. Unlocking Founding Team Prior Shared Experience: A Transactive Memory System Perspective [J]. Journal of Business Venturing, 2012, 27 (5): 577 – 591.

后　　记

　　本书是在我的博士论文基础上修改和整理而成，回首过去，感慨万千。首先，要感谢我的导师宋林教授，是他给了我继续深造的机会，开始我的科研之旅。从论文的选题、研究计划的制订、论文框架设计、研究思路与方法的探索、研究创新点与主要观点的凝练、论文的修改调整与定稿，均包含着导师的辛劳和汗水。宋老师不仅是一个道德高尚、学术高超的好老师，也是我可以交心的好兄长，更是我人生的好榜样。他渊博的学识、严谨的态度，是我今后科研道路上的标杆；每年在西安的日子，在生活上给予我无微不至的照顾，并对工作上给予我耐心细致的指点，让我无数次体会到恩师的厚爱；他平易近人、体恤学生、风趣厚道，与其相处，总会有如沐春风的惬意。在今后的工作和生活中，我会时刻谨记恩师的教诲，做一个品德高尚和信守承诺的人。

　　在博士期间，要感谢经济与金融学院的老师。特别是冯根福教授、孙早教授、仲伟周教授、冯涛教授、魏玮教授、严明义教授、李国平教授、沈悦教授、温军教授等授课老师，在学院求学四年，有幸聆听了各位老师精彩的课程，让我如痴如醉。当然还有我们的石榴红、李小红、蒲晓莉等老师，为我们生活和学习提供了很多便利，并给予了很多指点与帮助。从各位老师身上学到的很多，将是我一生最宝贵的财富。

　　另外，还要感谢同门师兄弟姐妹们，四年的共同学习和生活加深了我们彼此间的理解和友谊；感谢交大的同学们，是他们给我在西安的日子带来了无限的欢乐；还要感谢浙江农林大学和暨阳学院的领导和同事们，特别是程博教授与一些兄弟们，谢谢他们一直给我的鼓励和帮助，没有他们的帮助，我的学术研究很难走到今天。

感谢所有参考文献的作者，他们卓越的研究成果为本书的写作奠定了坚实的基础。

特别感谢我家人。他们永远是我坚强的后盾，是我避风的港湾，是他们的理解和支持，使我不惑而获！感谢我的父母和姐姐在我求学路上的默默付出，特别是我的妻子，是她给了我超越自己的勇气，她是我人生道路上的一盏明灯。

本书的出版得到了教育部人文社科基金项目、浙江省高校重大人文社科攻关计划项目和浙江农林大学暨阳学院人才启动项目的资助，在此表示感谢。

最后，谨向所有关心、帮助过我的师长、亲友、同学、论文评阅专家等一并表示衷心的感谢。